本书为

2019 年度浙江省哲学社会科学规划课题

"宁波晚清洋泾浜文本《英话注解》语言文化研究"

（项目编号：19NDJC391YBM）、

2017 年度宁波市与中国社科院战略合作研究重点课题

"宁波晚清洋泾浜文本《英话注解》语言文化研究"

（项目编号：NZKT201716）的研究成果

宁波晚清洋泾浜文本
《英话注解》语言文化研究

谢蓉蓉 —— 著

A STUDY OF PIDGIN AND CULTURE
IN ANNOTATED ENGLISH BOOK
IN LATE-QING NINGBO

浙江大学出版社
ZHEJIANG UNIVERSITY PRESS

图书在版编目(CIP)数据

宁波晚清洋泾浜文本《英话注解》语言文化研究 /
谢蓉蓉著. —杭州：浙江大学出版社，2019.1
ISBN 978-7-308-18706-0

Ⅰ.①宁… Ⅱ.①谢… Ⅲ.①英语－文化语言学－研
究 Ⅳ.①H31

中国版本图书馆 CIP 数据核字(2018)第 233711 号

宁波晚清洋泾浜文本《英话注解》语言文化研究

谢蓉蓉 著

责任编辑	於国娟
责任校对	杨利军　李增基
封面设计	春天书装
出版发行	浙江大学出版社
	（杭州市天目山路 148 号　邮政编码 310007）
	（网址:http://www.zjupress.com）
排　　版	杭州朝曦图文设计有限公司
印　　刷	绍兴市越生彩印有限公司
开　　本	710mm×1000mm　1/16
印　　张	15.5
字　　数	246 千
版 印 次	2019 年 1 月第 1 版　2019 年 1 月第 1 次印刷
书　　号	ISBN 978-7-308-18706-0
定　　价	58.00 元

浙江大学出版社市场运营中心联系方式:0571—88925591;http://zjdxcbs.tmall.com

序

　　谢蓉蓉同志把即将付梓的《宁波晚清洋泾浜文本〈英话注解〉语言文化研究》书稿发给我一阅，并嘱作序。蓉蓉多年前曾于宁波大学读研，与我有师生之缘。毕业后，服务桑梓，繁忙的工作之余，她以身作则，不忘科研，孜孜以求，特别注意对地方文化的研究。作为外语出身的专业人员，她研究起了由宁波人编写的用宁波话注音的《英话注解》，并成功申请浙江省哲学社会科学规划课题，发表了多篇论文，后又在论文的基础上倾力深研，撰就这部书稿，洋洋数十万言。在细读之余，颇有感触，深觉这一开拓性的学术成果对东海之滨的宁波乡帮文化研究具有重要意义，故欣为之序。

　　《英话注解》的研究对宁波地域文化来说，是极富意义的。宁波的历史文化极其丰富，但由于缺乏足够的重视和保护，诸多遗迹和文献寂寂无闻。春秋越国时期，勾践曾筑城于勾章，到宋时，古城塌毁，今已湮没不可考。吴大帝赤乌年间，西域高僧那罗延来勾章五磊山结茅，后遂发展为五磊讲寺，但那罗延来华事迹已茫不可考。阿育王寺在北宋有寺僧过万，而这样规模巨大的寺庙殿宇，在今天的阿育王古寺几无遗迹可寻。这些物质性的建筑遗迹暂不去说，且看古籍的文化考古方面也不令人满意，如宋代鄞县高僧志盘的《佛祖统记》最早版本，王应麟编写的《三字经》最早版本等，在宁波当地也少有人知，在学界更是鲜有研究，在民众中更是少有关注。改革开放几十年来，在经济发展、城市发展、基础设施发展、旅游开发等物质文化建设方面，宁波市做出了较好的成绩，但在精神文化建设方面却有所忽视。过于注重商业和经济发展，文化事业投入较少，受到了制约。宁波市的两张名片，"港通天下"，下了很大功夫，见了实效，而"书藏古今"，似乎很少受到重视，也未受到广大民众关注，大量文化人物及其著作文献，要么湮没无闻，要么束之高阁。在这样的现状中，谢蓉蓉同志耗费心血，倾力研究宁波晚清时期的古本《英话注解》，集多年之功，撰成专著，用自己的多年心血为宁波的精神文化建设奉献出一份成果。在目前学术研究都在紧盯着国际热点问题的时候，她能用拔俗的眼光和胆气研究一部早已被人们忘却的英语学习教材，实属难能可贵。她出于对桑梓文化的热爱与关注，独能从几乎被历史湮沉的古籍中剔罗爬掘，发现这部曾在那一特定历史时期对宁波文化发挥过重要作用的教材，并且联系时代背景的各个方面进行头头是道的深入研究，让我们能够从她的专著中回望那段历史中的宁波语言文化事件及其对后来的影响，同时运用语用学的模因论来分析和解释，这一研究无疑具有学术价值，对我们今天宁波作为文献名邦的历史文化来说，具有现实意义。以宁波话为代表的宁波地域语言文化的研究已有周志峰等学者的多部著作，而在受外来语言文化影响的宁波洋泾浜语言来说，谢蓉蓉对《英话注解》的研究则具有很大的开拓意义。

该书的研究内容系统而又丰富。全书共分七章。第一章引论首先对宁波人冯泽夫等人编写的《英话注解》编写过程、背景、版本、主要内容以及研究情况进行了介绍，然后对自己的研究范围、思路、方法和所运用的理论加以说明。第二章介绍了语用学中的模因论研究，然后阐述运用模因论研究《英话注解》的道理，提出了研究的总体框架。第三章专门研究《英话注解》的语言特色，指出了词汇、句法、语音、标音的模因特征，分析了宁波话与外来语的关系，最后讨论了《英话注解》所反映的语言接触问题。第四章讨论了《英话注解》所反映的文化特色，其中有海洋文化、商帮文化和跨文化交际，最后深入分析了《英话注解》对当今21世纪海上丝绸之路建设的意义。第五章深入讨论《英话注解》与当年的中国英语学习情况。这一章通过《英话注解》这部教材对最早的中国英语学习，特别是民间的英语学习情况进行了深入分析，对探讨中国英语学习史或教学史具有重要价值，指出了洋泾浜英语在中国英语学习史上的地位和作用。作者在这里所做的分析对研究中国英语教学史具有参考价值。第六章对《英话注解》不同时期的版本进行了比较，深入研究了这部教材的特征，对不同版本的前后修改和变化进行了对照，对教材中收入的各种词汇的增减进行了详细说明，是对这部教材的透彻研究。最后第七章对研究进行理论总结，并提出了今后继续研究的展望。总体说来，该书章节安排合理，系统全面，考虑周到，论证翔实，具有深度。该书既有理论性，对《英话注解》进行了模因论的全面分析；又有资料性，全书收集了有关《英话注解》的大量历史文献，为我们深入了解和进一步研究这部教材提供了极大的帮助，也为我们今后深入研究宁波地方文化，提供了有益的启示。

读完这部书稿，令人颇生感慨。冷门研究特别有必要，但很少有人问津。当初蓉蓉在申请省哲学社会科学规划课题时，曾就这部教材的选题，向我做过咨询。我认为她能就这部教材做深入研究，具有独到的眼光，对发掘宁波历史文化具有重要意义，于是鼓励她认真撰写课题申请书，认真阐述选题的现实意义和理论价值。我认为这样的选题是会得到评审专家认可的。结果令人十分满意，这个选题顺利地得到了批准。成功获批选题后，蓉蓉即投入到研究工作中，先后撰写了多篇研究论文，对《英话注解》的若干问题进行深入研究。论文写作过程中，蓉蓉就有关问题和观点与我交流，可见她做事认真。论文完成后，投稿也成一大难题。她向多家刊物编辑部投去论文，但由于学术的市场化，她的论文被认为是冷门的研究，很少有机会或渠道被发表。地方文化研究虽然重要，但异地发表却成了瓶颈，好在像《宁波大学学报》这样的刊物对宁波地方文化研究十分支持，蓉蓉的论文在这家刊物很快被发表。但光有一家地方刊物支持并不能从根本上解决学术界对地方文化这样的冷门研究轻视的问题。这次，蓉蓉对《英话注解》全面深入研究的书稿得到了浙江大学出版社的重视，这是令人高兴的事情。相信这部书的出版必将对推动宁波地方文化研究具有一定的作用。

这部书稿花去了蓉蓉大量的心血，如今付梓，可喜可贺。蓉蓉是年轻学者，但对治学态度认真，研究颇为深入，非思维敏锐、心细周密不能到也。写作过程中，蓉蓉跑遍了各大图书馆，细心查阅和收集不为人知的藏书，颇为不易。这些资料既有图书版本方面的，又有历史文献方面的，还有语言学研究方面的，可谓相当丰富，相当深入。书稿既有文字论述，又有图表；既有大量的数据统计，又有较深的理论分析。诚然，这部书稿也有一些不足，比如：书中所涉及的一些人名或机构名称，尚欠具体交代；文字表述个别地方尚欠清晰等，但这些不足瑕不掩瑜。相信在今后的研究中，蓉蓉会不断进步，取得更大的成绩。

杨成虎

2018 年 8 月于宁波大学文萃新村竹云轩

目　录

第一章 引 论

"来叫克姆（come）去叫戈（go），一元洋钱混淘萝（one dollar），廿四铜板吞的福（twenty four），是叫也司（yes）勿叫拿（no），洋行买办讲白佗（comprador），小火轮叫司汀婆（steamboat）。"[1] 这是老一辈宁波人和上海人人尽皆知的洋泾浜歌谣。用地道的宁波话来念，音韵铿锵、朗朗上口。而这种洋泾浜英语的语言文化现象是如何发展而来，又是如何进行传播的，它对现代社会有何影响？这些问题至今很少有学者进行研究。在洋泾浜英语的发展过程中，用宁波话标注英语发音的《英话注解》（1860）起到了承上启下的关键作用。它继承了广东英语的标音文化，又对上海话标注英语发音的《英字入门》（1874）[2]、吴语语音标注英语发音的《英字指南》（1879）[3] 乃至上海洋泾浜英语的产生有着重要的影响。吴义雄教授指出，《英话注解》的出版"在某种意义上，可以说它已预告了著名的洋泾浜英语的诞生"[4]。而从历史文化的视角来看，《英话注解》在宁波乃至浙江的近代贸易史和跨文化交际史上画上了浓墨重彩的一笔。研究《英话注解》不仅可以为研究宁波乃至浙江的近代史、方言、中西方文化交流史、宁波帮等提供非常生动的例子和崭新的切入点，可以为将来中西语言文化接触发展的研究提

---

[1] 该洋泾浜歌谣摘抄自宁波帮博物馆陈列室标牌。

[2] 曹骧. 英字入门 [M]. 1874.

[3] 杨勋. 英字指南 [M]. 1879.

[4] 吴义雄. "广州英语"与19世纪中叶以前的中西交往 [J]. 近代史研究，2001（3）：191.

供范例，还可以为语言教学、跨文化交际教学研究等带来很好的启示。《英话注解》是 1860 年由宁波商人冯泽夫联合张宝楚、冯对山、尹紫芳、郑久也和姜敦五等五位宁波籍商人共同出资出版的，用宁波话标注英语发音，在当时被认为是学习英语的速成读本。

第一节　《英话注解》简介

一、《英话注解》的版本

因《英话注解》为晚清时期的读本，尽管当时流传甚广，出版甚多，但是遗留下来的文本为数极少。本书在研究过程中得到相对完整的《英话注解》PDF 版两本。一本为 1865 年（同治乙丑年）版，另一本为 1901 年（光绪辛丑年）版。其他版本的《英话注解》主要获悉于孔夫子旧书网以及周振鹤和王耀成等学者的著作和论文。目前已发现八个版本。

1. 《英话注解》已知版本

（1）1860 年（咸丰庚申年）守拙轩藏版，藏于南京图书馆（南京图书馆检索名称为《英语注解》）。

（2）1865 年（同治乙丑年）守拙轩藏版重刻本，藏于日本早稻田大学图书馆。

（3）1881 年（光绪辛巳年）扫叶山房重刻本，藏于日本早稻田大学图书馆，由复旦大学周振鹤教授发现，在《鬼话·华英通语及其他》一文中提及[1]。

（4）1886 年（光绪丙戌年）上海棋盘街著昌堂所刻重刻本，中山大学吴义雄教授在《"广州英语"与 19 世纪中叶以前的中西交往》一文的脚注中曾有提及[2]。

---

〔1〕周振鹤. 鬼话·华英通语及其他 [J]. 读书，1996（3）：134.
〔2〕吴义雄. "广州英语"与 19 世纪中叶以前的中西交往 [J]. 近代史研究，2001（3）：191.

（5）1901年（光绪辛丑年）上海北市棋盘街文渊山房书庄发兑，沪城周月记书局代影照印的重刻本。此版本为沈裕民所藏，后该书捐赠给温岭图书馆。

2. 孔夫子旧书网上发现的其他版本

笔者在孔夫子旧书网上搜索《英话注解》，在已售书目中发现了以下几个版本的《英话注解》和样页。

（1）1894年（光绪甲午年）的铅印本，由上海锦文堂书坊重修出版。（见图1-1）

图 1-1　1894 年版《英话注解》书影

（2）1920年（民国九年）版，由上海商务印书馆出版。（见图1-2）

图 1-2　1920 年版《英话注解》书影

（3）1921年（民国十年）版，由上海商务印书馆出版。（见图1-3）

图 1-3 1921 年版《英话注解》书影

3. 本书用于研究的版本

（1）1865 年（同治乙丑年）影印版。本书所采用的版本之一是藏于日本早稻田大学图书馆的同治乙丑年的影印版。不过，1865 年的版本，应该是 1860 年版本的原版翻印本，因为在该书的第二页，就有"咸丰庚申年（1860 年）镌《英话注解》，守拙轩藏"字样，说明 1865 年版的《英话注解》应该是由 1860 年的版本直接翻印而来。笔者将所收集到的 1865 年版《英话注解》与南京图书馆所藏的 1860 年版相对照，发现二者除了出版时间不一致外，其他内容基本一致。（见图 1-4）

（2）1901 年（光绪辛丑年）影印版，由温岭图书馆提供。该版本由上海北市棋盘街文渊山房书庄发兑，是沪城周月记书局代影照印的重刻本。（见图 1-5）

比对孔夫子旧书网所列部分页码内容，1920 年和 1921 年商务印书馆出版的铅印版《英话注解》与 1894 年和 1901 年版本所列内容一致。由此，大概可以推断出 1901 年、1920 年和 1921 年版本源于 1894 年的铅印版或是未知的更早的铅印版。同时，比较笔者手头已有的 1901 年版与 1865 年版《英话注解》，前者较后者在内容和英文翻译上均有改进（具体可参考第六章）。

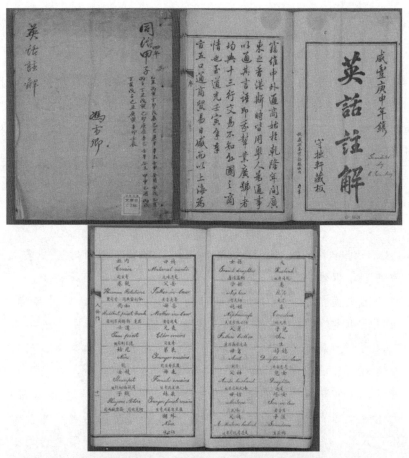

图 1-4　1865 年版《英话注解》书影

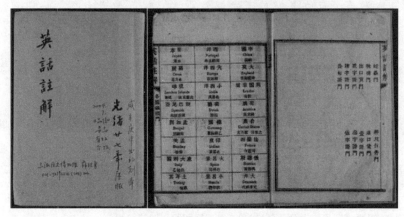

图 1-5　1901 年版《英话注解》书影

二、《英话注解》序言、箴言、凡例和正文简介

本书所用 1865 年和 1901 年版本的《英话注解》在序言和凡例上内容一致,皆为 1860 年初版的复制版。而 1865 年的为刻印本,1901 年的为铅印本。正文内容有一定区别,两个版本相差三十余年,后者内容有所增加,两个版本的具体词条数目和门类见下文介绍。

1.《英话注解》的序言

《英话注解》的第一部分是序言。抄录如下:

> 窃维中外通商,始于乾隆年间,广东之香港斯时皆用粤人为通事,以通其言语,即我帮业广号者,均与十三行交易,不知外国之商情也。至道光壬寅年,奉旨五口通商,贸易日盛,而以上海为大宗。初通之际,通事者仍系粤人居多,迩年以来,两江所属府县亦不乏人,而吾邑惟尹紫芳、郑久也、姜敦五诸君而已。兹奉谕旨,准于各口通商,中外交易,自必更加蕃盛,但言语不通,虽善于经营者,未免龃龉。吾邑藉(籍)于此者十居七八,自宜互相习学,然亟欲习学英话者,亦苦无门可入耳。向有《英话》一书,所注均系广音,好学者仍无把握,今余会商宝楚张君、对山冯君、紫芳尹君、久也郑君、敦五姜君等,巨资著《英话注解》一书,注以勾章乡音,分门别类,使初学者便于记诵,其中细微曲折,虽不能悉载其辞,而英商之方言已具大略。是书也或亦吾邑懋迁之一助云尔。咸丰庚申仲冬勾章泽夫冯祖宪撰。[1]

从冯泽夫所作的序中,我们可以了解此书出版的初衷。五口通商之后,上海成为贸易中心。两江一带(指江苏、安徽与江西三省)通事(翻译人才)乏人,无法应付日益发展的中外贸易之需。宁波人学习英

---

[1] 冯泽夫,等. 英话注解 [M]. 守拙轩藏版,1865:1.

语无门可入，而序中所提《英话》（至今未见，也未有考证论及，尚待发掘），用粤方言注音，为宁波人学习英语带来不便。基于此，冯泽夫等人集资出版《英话注解》，用"勾章乡音"标注英语发音。该书的主要目的还是在于"懋迁之一助"，即希望该书在中外贸易交往中能够发挥作用。一方面，用宁波话标注英语发音的《英话注解》的出版反映了中国的对外经济中心由广州移至上海；另一方面，不管是《英话注解》，还是粤语注音的《华英通语》[1]，这类英语词语集的文本所关注的主要内容与对外贸易紧密相关。其出版的目的，并不在于指导读者如何认真地把英语作为一门系统的学科来学习，如进行语音的练习、语法的讲解、阅读能力与技巧的操练，而是列出一些与日常生活和外贸密切相关的词语及句子，使学习者能在较短的时间里快速掌握这些语句，达到与外商交流的目的。因此，《英话注解》强调的是语言工具的实用性。

另外，从序中可知，《英话注解》的编者和出版者共有六人，他们是：冯泽夫、张宝楚、冯对山、尹紫芳、郑久也和姜敦五。其中，冯泽夫，名祖宪，是第一作者。冯泽夫为"勾章慈水镇"（即现今宁波江北慈城）人，望族冯氏后人，是晚清上海钱业界领袖。张宝楚也是上海钱业公会的董事。至于尹紫芳、郑久也和姜敦五三人，则是宁波帮商人中仅有的几个翻译，其中郑久也是镇海郑氏十七房人，六个人中只有冯对山的具体情况不清楚，但可以推断，他也是一个宁波帮商人。

2.《英话注解》的箴言

在序之后，还有一篇箴言。这篇箴言的撰者为"武林高阳不才子"。但"武林高阳不才子"为何人，则无从考证。这篇箴言如下：

> 是书之作，原为学习英话，与外国贸易之便，特以开导吾邑之后学也。切思洋商进出较大，入其门者，得亦易，失亦易，吾不敢谓读是书者尽皆得利也，亦不敢谓读是书者尽皆失利也。要之，眼界既宽，挥霍不免。我乡风气向崇节俭，恐一

---

[1] 子卿. 华英通语 [M]. 约 1855.《华英通语》的具体信息和原本已不可得，仅可从日本学者福泽谕吉的《增订华英通语》中得知有《华英通语》一书，从序推知该书作者为子卿，作序时间为咸丰乙卯年（1855 年），作序者为何紫庭。

与洋商交易，顿易其节俭之操，饮食之旨甘，服御之华美，犹其小焉者也，甚且呼卢喝雉，一掷千金也。问柳评花，一笑千金也，始则夸长夜之欢，继遂擅专房之宠，初则不过倾囊之戏，终则赔荡产之悲。习俗移人，贤者所惑，况其下者乎？犹有甚者，莫如鸦片之害，吸之精神渐衰，志气旋颓，一日只为半日之人，无病常带有病之容，费虽有限，祸实无穷，全不思作客为商，父母倚闾而望，妻子孤帏而守，背井离乡，所为何事。不在得意之时，成家立业，乃在失意之时徒然悔叹也哉。书成恐无以益后人，而反以误后人也，复志数言于篇末云。武林高阳不才子书。[1]

这篇箴言很有劝诫的意味。其宗旨为，学习英语就能在上海的洋场中获得丰厚的利益。因其利益相对来说来得太过容易，可能会使人堕落，陷入不堪之境。这从另一个侧面说明在当时的上海，一个熟练掌握英语知识的人是可以很容易地获得经济利益的。英语水平对一个人的发展有着非常大的作用。

3.《英话注解》的凡例

《英话注解》的第二部分"凡例"介绍了中英文不同的阅读顺序、英文的书写方式，以及用宁波话标注英文时的发音要领。此则凡例如下：

读汉字从右至左读，英字从左至右读。英字纲领惟二十六字而已，然正体有二，草体有二，于第首页书明便览拼成话音，不及备刊详细，惟学者自揣摩之。所注之音，字大者音响，字小者音低；逢圈者音宜断，无圈者音宜长；字之大小均匀者，音之仝声也；逢点者，即句之读断矣。[2]

《英话注解》中关于读音方法的凡例写得非常简单，只是说"所注之音，字大者音响，字小者音低；逢圈者音宜断，无圈者音宜长；字之

---

〔1〕冯泽夫，等. 英话注解 [M]. 守拙轩藏版，1865：3.

〔2〕冯泽夫，等. 英话注解 [M]. 守拙轩藏版，1865：6.

大小均匀者，音之仝声也；逢点者，即句之读断矣"，不若早期罗伯聃在《华英通用杂话》[1] 中写得明白、细致。但是又比子卿的《华英通语》[2] 要更多地关注英语发音的方法，有一定的进步和完善。

"凡例"之后的一页是英语字母的楷书大小写和行书大小写。

4.《英话注解》的正文

现就笔者手头所有的 1865 年版和 1901 年版《英话注解》的正文介绍如下。

（1）1865 年版《英话注解》正文

1865 年版《英话注解》正文采用中文、英文均横排的方式。如凡例所说，中文从右至左读，英文从左至右读。每词分三部分：第一行为中文，第二行为英文，第三行为用宁波话标注的英文发音（见图 1-6）。这本《英话注解》篇幅并不长，正文有 92 页，总条目为 2291 项，共 39 个门类（见表 1-1）。

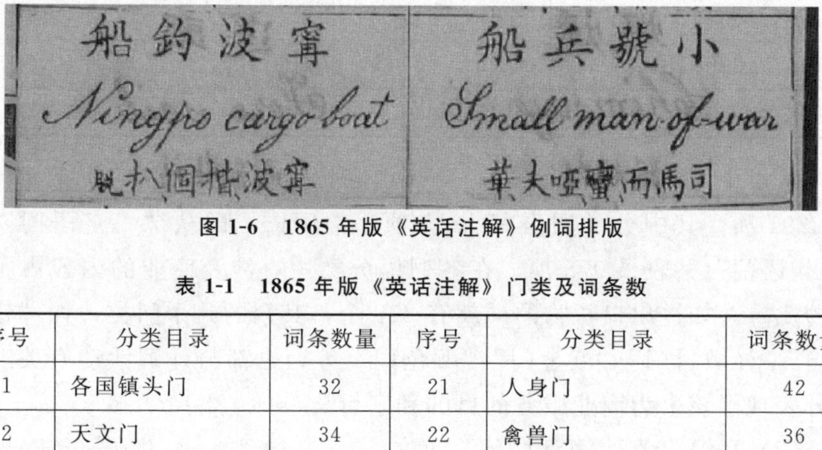

图 1-6 1865 年版《英话注解》例词排版

表 1-1 1865 年版《英话注解》门类及词条数

序号	分类目录	词条数量	序号	分类目录	词条数量
1	各国镇头门	32	21	人身门	42
2	天文门	34	22	禽兽门	36
3	地理门	63	23	花草竹木门	20
4	时令门	54	24	数目门	36
5	君臣门	72	25	银数目门	10
6	人伦门	47	26	洋数目门	11

---

〔1〕 罗伯聃. 华英通用杂话 [M]. 1843.

〔2〕 子卿. 华英通语 [M]. 约 1855.

续　表

序号	分类目录	词条数量	序号	分类目录	词条数量
7	师友门	17	27	五金门	25
8	工匠门	32	28	颜色门	26
9	宫署门	89	29	蛇虫门	22
10	屋宇门	31	30	秤尺什件门	44
11	账房门	24	31	税捐门	25
12	船车门	38	32	进口货门	139
13	军器门	27	33	出口货门	71
14	器皿门	57	34	一字语门	286
15	床铺门	12	35	二字语门	272
16	筵席门	19	36	三字语门	128
17	衣服门	26	37	四字语门	143
18	五谷门	21	38	五字语门	85
19	食用门	71	39	长句语门	64
20	医道门	40		共计	2291

从表 1-1 的统计可以得知，1865 年版《英话注解》所收词条及句子共 2291 项。其中分类词语有 1313 项；常用语，即从"一字语门"至"长句语门"共收录 978 项。在各词语分类中，涉及商业的内容占了很大的比重。如进出口货物的词就有 210 个，其余的几个门类，如"银数目门""洋数目门""五金门""颜色门"等，也都与外贸活动有关。这充分表现了该书为商业服务的目的和宗旨。

（2）1901 年版《英话注解》正文

温岭图书馆提供的 1901 年版《英话注解》为铅印版。该版本《英话注解》入藏该图书馆时，末页已缺页（据笔者推断缺页 1～2 页，缺页内容为"长句语门"的部分词汇），所以实际页码应该多于现有的页码，为 62＋页。1901 年版同样采用"凡例"所说格式，中文从右至左读，英文从左至右读。每词分三部分：第一行为中文，第二行为英文，第三行为用中文标注的英文发音（见图 1-7）。因为其为铅印版，所以排版比较有规律。基本每页为 24 个词或短语。且大多数门类为 2～4 页词或短语，满页；总条目为 2934＋项，共 38 个门类（1901 年版《英话注解》把 1865 年版的"银数目门"和"洋数目门"合并成了"银洋数目门"）。各类分类词条共 1944 项，一字语门至长句语门共 990＋项。总词条数量明显多于 1865 年版本（见表 1-2）。

图 1-7　1901 年版《英话注解》例词排版

表 1-2　1901 年版《英话注解》门类及词条数

序号	分类目录	数量	序号	分类目录	数量
1	各国镇头门	48	21	人身门	48
2	天文门	48	22	禽兽门	48
3	地理门	96	23	花草竹木门	48
4	时令门	96	24	数目门	48
5	君臣门	96	25	银洋数目门	48
6	人伦门	48	26	五金门	48
7	师友门	48	27	颜色门	48
8	工匠门	48	28	蛇虫门	48
9	宫署门	96	29	秤尺什件门	48
10	屋宇门	48	30	税捐门	48
11	账房门	48	31	进口货门	144
12	船车门	48	32	出口货门	72
13	军器门	48	33	一字语门	288
14	器皿门	96	34	二字语门	288
15	床铺门	48	35	三字语门	144
16	筵席门	48	36	四字语门	144
17	衣服门	48	37	五字语门	90
18	五谷门	48	38	长句语门	36＋

序号	分类目录	数量	序号	分类目录	数量
19	食用门	96		共计	2934＋
20	医道门	48			

以上两个版本的《英话注解》存在着不少常识性的错误。如在"各国镇头门"中，"印度"被译成"Indian"，而"小西洋"被译成"India"，"America"被译成"花旗"，而"United States"被译成"合众"。这些有关国家名称方面的错误，体现了当时人们对世界地理的不了解。但随着中外交往的增加、人们见识的增长，在后来的《英话注解》版本中，这些问题得到了部分修正。如，孔夫子旧书网所见的1921年版《英话注解》各国镇头门样页中没有这些问题。可见，在版本升级过程中，原版本中的一些错误也逐步得到了修正。

另外，1901年版《英话注解》首页还有一段文字，具体如下：

> 《英话注解》一书，久已脍炙人口，厥后续出《英字指南》《英语集全》《英字入门》等书，八纮四夷，于语言文字可谓搜罗大备，抉尽精微，诚为学者必不可少之书也。

这一小段说明了《英话注解》在当时非常受欢迎。在《英话注解》的影响下，《英语集全》（1862）、《英字入门》（1874）和《英字指南》（1879）等洋泾浜英语读本先后出版。《英话注解》所收词条范围甚广，可谓是必备工具书。这段文字相当于如今的书籍再版说明。

第二节　《英话注解》的产生背景

一、历史背景

宁波是东海之滨的一颗明珠，背靠四明山，三面临海，南通闽粤，东接日本，北与朝鲜半岛相望，位于我国东部海岸线的中段，扼南北水路之要冲，是我国海上文化交流的先驱。唐代时，宁波称"明州"，是中国最古老的港口之一，也是东方"海上丝绸之路"的始发港。宁波有着悠久的商贸历史。早在西汉初年，就被称为"鄞县"，这也许是我国唯一一个与商贸直接相关的古地名[1]。两百多年来，甬商的足迹已遍布五湖四海。1840 年，英国用炮火轰开了闭关自守的清政府大门，宁波与广州、福州、厦门、上海一起五口通商。口岸开放，欧风东渐，西方文明也在宁波登陆，与中国传统文化相碰撞、相融汇，潜移默化地影响着宁波人的思想观念和宁波的社会文化。在随后的发展中，宁波港因上海的崛起而衰落，宁波人便积极地外出谋生，尤其是到上海经商。他们在社会转型期，率先转型、创新求变、超越传统，成为近代商人的典型代表。大约在明末清初，宁波帮开始形成。

中西经济与贸易的交往，不可避免地带来中西语言文化的接触与交流、碰撞与融汇。在世界经济中，中国处于弱势地位。面对西方先进的科技、文化，以及强大的经济基础，中国商人在中西语言文化交流中，必然是弱势的一方，要向强势的一方学习。只有掌握了强势一方的语言，才有可能与之对话。面对西方强势的经济、军事及文化的入侵，一些思维敏锐的中国人在与西方进行交流、贸易、外交等活动中认识到了英语学习在提高中国实力方面的重要性。这种对语言学习的认识，为洋泾浜英语和《英话注解》等民间英语学习文本的出现奠定了基础。

然而，当时的社会环境使得正规语言学习成为一种"不可能的任务"。首先，18、19 世纪，清政府实行闭关锁国政策，禁止西方人学习中文，也禁止国人学习英文。这种禁令使得国人无法正常地学习英语，西方人无法正常地学习汉语，造成语言人才奇缺的现象。其次，中西贸易之初，人们的文化水平低下，没有正规的教材，也没有语法或词汇之类的工具书，国人和西方人学习对方的语言困难重重。再者，英语和汉语分属不同语系，词汇、发音、语法大相径庭，对双方来说都很难学，且须花费大量的时间和精力。在此情况下，为了中外商业贸易和日常往来的正常进行，民间创造了一种特殊的变种英语，即一种用中文读音注音的英文，我们称为"洋泾浜英语"的混合杂交语言。这类语言既受外

---

〔1〕 张守广. 宁波商帮史 ［M］. 宁波：宁波出版社，2012：53.

来语言发音、语法、文化、思维等的制约，又受本地文化及本民族方言语音、语法规则和表达习惯的干扰，具有很强的非正规性和破碎粗俗性，但是却在当时的中国非常成功地传播开来，并被用于贸易交流，成为一种必不可少的交流工具。对于西方人来说，尽管英语是他们的母语，他们也不得不根据实际情况主动适应这种语言。相比花费大量时间和精力学习正规的中文，他们更愿意快速熟悉这种杂交语言。如 1865 年版《英话注解》最后一页有两句长句：你会说中国话吗？（You can speak Chinese? P93）中国话我不会说。（I cannot speak Chinese. P93）很明显，这两个句子是为外国读者所准备的。

洋泾浜英语对那些与洋商打交道、受教育程度不高、知识水平有限的中国商人、仆役、车夫等来说使用更为方便，他们不用考虑与中文相差甚远的英语语法，只要将英文单词按照汉语意思拼在一起就可以了。季羡林在《汉语与外语》中曾说："英文称之为 Pidgin 英语的语言，是旧日通商口岸使用的语言。出于需要，非说英语不行，然而那里的中国人文化程度极低，没有时间，也没有能力去认真学习英语，只好英汉杂烩，勉强能交流思想而已。"从季先生的这句话中，我们也可感受到洋泾浜英语的使用人群和大致特色。

《英话注解》书前印有初刻本编者冯泽夫于咸丰庚申年（1860 年）仲冬所作的序言，细致地介绍了编印此书的历史背景。鸦片战争后，"至道光壬寅年，奉旨五口通商，贸易日盛，而以上海为大宗"。上海既已成为新的贸易中心，大批与十三行做生意的宁波人便从广州和其他口岸来到上海；同时，由于宁波离上海较近，大批宁波人来到上海做生意。《青稗类钞》也说："宁波濒海，开通较早，来沪亦最先。"这些人当中，有宁波帮最早的通事兼买办穆炳元和杨坊，还有严信厚、叶澄衷和朱葆三等。为了和外商交流，为了帮助宁波人学习英语，以便更好地开展对外贸易，当时的钱业商人冯泽夫就联络了几位粗通英语会话的宁波商人合作编写了《英话注解》。清朝对外通商之初，都是由广东人作为"通事"，宁波商人在对外贸易中，因言语不通，常不知商情。冯泽夫说，"向有《英话》一书，所注均系广音，好学者仍无把握"，意思为宁波人也想学习英语，可这种以广东方言注音的英语手册，宁波人根本就看不懂。于是，冯泽夫"会商宝楚张君、对山冯君、紫芳尹君、久也郑君、敦五姜君等，汇资著《英话注解》一书，注以勾章〔1〕乡音，分门别类，使初学者便于记诵。其中细微曲折，虽不能悉载其辞，而英商之方言已具大略"。从第一部分的序言可知，《英话注解》的编者都是宁波商人，《英话注解》中的英语是在特殊的历史条件下，商人们为了中外贸易交流而创造的，用宁波话标注英语发音的，一种奇特的混合语言，它是上海洋泾浜英语的前身。可以说，宁波商帮创造了洋泾浜英语，而洋泾浜英语又成就了宁波商帮。〔2〕

二、洋泾浜英语背景

洋泾浜原为上海县城北面一个不知名的地方，位于现在的上海延安东路一带，原来是黄浦江的一条支流。1849 年，洋泾浜成为英法租界之间的分界线，此后，"洋泾浜"这个地名才不时出现在清政府官方的文件里。随着上海作为通商口岸地位的提高，西方商人、外交官和传教士都来到上海居住，这一带成为"西人通商总汇"和真正的"十里洋场"。上海洋泾浜一带有一群"露天通事"，凭借早年所学的一点外语和涉外阅历以通译华洋两种语言为业，成为清末下层社会里特有的通事。他们在洋泾浜两侧的华洋共处的环境里，与洋人接洽生意，买卖货物，以语言传译工作为生。随西方人士一起来到上海的还有原来广州的许多露天通事与洋行买办，他们将在广州通用的"Pidgin English（别琴英语）"带到了上海，并对当时活跃在上海的露天通事的语言产生了一定的影响。但是用广州话注音的"广东英语"显然不符合江浙沪地区的语言发音习惯，于是，最先到达上海进行商务活动的宁波商人就在广东英语的基础上，用本地方言取代广东方言，附加各种手势动作，在时间的磨砺和洋人的配合之下，形成了另一种混合英语。为与广东英语相区别，人们称这种诞生于上海的 Pidgin 英语为"洋泾浜英语"。目前，在众多研究中，中国洋泾浜英语包括广东英语和上海洋泾浜英语。

---

〔1〕 勾章即句章，宁波古称。句（勾）章明清时期指旧慈溪县。
〔2〕 王耀成. 石库门的主人：一个商帮的文化背影［M］. 宁波：宁波出版社，2008：61.

　　中国洋泾浜英语是指在约 1720 年至 1950 年，汉语与外语接触过程中形成的以汉语和英语为主要来源成分的有限混合口语，也称别琴、番话等，英文一般称之为 Chinese Pidgin English（CPE）。其既是一种历史文化现象，又是一种社会语言现象。洋泾浜语作为语言接触过程中的特殊产物，其形成和发展反映了语言接触与语言融合的过程和特质，是一种非典型的跨文化交际语言。因为葡萄牙人比英国人早到中国近百年，因此在产生洋泾浜英语以前就有了洋泾浜葡萄牙语。鸦片战争后，广州逐渐取代香港成为国际大商港，广东英语取代了洋泾浜葡语。广东英语是中国洋泾浜英语的雏形，也可称为广东洋泾浜英语。尔后，随着通商口岸的增多，上海逐渐取代广州成为远东著名的国际大城市，上海洋泾浜英语成为主导。所以，中国洋泾浜英语的摇篮虽是广州，但其充分发展并达到鼎盛时期却是在上海。洋泾浜英语最大的特点是它具有混合性和非规范性。混合性使得它像一个杂种语言，是数种语言的混合物；既有汉语的血缘，又有外国语言的血缘，但似乎谁都不承认它是自己的孩子。与混合性相伴相生的是它的地区性。洋泾浜英语主要在近代通商口岸城市流行，这些城市又主要分布在粤闽吴等方言区，因此它染上了不同的方言特色，有不同的种类。洋泾浜英语的使用期限有限，有一定的生命周期。中国洋泾浜英语的生命周期约为一百五十年，从 18 世纪早期至 19 世纪晚期。洋泾浜英语的发展主要分为四个阶段[1]：1715—1748 年，在广东和澳门起源；1748—1842 年，经典阶段，主要用于广东；1842—1890 年，发展和巅峰时期，用于开放港口城市、长江流域和香港；1890 年至今，消退阶段。

　　《英话注解》产生于洋泾浜英语发展的巅峰时期，在广东英语和上海洋泾浜英语之间起到了举足轻重的承接作用。《英话注解》用宁波话标注英语发音，以洋泾浜英语为主要内容。19 世纪中期，其继承了强势的洋泾浜英语文化，同时为上海洋泾浜英语的形成奠定了基础。《英话注解》中的标音特点继承了广州话标音的广东英语传播方式，同时，促成了上海洋泾浜英语的形成，标志着上海洋泾浜英语的

---

〔1〕　HALL R A. Chinese Pidgin English〔J〕. Journal of American Oriental Society, 1944（64）：95.

产生〔1〕。《英话注解》出版十三年后的 1874 年，上海人曹骧编著了一本用上海方言标注英语发音的《英字入门》，从这一文本可以明显地看出《英话注解》对它的影响。《英话注解》出版十八年后的 1879 年，常州人杨勋在上海出版了用吴语语音标注英语发音的《英字指南》，标志着上海洋泾浜英语的形成〔2〕。《英话注解》式洋泾浜英语表达目前还可在一些老一辈人口中听到，如"买办先生'康白度（comprador）'，'雪茄烟（cigarette）'手里拓"〔3〕。也有部分洋泾浜英语被长久使用，已发展成为英语日常词汇的一部分，如"Long time no see.（长久不见你。）"。

洋泾浜英语始于民间，民间层面的英语学习在中国走了很远。尽管民间创造的语言粗鄙、俚俗，但是富有生气，具有实用性。随着中国近代化进程的发展，洋务外语学堂的建立和英语正规化教学的逐渐推广与普及，中国彻底告别了半封建半殖民地的历史，在中国近代历史舞台上盛行一时的洋泾浜英语也逐渐走向衰亡，最终退出了中外交流的舞台。而另一方面，当"Long time no see.（长久不见你。）"已经成为今天的正规英语时，英语其实也在不可避免地洋泾浜化，或者可以说，从一开始英语就是带有洋泾浜特点的一种语言。

三、晚清英语学习背景

《英话注解》的出版时间为晚清。晚清时期英语学习的发展可以根据具有重大意义的历史时间如鸦片战争（1840 年）和中日甲午战争（1894 年）为切分点，分成三个不同的阶段〔4〕。同时，中国早期的英语教科书具有正规英语与洋泾浜英语共存的特点。第一阶段为 1807—1840 年，以第一位来华的基督新教传教士马礼逊到达中国作为标志。当时，澳门、广州作为仅有的对外开放地区，最早出现中西语言接触现

〔1〕 吴义雄.“广州英语”与 19 世纪中叶以前的中西交往 [J]. 近代史研究，2001（3）：191.

〔2〕 周毅. 近代广东通事及其角色特征之分析 [J]. 四川大学学报（哲学社会科学版），2005（3）：134.

〔3〕 汪仲贤. 上海俗语图说 [M]. 上海：上海书店出版社，1999：1.

〔4〕 孙广平. 晚清英语教科书发展考述 [D]. 杭州：浙江大学，2013.

象，也是中国洋泾浜语的早期形式（即澳门葡语、广东葡语和广东英语）形成的主要地区。在这一时期，由英美传教士创立的学校所教授的英语是正规的、标准的英语。第二阶段为 1840—1894 年，此时正值中国社会动荡的年代，中国被迫通商，外国人可在中国通商口岸地区经商、传教。英语作为一种强势语言，成为人们竞相学习的对象。这些学习英语的人中，有些是为了现实利益，有些是为了生计，有些则是为了掌握西方的先进技术；其中以为生计而学英语的人数最多，而他们所学大多为洋泾浜英语。洋务派倡导成立的京师同文馆（创办于 1862 年）等所教授的外语，尤其是英语，则是正规、标准的英语语言。第三阶段为 1894—1911 年。中日甲午战争中国的失败，严重打击了中国统治阶级的自信心，也极大地唤起了广大民众救亡图存的民族使命感。在这一阶段，从上至下掀起了学习英语的热潮。英语学习获得了极大的发展。以商务印书馆为首的各类出版机构出版了大量的各类英语教科书，这些教科书具有一定的专业性，有适合不同程度的英语学习者的启蒙类课本、中学课本、大学课本等。

《英话注解》（1860）产生于晚清英语学习的第二阶段。在《英话注解》面世之前，中国人自己编著的用以学习英语的教科书或学习材料大多以粤方言来标注英语的发音，如“红毛番话”[1] 类读本（具体时间不详）和《华英通语》（约 1855），使得这些英语读本的受众受到很大限制。鸦片战争后，中国五口通商，1843 年上海开埠，1844 年宁波开埠。上海开埠后超越同时期开埠的其他四个港口，一跃成为全国最大的对外贸易港口，在对外贸易上的地位逐渐上升。较广州来说，上海离内地更近，贸易往来更为便利；宁波港又对上海港起辅助作用；上海人较广州人更为温和，也更易接受新事物。因此，上海成为鸦片战争后外国人更为喜欢的地方。大批外国人，包括商人等，相继涌入上海。大批有经商传统的宁波人，也抓住这样的机会，将自己的生意迁往上海。他们迫切需要合适的英语教科书，以便他们能够快速地学习英语。于是，几位有

---

〔1〕“红毛番话”是较早记录英语单词或词组的小册子，最晚在 19 世纪 30 年代已在广东出现，是在民间颇为流行的教授广东英语的教材或工具书。“红毛番话”也有多种刻本存世，如《红毛番话·贸易须知》和《红毛通用番话》等。

前瞻性的宁波商人就在广东英语的基础上，赶印了以宁波话标注英语发音的读本。《英话注解》就在这样的语言学习环境下诞生了。《英话注解》(1860) 是和《华英通语》(约 1855) 同时期出版的中国第一批英语教科书，是后来英语教材的雏形。从 1860 年出版到 20 世纪中期，《英话注解》一版再版，到目前为止，已知的就有八个版本（参考本章第一部分），其受欢迎程度可见一斑。戴骅曾撰文说："标价银洋 2 元一本的《英话注解》在上海发行时居民踊跃购买，以至不得不多次重印才能满足社会需求。"[1] 从已知的各种版本来看，《英话注解》流行的时间比较长，版本也比较多。晚清时期上海多家书局都曾印行《英话注解》，如练文阁、十万卷楼、飞鸿阁、申昌书局、宝善斋书庄等。随着人们对正规英语的逐步认识，《英话注解》中的洋泾浜英语成分渐渐被抹去，在后续版本中，合乎英语习惯的表达不断增多。《英话注解》最终印数多少，没人统计过，也无法统计。但是，一百多年后的今天，《英话注解》已是稀有藏品。

19 世纪 60 年代，随着一系列洋务学堂的建立，如 1862 年京师同文馆的设立，1863 年上海广方言馆、1864 年广州同文馆的相继设立，中国从官方层面跨出了外语学习的第一步，上层阶级逐渐认识到外语学习，尤其是英语学习在国家发展方面的重要性。中国人的英语学习也逐步正规化。虽然进入洋务学堂学习英文的人很少，但至少正规英语学习已得到认可、关注并逐步普及。尽管如此，19 世纪末 20 世纪初，中国的英语学习还是以民间的洋泾浜英语为主。

第三节　研究现状与研究内容

一、研究现状综述

纵观《英话注解》国内外的相关研究，限于国外研究者对洋泾浜文

---

[1] 戴骅. 冯泽夫与《英话注解》[EB/OL]. (2014-09-13).

本材料中汉字、汉语特点和方言的认识，相关研究极少。限于国内研究者对地方方言的了解，也鲜有研究涉及《英话注解》。除去笔者相关的几篇研究论文外，以"英话注解"为关键词在中国知网搜索，搜到论文0篇。以"英话注解"为篇名进行搜索，仅搜到1篇：吴驰所撰写的《从〈英话注解〉到〈帝国英文读本〉——清末自编英语教科书之兴起》[1]。其从教科书的角度对《英话注解》作了浅显涉及。用"英话注解"进行全文搜索，则搜到论文33篇。可见学界目前无针对《英话注解》的专门研究。而从搜索到的相关论文来看，《英话注解》主要在洋泾浜英语、语言接触和晚清英语教科书等研究方面偶有提及。

1.《英话注解》与中国洋泾浜英语和宁波商帮

由于洋泾浜英语的产生与商帮关系密切，所以这部分将两者结合起来进行论述。中国洋泾浜英语主要鼎盛于一二百年前，留下来的文献不多，且目前并不常见，所以不但外国研究者知之不详，本国学者也经常将其忽略，相关研究也并不多。而《英话注解》作为洋泾浜英语及洋泾浜英语文本的一部分，相关研究更是少之又少。作为一种重要的语言文化现象，洋泾浜英语及其相关衍生研究应该得到应有的重视。它从一个侧面反映了近代中国半封建半殖民地的性质，反映了近代中国的语言发展和翻译水平的实际状况，同时揭示了语言发展和语言学习过程的一些普遍规律。因此，相关研究具有不可忽视的意义。

在查询《英话注解》相关资料的过程中，笔者发现《英话注解》在研究上海和宁波地理文化的著作中有部分提及。研究主要是从洋泾浜英语和宁波商帮的视角来进行阐述。复旦大学周振鹤教授是提及《英话注解》相关版本及其重要意义的第一人。周振鹤教授在《鬼话·华英通语及其他》一文中用了两页左右的篇幅对《英话注解》做了首次介绍，指出："用广东话注音的英语词汇会话集不能适应于其他四个港口使用。不但如此就是同属闽语的厦门方言与福州方言之间也不能互相通话，上海话与宁波话也有差异，因此各地自然要产生用当地方言来注音的英语读本。今天能看到的这类书，最早的一种是用宁波话标音的《英话注

---

〔1〕 吴驰. 从《英话注解》到《帝国英文读本》：清末自编英语教科书之兴起 [J]. 湖南师范大学教育科学学报，2013（3）：35.

解》，是数名宁波人合作编写，并集资刊刻的。该书我在国内未发现，但在日本友人处有一册，据说也仅见此一册（而且不是初刻本），因此特为复印了送给我。"[1] 此处，周振鹤教授指出，在各地用方言仿效用广东话标注英语发音的文本中，用宁波话标注英语发音的《英话注解》是最早的一本。同时，周教授在《鬼话·华英通语及其他》一文中引用了《英话注解》的序言和箴言，便于读者了解该文本的缘起和概况。这是已知的《英话注解》第一次出现在国内学术刊物上。在《中国洋泾浜英语的形成》一文中，周振鹤教授在提及广东英语和上海地区的通事时，指出"（19 世纪）50 年代出版的英文教科书《英话注解》序言中说：其时的上海'通事者仍系粤人居多'"，以强调当时在各口岸充斥着一些懂得洋泾浜英语的通事；而《英话注解》的出版"说不定正是宁波人最先打破了粤人通事的一统天下"局面的一个开端[2]。同时他在《随无涯之旅》[3] 中的一篇文章《别琴竹枝词百首笺释》中对竹枝词进行了解释。这些竹枝词多处提到了宁波，也正说明了宁波与洋泾浜英语的密切关系。

中山大学吴义雄教授在《"广州英语"与 19 世纪中叶以前的中西交往》一文中指出："早在 1860 年，就有几名在上海的宁波人士，合资刻印了一种以宁波话注音的《英话注解》，编著者是冯泽夫。他在自序中指出编纂该书的原因是，'向有《英话》一书，所注均系广音，好学者仍无把握'。该书是用宁波话注解，但在某种意义上，可以说它已预告了著名的洋泾浜英语的诞生。"[4] 吴教授在此文中对《英话注解》的历史意义给予了充分的肯定，指出了《英话注解》对于洋泾浜英语形成的关键作用，即《英话注解》预示着洋泾浜英语的诞生。

复旦大学邹振环教授也对《英话注解》做了较为深入的研究，他在《浙籍买办与〈英话注解〉》一文的摘要中写道："通过解剖浙籍商人编纂的《英话注解》，指出在近代上海口岸贸易的发展中，英语学

---

〔1〕 周振鹤. 鬼话·华英通语及其他 [J]. 读书，1996（3）：134.
〔2〕 周振鹤. 中国洋泾浜英语的形成 [J]. 复旦学报（社会科学版），2013（5）：9.
〔3〕 周振鹤. 随无涯之旅 [M]. 北京：生活·读书·新知三联书店，1996：281.
〔4〕 吴义雄. "广州英语"与 19 世纪中叶以前的中西交往 [J]. 近代史研究，2001（3）：190-196.

习读本有一个宁波话系统替代广东方言系统的转变。并进而提出买办群体的英语学习，在中国近代外语教育体制的转变过程中，具有某种引领的作用。"同时，他认为《英话注解》一书的出版，是"宁波式英语媒起和盛行的反映"[1]。

浙籍作家王耀成在《石库门的主人：一个商帮的文化背影》一文中介绍了当时已发现的《英话注解》的四个版本和《英话注解》的作者，并对宁波帮与洋泾浜英语的关系进行了简要阐述。王耀成的相关介绍所依据的《英话注解》版本为温岭图书馆所藏，1901 年由上海北市棋盘街文渊山房书庄发兑，沪城周月记书局代影照印的版本。另外，王耀成也对《英话注解》的序言和箴言进行了引用和简短述评。

上海市历史博物馆史学专家薛理勇也介绍了《英话注解》。他曾于2000 年秋在朵云轩秋季拍卖会上，代表上海市历史博物馆以 3000 元拍得一册清咸丰庚申年（1860 年）的初刻本《英话注解》。并认为，这本《英话注解》是海内孤本。他对《英话注解》的评价是"旅沪宁波商人冯泽夫等人根据自身在与外国商行做生意时学到的英语知识编的英汉对话手册"。薛理勇认为，"这本《英话注解》不仅是宁波人用宁波话标音、上海出版的第一种洋泾浜语手册，对研究洋泾浜语有重要作用，还是目前能见到的最早的英语会话手册"。他还说，宁波话虽然与上海方言有一定的差异，"但是宁波官话与上海官话的发音逐渐靠近，尤其单个字的读音靠得很近，所以，当宁波人用宁波话注音的《英话注解》刊行后，也成了上海人或旅沪的其他地方人学习英语的主要教科书，而且，早期在上海从事商业的人中，宁波人又占了相当的比例，宁波人对上海'洋泾浜英语'的发展所起的影响和作用就可想而知了"[2]。薛理勇当时认为上海市历史博物馆拍下的这本《英话注解》是海内孤本。其实，南京图书馆也藏有这部《英话注解》。只是，在南京图书馆的资源检索上，这部书被错误地写成《英语注解》。

以上与《英话注解》相关的研究与陈述仅限于对《英话注解》的概

〔1〕 邹振环. 浙籍买办与《英话注解》[M] //张伟. 浙江海洋文化与经济（第 2 辑）. 北京：海洋出版社，2008：190.

〔2〕 薛理勇. 意外获得的海内孤本：清代咸丰年间初刻本《英话注解》[M] //杭侃. 收藏上海. 上海：学林出版社，2005：58-59.

述和对其序言及箴言的介绍与分析。相关研究在以上学者的著述中也仅出现只言片语，或是用几页的篇幅介绍其作者、序言或箴言等。截至目前，尚无专门针对《英话注解》的研究。

另外，《英话注解》属于中国洋泾浜英语文本，关于中国洋泾浜英语文本的研究，通过查阅文献，周振鹤先生的《别琴竹枝词百首笺释》和《鬼话·华英通语及其他》对国内部分洋泾浜英语文本进行了注释和简介，也有日本和国内的学者对其他洋泾浜英语文本的研究，如日本学者矢放昭文的《〈华英通语〉反映的一百五十年前粤语面貌》[1]等。目前洋泾浜英语文本的研究也为数不多。

2. 《英话注解》与宁波话

从宁波话的角度来看，《英话注解》是用宁波话标注英语发音的英语学习文本，对宁波话的发展和演变具有重要作用，然却不曾见关于《英话注解》与宁波话的研究。现有关于宁波话的研究主要集中于：对宁波话语音系统、词汇特点和语法特点等的研究，如陈宁萍的《宁波方言的变调现象》(1985)、钱乃荣的《宁波方言新派音系分析》(1990)、徐通锵的《宁波方言的"鸭"[ɛ]类词和"儿化"的残迹》(1985)、朱东丰的《宁波话中的异读字》(1988) 等等；对宁波区县（市）如镇海、北仑、鄞州等地的方言研究，如陈忠敏的《鄞县方言同音字汇》(1990)、戴红霞的《镇海方言塞擦音—擦音音位系列的调查研究：现状及演变》(2006)、周志锋与胡方合著的《北仑方言》(2007) 等；对宁波话词语的整理与解释也有诸多成果，其中有周志锋的《周志锋解说宁波话》(2012)、朱彰年等的《阿拉宁波话》(1991) 和《宁波方言词典》(1996)、周时奋的《活色生香宁波话》(2005)、崔山佳的《宁波方言词缀初探》（2007）等。纵观以上研究，无宁波话外来词或是宁波话与《英话注解》相互关系的研究。本书会在第三章中，以《英话注解》为切入点对宁波话中的外来词进行研究。《英话注解》是已知最早的江浙沪地区用地方方言标注英语发音的读本，是江浙沪地区，特别是宁波地区外来词的始源。相关研究会对宁波话和宁波本地文化的研究有重要的启示和意义。

---

〔1〕 矢放昭文.《华英通语》反映的一百五十年前粤语面貌 [C] // 张洪年. 第十届国际粤方言研究讨论会论文集. 北京：中国社会科学出版社，2007.

3.《英话注解》与中英语言接触

语言文化接触是指相互接触的异质文化群体在长期的交往中，互相影响、互相渗透，彼此间都发生变迁甚至完全异化的现象。在数千年的发展历程中，汉语与不同语言发生间接接触或文化接触，其词汇、句法、语义、语用乃至语体都受到了一定的影响。目前尚无语言接触视角下的《英话注解》研究和洋泾浜英语研究。但是周振鹤教授在《中国洋泾浜英语的形成》一文中指出洋泾浜英语的形成是语言接触的结果[1]。《英话注解》作为洋泾浜英语的一部分，也是语言接触的结果。相关内容会在本书的第三章进行阐述。

4.《英话注解》与文化研究

近几年，关于宁波海洋文化、商帮文化的研究成为宁波地方文化研究的热点。随着习近平主席"一带一路"建设的提出，随着 21 世纪海上丝绸之路建设的兴起，海洋文化和商帮文化研究已成为热点问题。在洋泾浜语言的研究中，也有部分文化内容的涉及。一般认为中西文化交流在 19 世纪并未跟上贸易发展的进度[2]，相关研究也不多见。《英话注解》文本的文化研究则至今未见。本书第四章会对《英话注解》中体现的文化因素进行细致探析。

5.《英话注解》与晚清英语教材

近年，随着学者们重新审视中国英语教科书，晚清英语教科书的研究也渐渐被重视起来。《英话注解》在晚清英语教材的研究中相对被提及较多。

周振鹤教授在《鬼话·华英通语及其他》一文中指出，"序中所说'两江'，乃指江苏、安徽与江西三省。……而且至今尚未发现两江籍人著有比《英话注解》更早的英语教材。说不定正是宁波人最先打破了粤人通事的一统天下。又所谓'勾章'即宁波的古称"[3]。此处，周教授提到了在"两江"范围内，尚未发现比《英话注解》更早的英语教材。

---

〔1〕 周振鹤. 中国洋泾浜英语的形成［J］. 复旦学报（社会科学版），2013（5）：1.

〔2〕 周毅. 洋泾浜英语在近代中国产生的历史渊源之探讨［J］. 中国文化研究，2005（1）：110-122.

〔3〕 周振鹤. 鬼话·华英通语及其他［J］. 读书，1996（3）：135.

由此，也可以推断出《英话注解》应该是目前发现的，除用广东话标注英语发音的《华英通语》以外，第二本洋泾浜英语教材。周教授此文陈述了《英话注解》作为英语教材的意义和地位。

吴驰所写的《从〈英话注解〉到〈帝国英文读本〉——清末自编英语教科书之兴起》，是除了笔者所写《英话注解》相关论文外，唯一一篇在篇名中提到《英话注解》的论文。该文指出《英话注解》是清末自编英语教材的雏形，非常简要地介绍了《英话注解》的出书背景。介绍中还提到《英话注解》一书共 162 页，但并未说明是哪个版本或出版于哪一年。据笔者推断，此处该文作者所写页数有误，应该是 1901 年版《英话注解》有 62 页；但其也同样提到了《英话注解》对以后上海洋泾浜英语的发展起了至关重要的作用[1]。

另有两篇提及《英话注解》的博士学位论文。浙江大学孙广平的《晚清英语教科书发展考述》[2] 对各个阶段的英文读本进行了介绍，包括《英话注解》作者、序言、箴言、正文的词汇数量以及《英话注解》的洋泾浜英语特征等。根据作者描述，其研究使用的应该是 1865 年版的《英话注解》，在相关介绍中作者提到正文页数为 92 页，总条目共 2275 条。但根据笔者所见，总条目应为 2291 条，数量上有一定差别。湖南大学莫再树的博士学位论文《晚清商务英语教学源流考镜》[3] 则在提及《英话注解》读本时，根据《英话注解》39 个门类中的贸易分类，以及其侧重商贸英语内容的特点，将其看作是早期商贸英语教学的读本。

以上关于《英话注解》与晚清英语教材的研究，都是从宏观和简介的角度对《英话注解》进行了阐述，《英话注解》也仅是作为其研究内容中的一小部分被提及。本书则会在进行宏观研究的同时，结合微观层面，在第五章对《英话注解》的晚清英语教材地位和内容特色进行完整、全方位的呈现。

6. 中国洋泾浜英语研究概况

中国的洋泾浜英语在中国沿海地区存在了两百年之久，而且实际上

---

〔1〕 吴驰. 从《英话注解》到《帝国英文读本》：清末自编英语教科书之兴起 [J]. 湖南师范大学教育科学学报，2013（3）：35.

〔2〕 孙广平. 晚清英语教科书发展考述 [D]. 杭州：浙江大学，2013.

〔3〕 莫再树. 晚清商务英语教学源流考镜 [D]. 长沙：湖南大学，2012.

是大航海时代以来由于语言接触所产生的林林总总的洋泾浜语言（pidgin language）中非常重要的一种，就连 pidgin 一词也是产生于中国的[1]。但中国学术界对这一重要的文化现象并未给予足够的重视。中国洋泾浜英语相关研究至少有两方面的意义：不但在于语言学方面，还在于历史学方面。因为这一语言现象同时又是历史上一种特殊的文化现象。《英话注解》是中国洋泾浜英语的一部分。如研究综述第一部分所言，《英话注解》在中国洋泾浜英语的形成过程中发挥了重要的作用。

关于中国洋泾浜英语的研究，在国内学术界不是很受重视，系统语料收集和研究始于 20 世纪末，代表学者为周振鹤。在中国知网，以"洋泾浜英语"为篇名关键词进行搜索，共搜索到 56 篇论文。研究集中于洋泾浜英语的产生历史、来源、传播、语言特点、作用、影响及跨文化解读等，相关代表作主要有周振鹤的《中国洋泾浜英语最早的语词集》（2003）、《中国洋泾浜英语的形成》（2013），张振江的《中国洋泾浜英语研究述评与探索》（2006），季压西、陈伟民的《近代中国的洋泾浜英语》（2002），周毅的《洋泾浜英语在近代中国产生的历史渊源之探讨》（2005）等；其他方面如洋泾浜语与克里奥语的历史、现状与关系等，相关代表作有石定栩的《洋泾浜语及克里奥语研究的历史和现状》（1995）和高彦梅的《洋泾浜语和克里尔语概说》（1999）等。[2]

国外则较早较多地对中国洋泾浜英语进行了语料的收集、整理与研究工作。已知最早的资料性文献源自安森（Anson）的《环球航行 1740—1748》（*A Voyage Round the World：in the Years M DCCXL，*Ⅰ，Ⅱ，Ⅲ，Ⅳ）（1748）和诺布尔（Noble）的《东印度群岛航海记 1747—1748》（*A Voyage to the East Indies in* 1747 *and* 1748）（1762）。马礼逊（Robert Morrison）所著《华英词典》（1822）和其儿子马儒翰（John Robert Morrison）所著《中国商业指南》（1834）对中国洋泾浜英语进行了系统语料汇总并给予了部分学术上的关注。关于中国洋泾浜英语形成的原因、语言特点和语言功能等问题的研究，相关文献主要有：丹尼斯（Dennys）的《洋泾浜英语》（*Pidgin English*，1870、1878），威廉姆斯（Williams）的《广州行

---

〔1〕 周振鹤. 中国洋泾浜英语最早的语词集 [J]. 广东社会科学，2003（1）：77.

〔2〕 "克里奥语""克里尔语"均指 Creole（克里奥尔语），为不同中文译法。

话》(*Jargon Spoken at Canton*，1836) 和《澳门番语集》(*Gaomun Fan Yu Tsa Tsze Tseeuen taou*，*or a complete collection of the micellaneous words used in the foreign language of Macao*，1837)，亨特 (Hunter) 的《旧中国杂记》(*Bits of Old China*，1852) 和《广州番鬼录》(*The "Fan Kwae" at Canton before the Treaty Days*，1882)，汤普森 (Thompson) 的《谈谈香港话》(*Let's Take Hong Kong's Words*，1958)。关于中国洋泾浜英语源起、发展、传播和消亡等的相关研究主要有：莱纳克 (Reinecke) 的《边缘语言》(*Marginal Languages*，1937)，托马森 (Sarah G. Thomason) 的《语言接触导论》(*Language Contact：An Introduction*，2001)，霍尔姆 (Holm) 的《洋泾浜语与克里奥尔语》(*Pidgins and Creoles*，1988)，阿伦茨 (Arends) 的《洋泾浜语与克里奥尔语导论》(*Pidgins and Creoles：An Introduction*，1995)，亨特 (Hunter) 的《旧中国杂记》(*Bits of Old China*，1852) 和《广州番鬼录》(*The "Fan Kwae" at Canton before the Treaty Days*，1882)，以及德坎普 (De-Camp) 的《洋泾浜语与克里奥尔语》(*Pidgins and Creoles*，1974) 等。霍尔 (Hall) 的专著《洋泾浜语与克里奥尔语》(*Pidgins and Creole Languages*，1966) 和论文《中国洋泾浜英语》(Chinese Pidgin English，1944) 创建了洋泾浜语言学科，在中国洋泾浜英语的语料收集和语言特征分析两方面都卓有贡献；同时霍尔把中国洋泾浜英语放在世界洋泾浜语、克里奥尔语和混合语 (Lingua Franca) 的大背景下，讨论中国洋泾浜英语语言特质及人文、社会含义。通过纵向和横向比较，可以发现，国内外关中国洋泾浜英语的研究在时间上有很大的差距，国内始于 20 世纪末，而国外则始于 18 世纪中期。近些年来，国内对中国洋泾浜英语的研究较以前有所增加，不过大部分局限于宏观方面的探索，微观方面的研究甚少。而国外的中国洋泾浜英语研究尽管较多，但限于国外研究者对洋泾浜文本材料中汉字、汉语特点和方言的认识，相关内容主要集中于语音收录整理研究，而非文本的研究。

　　以上主要从五个方面对《英话注解》的相关记叙和研究进行了阐述，而本书也将围绕以上几方面对《英话注解》展开全新而深入的研究：主要以《英话注解》文本中的词汇、句子和方言注音等为语料，研究文本在中西语言接触过程中体现的洋泾浜英语语言特色、文化特色以及晚清英语教科书视角下《英话注解》的内容、编写和文本特点等；并从模因论的角度对语言接触过程中产生的语言文化特色和成因等进行归纳总结。

二、研究思路、研究方法和创新之处

1. 研究思路

本书从模因论的角度出发，对《英话注解》进行了全面解析。基本思路如下：第一，根据《英话注解》文本语料（1865年版和1901年版），梳理其语音、词汇、句法等语言特色和标音模因特色以及其作为宁波话外来语的始祖，对宁波话外来语的发展和影响；第二，梳理《英话注解》语料所体现的文化特色，包括海洋文化特色、商帮文化特色、跨文化交际特色等；第三，梳理其作为中国最早一批英语教材在编纂方法和内容方面的特点，对现今英语学习和英语教材编纂的影响以及和中式英语与中国英语之间前后相承的关系；第四，通过1865年版《英话注解》和1901年版《英话注解》的对比研究，梳理两者之间的区别，以及其不断发展、不断修订、不断向正规英语靠拢的一个过程；第五，从模因论的视角，对《英话注解》的语言文化现象和教科书特征进行剖析和溯源，分析其语言模因和文化模因等的形成、复制、变异和传播过程，并用模因地图加以表达。（研究思路见图1-8）

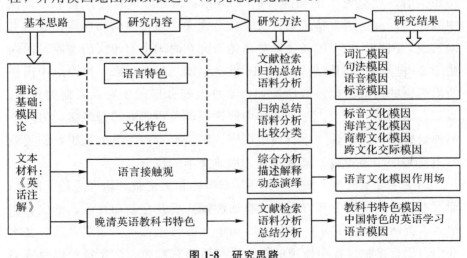

图1-8 研究思路

2. 研究方法

《英话注解》文本共分天文门、地理门、税捐门、进口货门、船车门等 39 个门类，有词汇、短语、长句等 2000 余条。通过文本语料收集分析，结合文化史学、社会学、英语语言学、教育学、传播学等理论对《英话注解》文本进行阐述，在具体研究中采用文献分析、归纳与演绎、综合与分析、描述与解释相结合的研究方法，以期发现《英话注解》的语言特色，尤其是中英语言文化接触、洋泾浜英语等方面的特色，文化特色以及晚清英语教材特色等，在以史为鉴的基础上，更加科学地看待《英话注解》和洋泾浜英语，更好地开展当前全球化形势下的英语教材和教学研究，更好地保护地方语言文化。具体方法如下：

（1）运用历史学的研究方法，结合综合分析和归纳总结法：以历史事件发生的时间顺序为主线，按照洋泾浜英语的发展、演变过程和《英话注解》的产生、传播过程，分阶段描述与背景评析并举，个案研究与综合阐述相结合，由现象而分析、总结成因。

（2）运用教育学的研究方法，结合文献分析和归纳总结法：从晚清英语教科书的角度进行研究，在分析英语教科书文本的同时，由表及里地分析隐藏在《英话注解》文本中的教育方法和理念。同时，归纳总结早期中国英语教材的编写特色和早期中国英语学习的特点。

（3）运用语言学的研究方法，结合语料分析法：研究《英话注解》语言文化方面的特色，研究编者采取何种手段来描述英语这个与汉语迥然不同的语言，是怎样表现英语的语音、词汇和句子的，这种编写方式可以用怎样的语言学理论进行解释，具体语言在传播中又有着什么特色，等等。

（4）运用社会学的研究方法，结合语料分析和总结分析法：考察《英话注解》的编写如何体现并迎合社会、文化需求。一种语言现象的兴衰与当时人们的社会观念、文化需求密切相关，因此笔者在研究中应用社会学、文化学的研究方法和研究理念，关注《英话注解》的社会文化特征。相关研究是从文本到社会的解读，而不是从文本到文本的描述。

3. 创新之处

本研究涉及历史学、语言学、教育学以及社会学等相关学科领域，采用文献分析、归纳与演绎、综合与分析等方法，是多学科、多角度、全方位的综合性研究。研究借鉴相关学科的知识、理论和研究方法，尝试对《英话注解》做出细致而全面的剖析。在研究上有以下创新之处。

第一，用模因论对《英话注解》的语言文化特点和语言接触现象进行研究，探析语言文化形成的原因和规律，实现语料研究和理论研究的双向结合。研究认为《英话注解》的语言文化特色和语言文化接触现象，主要由以下因素在模因作用场中互相作用形成：语言文化模因宿主选择（行业、文化、态度）、语言文化模因接触强度和接触时间以及外部因素（政治、经济、教育）等。

第二，对《英话注解》进行了全方位的立体研究：语言方面，探析《英话注解》洋泾浜文本的语言特色（如句法特色主要为汉语词序、语法省略和语法共生等特点），探索上海洋泾浜英语产生的渊源；文化方面，首次通过洋泾浜英语文本所收录的门类、词汇、短语和句子来感受19世纪中期浙江宁波乃至中国的海洋文化、商帮文化和跨文化交际状况并探求《英话注解》与宁波商帮形成的密切关系；教科书方面，从《英话注解》作为晚清英语教科书的角度分析近代英语教学、教科书编写、中式英语和中国语言学习等情况；通过模因论总结语言文化模因复制传播的规律和状况；对《英话注解》的两个版本（1865 年版和 1901年版）进行对比分析。

第三，研究方法上，综合了语料实证研究与理论研究、静态和动态分析研究、归纳演绎等方法，从不同视角对《英话注解》进行了考察。

三、研究目标、研究内容、选题依据及研究意义

1. 研究目标

第一，以模因论为基础，进一步明确洋泾浜英语文本《英话注解》在语言接触和传播过程中的语言文化特点，厘清洋泾浜英语的源起、发展和规律，充实中国洋泾浜英语研究和中式英语研究；进一步明确文本中语言接触引起的语言变异和宁波话外来词汇的起源、发展、留存、消亡和特点。

第二，通过《英话注解》文本语料，研究 19 世纪中期的商贸文化、海洋文化、中西语言文化交流的具体特点以及《英话注解》与宁波商帮形成的密切关系，通过模因论明确各类文化模因复合体的传承和变化，进一步充实浙东语言文化研究。

第三，通过文本研究晚清英语教科书和英语学习状况，厘清早期自编英语教材的特点和规律，了解中国英语学习和教材发展的轨迹。

第四，用模因论阐析《英话注解》洋泾浜文本的规律和特征，用语言接触观来分析洋泾浜英语的形成，对《英话注解》和洋泾浜英语的形成进行因果、特点、发展和规律上的全面立体研究，充实洋泾浜文本研究和洋泾浜英语的研究。

2. 研究内容

本书包括第一章引论、主体部分（共五章）及第七章结论。

第一章引论包括《英话注解》简介、《英话注解》的产生背景、文献综述、研究内容及基本框架、研究意义、研究思路、研究方法等。第一，介绍了《英话注解》已发现的八个版本，并对文本的序言、箴言、凡例、正文进行了简介。第二，对《英话注解》的产生背景进行了阐析，主要介绍了其产生的历史背景、语言文化背景及晚清英语学习背景，对《英话注解》的产生进行立体全面的描绘。第三，对国内外相关研究进行了文献综述。关于《英话注解》的研究目前极少，这部分主要从洋泾浜英语、宁波商帮与文化、晚清英语学习教材、中英语言接触和宁波话等方面进行了文献综述，概述了史学、教育学、跨文化交际以及晚清外语教学研究中对《英话注解》的部分零星记述或研究，同时对中国洋泾浜英语的研究进行了简述，并从研究切入点和视角、研究广度和深度以及系统性等方面分析了已有研究存在的不足。第四，从近代史和跨文化交际史、洋泾浜英语研究、宁波商帮文化和海洋文化等角度对本著作的研究意义和选题依据进行了简述，并列出了研究框架和研究内容。第五，对研究思路、研究方法和研究创新等进行了描述。

第二章为模因和模因论简介。模因作为文化信息单位，特点是复制传播。这一特点能很好地解释语言文化的发展规律，为语言研究提供一个更广阔的崭新视角。本部分的内容包括：模因与模因论简介；模因论国内外研究现状综述；模因论视角下《英话注解》的研究内容，并对研究框架进行图示。

第三章以模因论为理论基础，结合语料分析和文献法等，对《英话注解》进行语言特色研究。第一，研究《英话注解》的语言模因。《英话注解》最基本的洋泾浜英语语言模因为汉语结构模因和省简模因，而汉语结构模因和省简模因在《英话注解》洋泾浜英语的词汇、句子和语音中则细化为合成词模因、汉语句式模因、词义扩展模因、语法省略模因、语法共生模因、极简发音模因和方言注音模因等。第二，研究《英话注解》的标音模因。《英话注解》继承了广东英语的标音模因，又对上海话标音的《英字入门》（1874）、吴语语音标音的《英字指南》（1879）乃至上海洋泾浜英语的产生有着关键的作用。此种标音模因是洋泾浜英语的精华所在。第三，以《英话注解》为切入点，从模因论的视角对宁波话外来语的萌芽、变异和发展进行分析，同时梳理宁波话外来语模因的种类、特点以及未来的发展趋势。第四，从语言因素的角度和社会因素的角度入手，解读《英话注解》文本中体现的语言接触现象；将语言接触置于语言文化模因作用场中进行综合分析，得出《英话注解》的语言文化模因接触现象是在语言模因宿主选择、外部因素（社会、经济、教育等）以及语言模因接触的时间和强度等综合因素的影响下所产生。

第四章用模因论结合文献法和社会学等研究方法对《英话注解》的文化特色进行阐析。所用语料主要为《英话注解》各门类词汇以及一字语门至长句语门的相关短句。第一，研究其标音文化特色。《英话注解》继承了广东英语的标音文化，又对上海话标音的《英字入门》（1874）、吴语语音标音的《英字指南》（1879）乃至上海洋泾浜英语的产生有着关键的作用。此种标音文化特色和传承是洋泾浜英语的精华所在。第二，探究其体现的宁波商帮文化。本部分将从《英话注解》的序言、作者、正文分类以及文本中的词汇和句子等着手，探索19世纪中期的宁波商帮文化，以及《英话注解》对宁波帮及商帮文化形成的促进作用。第三，研究其体现的宁波海洋文化特色。《英话注解》中的很多词汇和句子都和海上贸易活动有关，本部分以文本中的相关门类词汇和句子为例，探讨19世纪中后期《英话注解》中所体现的宁波海洋文化特色。

第四，探究其跨文化交际特色。《英话注解》是应跨文化交际的需求而产生的。本部分将主要以文本中的三字语门至长句语门的语句为语料，来阐明文本中体现的跨文化交际特色，洞悉早期中西文化交流的内容和形式。第五，通过《英话注解》，回看近代史上中国洋泾浜英语的产生与功用，对中外贸易中的洋泾浜语进行分析，体味其在促进近代化发展和海洋文化发展中的作用，以期为 21 世纪海上丝绸之路建设提供借鉴。第六，研究文化模因复合体的复制与传播。本部分用模因论分析商帮文化、海洋文化等文化模因复合体的传播与传承，以及这些文化模因在现代社会中的传承与变化。

第五章用模因论结合文献法、教育学和传播学的研究方法对《英话注解》与中国英语学习进行纵向的分析与理解。第一，晚清英语学习概况。本部分将晚清英语学习分成三个不同的阶段，《英话注解》出现在晚清英语学习的第二阶段。同时会介绍晚清时期的三种英语学习方式：官办学校的英语学习、教会学校的英语学习、民间《英话注解》式的洋泾浜英语学习。第二，《英话注解》与中国早期英语教材。本部分对《英话注解》的内容特点、编写依据、编纂法和文本特点等进行分析，展现早期自编英语教材的特色和早期英语教材演变的过程，探讨晚清英语教学的独特社会文化意义和对英语教材编写的启示。第三，《英话注解》与英语学习的中国化。主要介绍洋泾浜英语及其变体如中国英语、中式英语和后洋泾浜英语等，以期对中国早期英语学习状况，特别是《英话注解》式的中式英语进行追根溯源，还原中国英语学习的初始状态，了解中式英语的源起、中国英语学习标准化的过程以及洋泾浜英语语言模因的传播与变异。第四，《英话注解》文本教材模因研究。根据模因复制传播的四阶段和成功模因的三个特点，对《英话注解》从晚清英语教材的角度进行剖析，探究其中的语言和教材编写特色模因。

第六章用文献法、比较法和语言学的研究方法，以《英话注解》1865 年版和 1901 年版为语料，分析《英话注解》在再版过程中，其词汇、句法等的变化。第一，两个版本的差异比较。本部分将对比 1865 年版和 1901 年版《英话注解》的词汇、句法和语音的差别和差别特点，探究《英话注解》的发展轨迹。第二，两个版本的差异小结。通过第一部分的现象分析，总结《英话注解》两个版本差别中体现出来的社会环境、语言环境和人文环境等变化，并为洋泾浜英语在晚清阶段的发展、高潮、弱化和消亡做出时间上的推理和因果分析。

第七章结论部分将对整本著作的内容进行归纳总结，同时将研究的视野向后延伸，以更清晰地把握未来的研究方向。

3. 选题依据及研究意义

《英话注解》作为一百五十余年前盛行的洋泾浜英语文本，留存至今的文本很少，且不常见，不但外国研究者知之不详，本国学者也经常将其忽略，相关研究少之又少。作为一种重要的语言文化现象，洋泾浜英语及其衍生研究应该得到应有的重视。研究《英话注解》文本可以帮助我们理解近代中国语言发展的实际状况，揭示语言学习过程中的一些普遍规律，可以进一步了解洋泾浜英语文本的语言文化概况和特点，可以丰富地方语言文化的研究。

第一，对《英话注解》进行研究可以从宏观上对晚清中国，尤其是浙江宁波的近代贸易史和跨文化交际史进行全景式的勾勒，为浙江尤其是宁波的近代史、中西方文化交流史以及跨文化交际史等提供非常生动的例子和崭新的切入点。《英话注解》作为当时接受西方语言文化的一个重要载体，必然反映了当时中西方文化交流的重要内容和交流的领域。相关研究有助于我们了解 19 世纪中期即晚清，这个社会的历史大变动时期，中西文化初次碰撞和交流的洪峰所体现出来的社会历史文化特色，为我们了解当时中西文化交流的动态提供新视角。研究古文本材料，不仅追溯着过去，还有着深刻的现实意义，体现了过去、现在和未来的复杂关系。对《英话注解》进行研究，可以让我们对现代生活的意义和其历史渊源进行考量和追问，也可以为当前中国的文化建设做出一定的贡献；同时，相关成果也将丰富相关研究领域，如历史文化、语言发展、外语教学等方面，具有一定的社会意义。

第二，对《英话注解》进行研究可以进一步丰富国内外洋泾浜英语的研究成果。至今，国内外关于洋泾浜英语的研究成果不多，洋泾浜英语作为一种杂交混合语言，长久以来，并不为学者专家所重视；对于某本洋泾浜英语的文本研究更是从未有过。而作为一种重要的语言文化现象,洋泾浜英语和相关文本的研究应该得到应有的重视。对《英话注解》文本进行研究,能厘清上海洋泾浜英语的起源、成熟和消亡的发展脉络。通过对《英话注解》的语言文化进行微观研究,可以让我们更为近距离地感受洋泾浜英语,感受那个年代的混合语言特色和文化,从而更为全面、准确、丰富地理解洋泾浜英语和其目前的发展变异情况。

第三,从 1860 年《英话注解》初版到 1921 年版的几个版本可以大概勾勒出晚清英语教材和英语教育的发展轨迹;从《英话注解》的不同版本的区别可见,《英话注解》的编写是一个不断发现、不断修正和不断积累的过程。目前,针对《英话注解》的专门研究为零,相关研究也只是偶有提及,比较零散和粗浅。《英话注解》作为晚清中国最早一批英语教材,是一本用宁波话来标注英文发音的英语学习读本。笔者将以《英话注解》的编写和出版发行为切入点,从微观的角度进行细致研究,从广度和深度上对《英话注解》做全面深入的梳理,以期发现中国早期英语教材的编写发展规律,为近代教科书研究提供全新视角,丰富中国英语教育的研究成果,以古鉴今,为当代英语教材的编写发展提供历史借鉴。正如 B. H. 里德尔·哈特(B. H. Liddell Hart)所言,"(历史)是一种普遍的经验,它确实比一切个人经验更长久,更广阔,也更多样"。

第四,《英话注解》用宁波话标注英语发音,对于丰富宁波话和宁波话外来语的发展有着重要意义。通过对《英话注解》宁波话注音进行研究,通过第一手材料,我们可以深入了解 19 世纪中期宁波话的发音、词汇概况,窥见宁波话的发展演变情况,洞悉宁波话中的外来语发展、变异、留存和消亡情况,为本地语言文化的保护、传承和发展做出贡献。

第五,《英话注解》的编写和出版反映了浓厚的跨文化交际特色、海洋文化、商帮文化特色和当时的历史文化特色。通过这些文化特色,可以感受《英话注解》所传递的社会文化意义,揭示出其与历史、文化、社会之间的复杂关系。《英话注解》是宁波商帮为促进中外贸易交流、与外商做生意而自发编写;《英话注解》的编写出版促进了商贸的发展,同时也促进了宁波商帮的形成。其中商贸相关内容主要与宁波的港口城市特征有关，体现了港口文化和海洋文化。相关研究可使我们了解 19 世纪中外贸易之初的一些文化状况，同时为中国当前的文化建设做出一定的贡献。关于《英话注解》的研究是哲学社会科学研究的一方面，研究发现可以丰富我国人文社科领域的研究，因此具有深远的现实意义和社会文化意义。

第二章　模因论与《英话注解》

　　模因论（memetics）是一种新兴的语用学理论，其产生到现在也就四十余年的时间。模因（meme）是英国生物学家、牛津大学教授理查德·道金斯（Richard Dawkins）于 1976 年提出的假设概念，他认为，除了基因之外，还有另外一种复制因子存在于文化领域之中，这种复制因子就是"模因"。模因是文化的单位，以复制方式在人类社会中传播，其核心就是模仿和传播。近几十年来，国外有关模因的研究一直在如火如荼地进行着；近年来，国内也有越来越多的学者关注该理论。模因论为我们提供了一个重新看待和解释各个领域的新视角，启发了我们的思维。由此，模因论的学术价值、应用价值和新颖性值得我们关注。语言是模因的载体之一，语言模因揭示了话语流传和语言传播的规律。模因在语言、文化、教学、教科书等方面都有广泛的应用和研究。本书将以模因论为理论基础，对《英话注解》从语言、文化、教科书、英语学习等角度进行全面剖析。从模因论的视角对《英话注解》进行研究，有利于我们从本质上理解《英话注解》洋泾浜英语文本的各种特点。

第一节　模因与模因论

　　"meme"一词，经常被翻译成"模因""谜米""密母""觅母"和"幂母"等。本书则主要使用何自然教授对"meme"的翻译——模因。《牛津英语词典》中"模因"的定义为：人类文化进化的基本单位，通过非遗传的方式，特别是模仿而得到传递。（An element of culture that may be considered to be passed on by non-genetic means，esp，imitation.）也就是说任何通过"模仿"而被"复制"并得以传播的东西都可称为"模因"。模因最早出现于理查德·道金斯于 1976 年出版的著作《自私的基因》（*The Selfish Gene*）中。模因可以是某种想法、习俗或行为方式，也可以是任何字、词或是篇章。[1] 模因（meme）是基于基因（gene）一词仿造而来。"meme"源自希腊语，意为"被模仿的东西"。道金斯认为模因的有效性可用三个指标来衡量：保真性（copying-fidelity）、多产性（fecundity）和长久性（longevity）。[2] 保真性指模因在复制中要保留其核心或精髓；多产性指模因的复制能力，模因越有效，被复制的次数就越多；长久性指模因能在人们的头脑中或在纸上流传很长的时间。有些模因可能"长生不老"，而有些可能"昙花一现"。所以强势模因是指那些在保真性、多产性、长久性三个维度上都表现良好的模因。以语言模因为例，语言本身就是一种模因，同时语言充当着模因复制传播的载体。语言模因可以分为活的语言模因和死的语言模因、强势语言模因与弱势语言模因、积极语言模因与消极语言模因、显性语言模因与隐性语言模因等。根据达尔文"适者生存"的进化理论，模因要想生存，即成功地不断得到复制，就必须与其他的模因相竞争。在竞争的过程中，留存的时间越长就越有利于被发现并被广泛传播，而那些寿命短的语言模因可能沉寂，成为消极模因，也可能从此销声匿迹，成为消亡模因。

根据 F. 海利根（F. Heylighen）提出的模因生命周期，模因的成功复制传播须经历同化（assimilation）、记忆（retention）、表达（expression）、传播（transmission）四个周期。[3]（1）同化：呈现的模因被宿主注意、理解和接受，此时新模因必须与宿主已经存在的体系相适应。（2）记

---

〔1〕 谢蓉蓉. 模因论视域下广告发展策略研究 [J]. 宁波大学学报（人文版），2013（5）：128-132.

〔2〕 DAWKINS R. The Selfish Gene [M]. New York：OUP，1989.

〔3〕 HEYLIGHEN F. What Makes a Meme Successful? [C]. Proceedings of the 15th International Congress on Cybernetics（Association Internat. de Cybernétique，Namur），1998：423-418.

忆：模因必须在宿主的记忆中停留，否则就不能被称为模因。模因在宿主的大脑中停留的时间越长，传播和影响其他宿主的可能性就越大。（3）表达：为了能广泛传播，模因必须由记忆模式转化为宿主能够感知的有形体。话语就是最突出的手段。（4）传播：模因表达需要有形载体或媒体。在传播阶段，模因从一个宿主被传播到一个或更多的潜在宿主，这个过程也可以叫复制。[1] 以上四个环节环环相扣，周而复始形成一个循环。我们可以用公式来表示模因经历以上四个周期后的存活率：$F(m) = A(m) \cdot R(m) \cdot E(m) \cdot T(m)$。$A$ 表示模因复制因子在同化过程中被受体接受的比率。R 指那些经过同化停留在受体记忆中的模因复制因子比率。因此，$A \leqslant 1$，$R \leqslant 1$。E 指在记忆中保留的模因被受体表达的次数。T 指模因经过传播影响其他潜在受体的复制次数。A 和 R 最大值为 1，而 E 和 T 并无上限。这个公式中，任何一个环节出问题即非有效模因。任何一项（A，R，E，T）是 0 的话，那么 F 即为 0。这说明一个模因只有顺利经过这四个周期才有复制能力。F 代表模因（meme）的有效性（fittness）。模因如能有效传播（$F > 1$），就需要有强的复制能力或传播能力，即 $E > 1$ 或 $T > 1$。模因在复制传播过程中有强势模因、弱势模因和消亡模因之分，但是这三类模因又会视情况互相转换。

　　模因在传播过程中，从一个宿主过渡到另一个宿主，不断变化着形态，但始终保持其固有的模式。模因与模因之间会相互支持，集结在一起形成一种关系密切的模因集合，这就是模因复合体。模因的表现可以是单个模因，也可以是模因复合体。根据模因的复制和传播类型，模因可以分为基因型模因和表现型模因两种，基因型模因主要是指相同内容异形传递，如粤语中的"搭的"到普通话中变成了"打的"，尽管写法读音发生了变异，但都指搭乘出租车。表现型模因则指不同的信息内容同形传递，如"舌尖上的××"从"舌尖上的中国"开始传播，变异成"舌尖上的母校""舌尖上的文化"等等。《英话注解》模因则主要属于基因型模因。模因理论的核心观点在于，将模因看作一种复制因子，通过人脑进行输送和传播。小到一个生活理念，大至民族文化，都可以看

---

〔1〕　陈琳霞. 广告语言中的模因 [J]. 外语教学，2006（2）：43-46.

作是一个模因单位或模因复合体。[1]《英话注解》作为一种语言文化现象与模因密不可分。

第二节 模因论研究综述

一、国外相关研究

道金斯于 1976 年在其著作《自私的基因》中首次提出模因这一概念。1999 年，苏珊·布莱克摩尔（Susan Blackmore）关于模因论的力作《模因机器》(The Meme Machine) 阐述了模因的复制、传播方式，揭示了模因概念的新含义。布莱克摩尔认为任何一个信息，只要它能够通过"模仿"而被"复制"，就可称为模因。[2] 学者们用模因论解释各种社会文化现象，从心理学、教育学、文化学、社会学直到语言学等。2009 年，约翰·保罗（John Paul）提出了模因地图的概念，从时间和空间两个维度来展示模因的萌芽、产生和发展过程。[3] 对于模因的研究，国外主要有四个不同的流派[4]：（1）信息观：以林奇（Lynch）和丹尼特（Dennett）为代表，把模因看作一种信息图式，认为模因载体既存在于头脑中，也体现为物体本身，模因是记忆复制的单位。（2）思想传染观：以加瑟利尔（Gatherer）为代表，认为模因是文化遗传单位或者模仿单位，是一种可以直接观察到的社会文化现象。他们把它当作一个想法或理念，寄生在宿主的大脑中，促使他们复制和宣传这种想法或理念。（3）文化进化观：以加波拉（Gabora）为代表，把模因看作是连接生物进化和文化进化的桥梁，认为模因是基因之外的第二种进化方

---

〔1〕 尹丕安. 模因论与翻译的归化与异化 [J]. 西安外国语学院学报，2006（3）：39-42.

〔2〕 BLACKMORE S. The Meme Machine [M]. Oxford：OUP，1999.

〔3〕 PAUL J. Meme Maps：A Tool for Configuring Memes in Time and Space [J]. European Journal of Scientific Research，2009，31（1）：11-18.

〔4〕 何自然，何雪林. 模因论与社会语用 [J]. 现代外语，2003（2）：200-209.

式。他们把模因看作是一种社会文化进化的单位，和文化或社会表现形式一起存于大脑。他们认为模因担当了基因的角色，作为第二种类型的复制因子，体现在个人的大脑或社会组织中，或者存储在书籍、电脑和其他知识媒体中。(4) 模因符号观：以迪肯 (Deacon) 为代表，把模因看作一种符号，把模因论引入符号学。模因被视为一个标志，或确切地说，作为载体的一个标志，模因通过感染人类的思想，改变他们的行为进行复制。综上所述，可以得出关于模因论的几点认识：模因以模仿为基础；模因是信息传递的单位；模因会像病毒那样到处传染；模因和基因一起，相辅相成，成为进化的驱动力。

国外关于模因的研究已大致经过四次高潮。第一次高潮始于道金斯《自私的基因》的问世。该书的出版引起不少学者对模因的关注，并运用模因来解释思想观点是如何在人与人之间得到传播的。第二次高潮是在布莱克摩尔出版《模因机器》后。在这个阶段，模因论已经逐渐成为一个分支学科。第三次高潮是在 21 世纪初，随着模因论体系的初步建立，不少研究者在各自的研究领域中引入模因论，例如加瑟利尔运用模因论分析一些社会问题，马斯登 (Marsden) 运用模因论进行实证性研究等。同时，在这个阶段，道金斯出版了其新专著《科学家怎样改变了我们的思维方式》。第四次高潮是由 2008 年 3 月 8 日举行的 TED 会议[1]引发的。此次会议上，丹尼特指出除了实体的模因外，还有其他没有发出声音的模因，模因的种类非常多；布莱克摩尔提出一种新的模因，teme，其通过"技术"和"发明"的传播来保证自己活着。

二、国内相关研究

国内的模因研究始于世纪之交，最先引进模因论 (memetics) 的是译著《自私的基因》和《模因机器》。国内最早对模因进行研究的学者是何自然，他在 2003 年提出了"语言模因论"。国内对模因论的研究，根据研究内容的不同，大致可分五类：第一类是对模因理论进行的研

---

〔1〕　TED 是一个致力于传播优秀思想的非营利机构，以其组织的 TED 大会著称，T即 technology（技术），E 即 entertainment（娱乐），D 即 design（设计）。

究；第二类是运用模因论对翻译进行的研究；第三类是运用模因论对文化进行的研究；第四类是运用模因论对语言进行的研究；第五类是其他研究（如运用模因论对法律、心理学、计算模型等进行研究）。[1] 以下主要介绍前四类研究。

1. 对模因理论的研究

关于模因的理论研究相对来说难度较大，相关研究较少。现有的理论研究也主要集中于介绍国外关于模因和模因论的概念和理论，如何自然的《语言中的模因》[2]，陈琳霞、何自然的《语言模因现象探析》[3]，何自然、何雪林的《模因论与社会语用》[4]，等等。这些研究对模因概念进行了详细介绍，并阐述了国外学者对模因概念的不同观点，细致分析了模因的类型以及形成原因等。

2. 模因论在外语教学、写作和翻译等方面的应用研究

模因论在外语教学、英语写作方面的应用研究比较普遍，主要是通过模因的复制传播特点对外语教学进行思索和改革，相关研究有陈琳霞的《模因论与大学英语写作教学》[5]，邓云华、易佳的《基于模因论的大学英语写作教学模式》[6]，杜鹃的《模因论——唤醒传统的外语教学模式》[7]，姚晶的《模因论视域中的大学外语教学与多媒体资源整合研究》[8]，等等。此外，模因论在翻译上的应用研究也是近年来的研究热点，模因论视角下的翻译处于动态演变和规律变化中，而翻译模因也将翻译理论引向更科学、更精确的方向，相关研究有尹丕安的《模因论与

---

〔1〕 李宗侠. 国内外模因研究综述 [J]. 重庆第二师范学院学报，2016 (6)：46-50.

〔2〕 何自然. 语言中的模因 [J]. 语言科学，2005 (6)：54-64.

〔3〕 陈琳霞，何自然. 语言模因现象探析 [J]. 外语教学与研究，2006 (2)：108-114.

〔4〕 何自然，何雪林. 模因论与社会语用 [J]. 现代外语，2003 (2)：200-209.

〔5〕 陈琳霞. 模因论与大学英语写作教学 [J]. 外语学刊，2008 (1)：88-91.

〔6〕 邓云华，易佳. 基于模因论的大学英语写作教学模式 [J]. 外语与外语教学，2016 (6)：3-8.

〔7〕 杜鹃. 模因论：唤醒传统的外语教学模式 [J]. 黑龙江高教研究，2006 (4)：171-172.

〔8〕 姚晶. 模因论视域中的大学外语教学与多媒体资源整合研究 [J]. 外语学刊，2013 (3)：120-125.

翻译的归化和异化》[1]，韩江洪的《切斯特曼翻译规范论介绍》[2]，王斌的《密母与翻译》[3]，马萧、陈顺意的《基于模因论的翻译规范思考》[4]，丁锡民的《基于模因论的异化理据的诠释与翻译策略的选择》[5]，等等。文学上的应用研究有何自然的《语言模因及其修辞效应》[6]、徐盛桓的《幂姆与文学作品互文性研究》[7] 等。

3. 模因论在文化方面的应用研究

模因也是文化的基本单位，它为文化进化提供了机制，人类可以通过模因对文化进化的规律做出解释。模因是一种复制因子，文化复制通过信息在社会范围的传播而产生。相比模因论在外语教学和翻译等方面的研究，模因论在文化上的应用研究相对较少，相关研究主要有谢朝群、何自然的《模因与交际》[8]，刘和林的《模因论下的文化进化与杂合》[9]，王天华、杨宏的《模因论对社会文化进化的解释力》[10]，李清源、魏晓红的《模因论视角下的美国文化渊源》[11]，刘静的《中国传统文化模因在西方传播的适应与变异———一个模因论的视角》[12]，宋洪英

〔1〕 尹丕安. 模因论与翻译的归化和异化 [J]. 西安外国语学院学报，2006 (1)：39-42.

〔2〕 韩江洪. 切斯特曼翻译规范论介绍 [J]. 外语研究，2004 (2)：44-56.

〔3〕 王斌. 密母与翻译 [J]. 外语研究，2004 (3)：38-44.

〔4〕 马萧，陈顺意. 基于模因论的翻译规范思考 [J]. 解放军外国语学院学报，2014 (6)：1-7.

〔5〕 丁锡民. 基于模因论的异化理据的诠释与翻译策略的选择 [J]. 社会科学论坛，2014 (10)：77-82.

〔6〕 何自然. 语言模因及其修辞效应 [J]. 外语学刊，2008 (1)：68-73.

〔7〕 徐盛桓. 幂姆与文学作品互文性研究 [J]. 暨南大学华文学院报，2005 (1)：59-67.

〔8〕 谢朝群，何自然. 模因与交际 [J]. 暨南大学华文学院学报，2007 (2)：46-52.

〔9〕 刘和林. 模因论下的文化进化与杂合 [J]. 大连海事大学学报（社会科学版），2007 (5)：117-120.

〔10〕 王天华，杨宏. 模因论对社会文化进化的解释力 [J]. 哈尔滨工业大学学报（社会科学版），2006 (6)：128-130.

〔11〕 李清源，魏晓红. 模因论视角下的美国文化渊源 [J]. 西安外国语大学学报，2008 (1)：92-94.

〔12〕 刘静. 中国传统文化模因在西方传播的适应与变异：一个模因论的视角 [J]. 西北师大学报（社会科学版），2010 (5)：110-114.

《从模因论看民族文化定型》[1]，傅福英、张小璐的《跨文化交流与传播中的文化模因探析》[2]，等等。

4. 模因论在语言方面的应用研究

模因论在语言方面的应用研究占了模因研究的绝大部分，主要内容是用模因论对语言的发展、变异和流行等现象进行解读，如何自然的《语言中的模因》[3]，陈琳霞、何自然的《语言模因现象探析》[4]，王宏军的《论析模因论与语言学的交叉研究》[5]，张旭红的《语言模因观初探》[6]。何自然、陈新仁等著的《语言模因理论与应用》对模因论引入中国语言研究特别是语用学研究十余年来的成果进行了总结，对语言模因的类别、形成与传播、意义与理解、修辞维度以及语言模因与二语习得，语言模因在媒体语言中的应用等进行了分章阐析[7]。何自然、冉永平在《新编语用学概论》中认为语言模因的传播主要有两种方式：重复和类推。重复指直接引用和同义不同形的传播方式；类推则指同音类推（音近字代替）和同构类推（语言结构模仿）。[8]也有不少研究者对网络流行语、广告语、外来词等进行模因解读，如刘华的《2014年十大流行语的模因论解读》[9]、杨婕的《新闻标题语中流行语的模因研究》[10]、钟玲俐的《模因视角下网络交际中的语言变异》[11]、陈琳霞的《广告语言中的模因》[12]、李执桃的《熟语模因：广告

〔1〕 宋洪英. 从模因论看民族文化定型 [J]. 外语学刊，2012 (1)：68-73.

〔2〕 傅福英，张小璐. 跨文化交流与传播中的文化模因探析 [J]. 江西社会科学，2012 (11)：242-245.

〔3〕 何自然. 语言中的模因 [J]. 语言科学，2005 (6)：54-64.

〔4〕 陈琳霞，何自然. 语言模因现象探析 [J]. 外语教学与研究，2006 (2)：108-114.

〔5〕 王宏军. 论析模因论与语言学的交叉研究 [J]. 北京第二外国语学院学报（外语版），2007 (4)：72-76.

〔6〕 张旭红. 语言模因观初探 [J]. 外语与外语教学，2008 (3)：31-34.

〔7〕 何自然，陈新仁，等. 语言模因理论及应用 [M]. 广州：暨南大学出版社，2014.

〔8〕 何自然，冉永平. 新编语用学概论 [M]. 北京：北京大学出版社，2009：333.

〔9〕 刘华. 2014年十大流行语的模因论解读 [J]. 语文学刊，2015 (18)：3-4.

〔10〕 杨婕. 新闻标题语中流行语的模因研究 [J]. 外语学刊，2008 (1)：79-82.

〔11〕 钟玲俐. 模因视角下网络交际中的语言变异 [J]. 中南林业科技大学学报（社会科学版），2008 (2)：101-103.

〔12〕 陈琳霞. 广告语言中的模因 [J]. 外语教学，2006 (4)：43-46.

文化的守望者》〔1〕、谢蓉蓉的《模因论视域下广告发展策略研究》〔2〕、
陈琦的《跨文化语境下的德语外来模因》〔3〕、谢蓉蓉的《模因论视角下
宁波方言外来语研究——以〈英话注解〉为切入点》〔4〕等。

　　关于模因论在洋泾浜英语包括《英话注解》方面的应用研究，目前
已知的知网上的相关研究主要为笔者的几篇论文：《晚清洋泾浜英语的语
言模因观——以〈英话注解〉文本为例》〔5〕、《洋泾浜文本〈英话注解〉
的文化特色研究》〔6〕和《模因论视角下宁波方言外来语研究——以
〈英话注解〉为切入点》〔7〕。《英话注解》和洋泾浜英语作为一种历史文
化现象和社会语言现象可以用模因论来进行很好的阐释。除笔者的相关
研究外，模因论与洋泾浜英语或是《英话注解》的研究目前则几近空白。

第三节　模因论视角下的《英话注解》

　　模因论为语言研究引入了信息复制的观点。在语言模因作用下，新
词语得到复制，创造新词语的创意也同样得到复制，形成了人和语言的
互动模式，由此可以窥探语言的变化和发展。道金斯认为："任何一个
事物要构成一种复制因子必须具备遗传、变异和选择三个特征。"〔8〕语

　　〔1〕李执桃.熟语模因：广告文化的守望者［J］.北京第二外国语学院学报（外语版），2007（2）：73-77.
　　〔2〕谢蓉蓉.模因论视域下广告发展策略研究［J］.宁波大学学报（人文科学版），2013（5）：128-132.
　　〔3〕陈琦.跨文化语境下的德语外来模因［J］.上海理工大学学报（社会科学版），2012（2）：119-123.
　　〔4〕谢蓉蓉.模因论视角下宁波方言外来语研究：以《英话注解》为切入点［J］.浙江万里学院学报，2016（3）：67-73.
　　〔5〕谢蓉蓉.晚清洋泾浜英语的语言模因观：以《英话注解》文本为例［J］.山东外语教学，2017（5）：19-27.
　　〔6〕谢蓉蓉.洋泾浜文本《英话注解》的文化特色研究［J］.宁波大学学报（人文科学版），2017（1）：25-30.
　　〔7〕谢蓉蓉.模因论视角下的宁波方言外来语研究：以《英话注解》为切入点［J］.浙江万里学院学报，2016（3）：67-73.
　　〔8〕DAWKINS R. The Selfish Gene［M］. New York：OUP，1976.

言模因的遗传变异和选择是一种普遍的语言现象，语言模因在复制、传递过程中出现变异。而语言正是在语言模因的不断变异复制过程中丰富和发展起来的。

世界上的各个民族在交流共享中相互碰撞、不断融合，实际上就是一个语言不断复制调和的过程。在语言模因论看来，语言迁移产生的推动力是人们借由语言模因的复制、变异与重组实现传播和交流共享的现实需求。语言的发展流传，与语言使用者的不断模仿与传播是分不开的。《英话注解》是晚清时期的洋泾浜英语文本。晚清时期的中国洋泾浜英语主要有广东英语和上海洋泾浜英语，《英话注解》是 1860 年由宁波商人冯泽夫联合其他五位宁波籍商人共同出资出版，用宁波话标注英语发音的英语速成读本，标志着上海洋泾浜英语的诞生。《英话注解》出版前主要以广东英语为主，如《红毛通用番话》（1830—1840）；《英话注解》出版之后，以上海洋泾浜英语为主，如上海话注音的《英字入门》（1874）和吴语语音注音的《英字指南》（1879）。洋泾浜英语没有句法，逻辑不清，词汇量有限，读音不准，但它却是鸦片战争前一百多年间中外交往的主要语言媒介。研究发现，迥然不同的洋泾浜语言之间，有着一些未知的本质特征的反映和一些共同的语法规则，有人概括成洋泾浜语言普遍语法理论[1]，但这些研究并未提及模因。显然，这种规则其实就是语言模因的典型体现。

洋泾浜英语不中不洋，词汇来自英语，但是语法和发音却又受汉语影响，是一种语言杂合体，是英语的一种变异形式，它具有混合性和非规范性的特点。混合性使得它像一个杂种语言，既有汉语的血缘，又有外国语言的血缘，但似乎谁都不承认它是自己的孩子。与混合性相伴相生的是它的地区性。洋泾浜英语主要在近代通商口岸城市流行，这些城市又主要分布在粤闽吴等方言区，因此它染上了不同的方言特色，呈现不同的种类。在中国洋泾浜英语的发展过程中，广东英语和上海洋泾浜英语，包括现今社会的中式英语，在发音、语法结构和构词等方面都有着复制变异后广泛传播的洋泾浜英语模因。

---

[1] 张振江. 中国洋泾浜英语研究述评与探索 [J]. 广西民族学院学报（哲学社会科学版），2006（2）：28-38.

洋泾浜英语基本为口语，具有很强的实用性。我们可以从以下洋泾浜英语歌谣中来感受一番：

翘梯（tea）翘梯请吃茶，雪堂（sit down）雪堂请侬坐。烘山芋叫扑铁秃（potato），东洋车子力克靴（rickshaw）。打屁股叫班蒲曲（bamboo chop），混账王八蛋风炉（daffy low）。那摩温（number one）先生是阿大，跑街先生杀老夫（shroff）。[1]

这是老一辈宁波人和上海人人尽皆知的洋泾浜歌谣。用地道的宁波话来念，音韵铿锵、朗朗上口。洋泾浜英语歌谣的流行之源是洋泾浜英语文本。洋泾浜英语文本很好地记录和保存了洋泾浜英语的词汇、句子和发音等情况。我们可以通过《英话注解》洋泾浜英语文本来原汁原味地感受洋泾浜英语语言及其中所包含的语言模因即洋泾浜英语在流传使用过程中复制、变异和传播最为广泛的语言特点。关于语言模因的阐述，可以参考第三章。

文化模因主要是指文化领域中人与人之间互相模仿而散播开来的思想或主意。《英话注解》中体现的文化模因也遵从着模因或是模因复合体遗传、变异、复制的传播过程。《英话注解》的文化模因主要体现为海洋文化、商帮文化、跨文化交际特色等文化模因。以商帮文化模因为例，宁波的商帮文化主要产生于中西交往之初。彼时，宁波成为对外贸易的港口城市，与此同时，与商帮文化有关的人物、贸易、语言、生意经和商帮的精神等，随着时代、生活和贸易的进展，逐步形成特色。如《英话注解》文本中体现的商帮精神，经过长期的复制、变异和传播，最后形成了以创新开放、义利并重、冒险开拓、同舟共济为主要特色的宁波商帮文化模因。在对《英话注解》文化特色阐述的基础上，第四章第六节会对《英话注解》的文化模因进行解析，由此探究宁波海洋文化、商帮文化和跨文化交际特色等的渊源与发展。

在对《英话注解》作为晚清英语教材的特点和特色进行分析的基础上，第五章会将模因论应用于《英话注解》文本教材的探析，根据模因

---

[1] 此歌谣摘抄自宁波帮博物馆。

复制传播的四个阶段和成功模因的三个特点，对《英话注解》从晚清英语教材的角度进行剖析，探究其中的语言和教材编写特色模因，厘清一百五十多年来中国英语教材模因的发展和变化，获得对现代英语教材编写的启示。

本书以模因论为基础，以《英话注解》为研究对象，主要从语言、文化和英语教科书等角度进行阐析，在用语言文化接触理论分析《英话注解》语言文化特色形成及变化的同时，将其置于模因论的视角下进行分析。具体研究框架可见图 2-1。

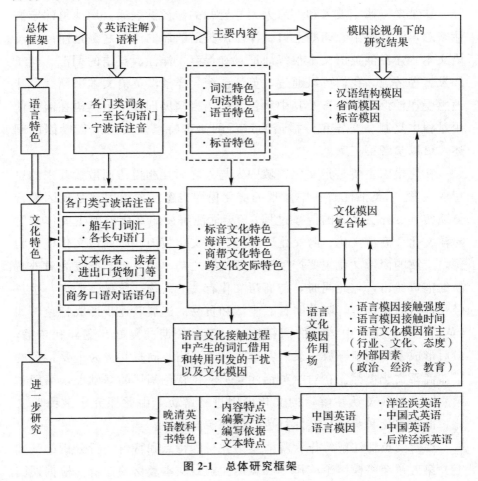

图 2-1　总体研究框架

第三章 《英话注解》的语言特色

　　《英话注解》中的词汇具有鲜明的洋泾浜英语语言特色。关于洋泾浜英语，一般都会用混杂性、非规范性和简单粗俗等词来进行描述；关于洋泾浜英语的语言特点，一般会用词汇量少、过度简化、无曲折变化等来进行描述。本章运用模因论对《英话注解》的语言特色进行阐析。《英话注解》作为洋泾浜英语文本，很好地记录了洋泾浜英语词汇、句子和发音等语言情况。本章首先会对《英话注解》的语言模因进行分析总结，认为《英话注解》有着最为基本的洋泾浜英语语言模因即汉语结构模因和省简模因，而汉语结构模因和省简模因在《英话注解》洋泾浜英语的词汇、句子和语音中则细化为合成词模因、汉语句式模因、词义扩展模因、语法省略模因、语法共生模因、极简发音模因和方言注音模因等。本章第二节从模因论的角度对洋泾浜英语以汉字（方言）注音的特色加以分析，并用模因地图对标音模因进行图示。作为强势语言，英语对汉语的影响较为深远，尽管英语也吸收了汉语的一些词汇和文化（多限于中国传统文化领域），但汉语（包括方言）吸收的英语词汇和文化则更多。本章第三节以《英话注解》为切入点，对宁波话外来语模因依据其产生的时间先后进行梳理，并对宁波话外来语模因的种类、特点以及未来的发展加以解析。第四节则从语言接触的角度，引用美国密歇根大学语言学系的教授托马森关于语言接触的理论，从语言因素的角度和社会因素的角度入手，对《英话注解》中体现的语言接触现象进行解读；同时，以模因论为理论基础对《英话注解》语言接触观进行分析，从语言模因主体、外延、作用场、相互作用的模式和语言模因宿主等方面对《英话注解》中体现出来的洋泾浜英语语言模因接触现象详细分解，并进行图式表达。

第一节　《英话注解》的语言模因

　　语言作为文化的重要组成部分，与模因有着极为密切的关系。语言本身就是一种模因。任何字、词、短语，只要通过模仿得到复制和传播，就有可能成为模因或模因复合体。而且，语言作为一种模因，之所以能流传至今，与语言使用者的不断模仿、复制与传播是分不开的。[1] 从一般的视角来说，洋泾浜英语的语言特点为词汇量小、语音简化和语法简单。但是从模因论的视角去看，从细节处去理解，洋泾浜英语还是共享着一些普遍规则的。根据笔者的总结，洋泾浜英语语言模因传播最为普遍的两点为汉语结构模因和省简模因，其也是洋泾浜英语传播过程中的强势语言模因。汉语结构模因和省简模因在洋泾浜英语词汇、句法和语音中则细化扩展为合成词模因、汉语句式模因、词义扩展模因、语法省略模因、方言注音模因和极简发音规则模因等，具体可见图 3-1。本节将根据图 3-1 所示的洋泾浜英语语言模因结构图，对《英话注解》的词汇、语法和语音模因进行细致解读，所用语料为 1865 年版《英话注解》。从模因论的视角对《英话注解》的语言特点进行阐析，可以对洋泾浜英语语言现象从语言"基因"的角度加以理解，以更好地认识洋泾浜英语的词汇、句子、语法、语音等所体现的语言模因，从根本上更全面地理解洋泾浜英语的语言特点，也有助于更好地厘清和认识现今的中式英语。

一、词汇模因

　　词汇是语言中最敏感、最富于变化的一个构成部分。它最直接、最迅速和最集中地反映社会和文化的发展和信息。《英话注解》的词汇量

---

〔1〕 谢朝群，何自然. 语言模因说略 [J]. 现代外语，2007 (1)：30-39.

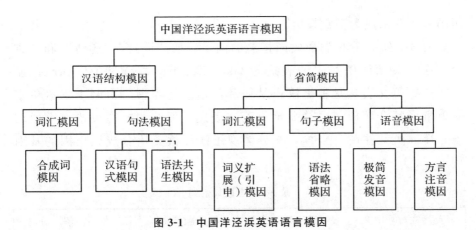

图 3-1　中国洋泾浜英语语言模因

很有限，易记诵与使用。文本（1865年版）记载了2291条词汇、短语和句子，其中3字以上短语和句子约400余条，很多是公式化套语，以贸易和日用为主，可以洞悉当时商人们的一些活动和生意情况。《英话注解》词汇模因的语料主要源于1865年版《英话注解》中的"二字语门"。首先，由于《英话注解》中的各个门类（各国镇头门至进口货门）都是与之有关的类属词汇，总体而言，基本都是英文专属表达，不存在词汇合成等情况；其次，从一字语门至长句语门的各类短语词汇中，一字语门基本不存在词汇组合和表达的问题，而三字语门或以上，则大部分为句式表达。因此，词汇特点分析的语料基本源自于《英话注解》中的二字语门。

　　《英话注解》中，洋泾浜英语的汉语结构模因和省简模因得到了进一步的复制、变异与传播。在实际运用过程中，经常会用简单的词合成新词，用一词表达多种意思，以简单易记的小词代替难读难记的大词等，这些词汇模因的传播方式可以最大限度地发挥词汇的作用。

1. 合成词模因

　　合成词模因是汉语结构语言模因在《英话注解》词汇中的体现，沿袭了广东英语的构词法。《英话注解》的词汇源于英语，而词形和结构却反映了汉语的特点。很多英语词汇是由两个或几个汉语单词根据汉语词义逐字翻译拼凑而成。尽管此种英语非标准英语，但从19世纪末到现在，这类合成词模因却一直存在于人们的日常生活中，时而强势，时而弱势，并未成为消亡模因。

表 3-1 列举了 6 个合成词相关的例子，如 "谣言" "还清" 和 "讲价" 在《英话注解》中的表达为 fake talk、pay clear 和 talk price。显然，这些英文表达是根据汉语结构和汉语表达习惯，由两个汉语单字简单翻译复合而成，尽管显示为英文表达，但并非标准英语。类似例子充斥《英话注解》全本，充分体现了洋泾浜英语合成词模因的基因特点。

表 3-1 合成词例词

《英话注解》中文	《英话注解》英文	标准英文	《英话注解》页码
谣言	fake talk	rumor	P71
还清	pay clear	pay back	P70
讲价	talk price	bargain	P61
骂人	abuse man	abuse	P74
成家	complete family	marry	P76
更好	more good	better	P49

2. 词义扩展（引申）模因

词义扩展（引申）模因是洋泾浜英语省简模因在《英话注解》词汇中的体现。在洋泾浜英语中，词义扩展模因很常见。受汉语语义影响，通常部分英语词汇的意思和功能会被扩展或引申。《英话注解》沿袭了广东洋泾浜英语中的词义扩展模因。此类词汇经常表现为英语，但是词汇语法功能和语义却源于中文。以 want 为例，在《英话注解》中 want 不仅体现为本义——需要、想要，还引申为 be 动词，助动词 do，情态动词 must、will 和 should，动词 make 等。

表 3-2 为《英话注解》中 want 的相关例句。1—5 句为 want 的本义，6—10 句为引申义。若用标准英语，6—10 句应表达为：Do not deceive me；You should take care；You must be quick；Why do you make mistakes in counting；I'll lose in the trade。在《英话注解》中，want 的语义和语法功能大为扩展。洋泾浜英语中词义扩展模因为强势模因，如在广东英语中，不只是 want，其他词如 talk、make 等的词义扩展也极其普

遍。词义扩展或引申可以一词多用，代替其他难读难记的词，达到易于记忆、方便使用的实用功效。

表 3-2　want 例句

分类	序号	《英话注解》中文	《英话注解》英文	《英话注解》页码	句中 want 的功能或意思
本义	1	我要便宜点。	I **want** little cheap.	P85	需要，想要（本义）
	2	你现在要什么货？	You just now **want** what cargo?	P89	需要，想要（本义）
	3	你货或者要换货亦可。	If your cargo **want** change cargo.	P90	需要，想要（本义）
	4	别人要买，我不肯。	Other man **want** buy. I no can.	P90	需要，想要（本义）
	5	你要贱向别人去买。	You **want** cheap go buy other man.	P90	需要，想要（本义）
词义扩展（引申义）	6	不要骗我。	No **want** deceive me.	P86	助动词 do（引申义）
	7	也要小心。	**Want** take care.	P79	情态动词 should（引申义）
	8	务必要赶快。	Must **want** run quick.	P87	情态动词 must（引申义）
	9	为何你算账要错？	Why you count **want** mistake?	P92	动词 make（引申义）
	10	这个生意我要亏本。	This trade I **want** lose prime cost.	P92	情态动词 will（引申义）

3. 标准英语词汇模因

《英话注解》文本中，以上两种词汇模因比较普遍，但在《英话注解》洋泾浜英语词汇中也有标准英语词汇存在（见表 3-3）。总体而言，从广东英语发展到上海洋泾浜英语的过程中，受标准英语的影响，洋泾浜英语的词汇中，还是有一部分标准英语词汇。标准英语词汇主要指词汇的形态正确，但这些词汇的发音却和另外两类词汇模因一样仍是洋泾浜英语发音（见图 3-2）。所以这些词汇从洋泾浜化的程度上来说，更接近标准英语，其从一定程度上反映了洋泾浜英语向标准英语过渡的一个阶段。

表 3-3　标准英语例词

《英话注解》中文	《英话注解》英文	标准英文	《英话注解》页码
换货	change cargo	change cargo	P61
割价	cut price	cut price	P61
勿用	don't use	don't use	P49
上等	best quality	best quality	P67
打球	play ball	play ball	P67

图 3-2　标准英语例词

二、句法模因

和词汇特点一样，《英话注解》中的句法复制了广东洋泾浜英语中的省简模因和汉语结构模因，语法存在着大量的简化与删改。句法中无数、格和时态等曲折变化，各句子成分基本上按照汉语（或方言）的词序来排列，依据汉语语法而来，少数共有汉语和英语的语法特征。总体而言，《英话注解》复制传播了广东洋泾浜英语的句法模因，即接近汉语句法特征的特点，但在中外交流过程中，受标准英语的影响，比广东英语更接近英语语法。

1. 汉语句式模因

汉语句式模因是洋泾浜英语汉语结构模因在《英话注解》句子中的体现。和合成词模因类似，《英话注解》中的长句、词汇源于英语，但结构和语法却追随汉语。洋泾浜英语尽管被称为"英语"，但其并没遵循英语的基本语法和结构，而是服从于汉语的表达习惯和结构。《英话注解》的句式被尽量简化、汉语化，汉语结构模因在句子中体现得淋漓尽致。汉语句式模因符合汉语的语法和逻辑习惯，便于毫无英语语法基础的使用者使用，当时，在民间被广泛复制传播，是强势模因。

表 3-4 为体现汉语句序模因的例句，例句的英文原句毫无英语语法可言，是英语单词根据汉语语法结构组合而成。如 "You bring cargo first pay me." 一句无断句，无条件句引导词 if，动词 pay 前无情态动词 should；句子的结构源于汉语语法原句，句中的词语和顺序与汉语原句一一对应。其他例句也是如此。目前还在使用的此类典型洋泾浜英语结构的句子有 "Long time no see you.（长久不见你。）"（出自《英话注解》P83）。这句洋泾浜语现今已成为广泛使用的英语日常表达。从另一个角度来说，洋泾浜英语丰富了英语的表达和词汇。

表 3-4　汉语句序例句

《英话注解》中文	《英话注解》英文	《英话注解》页码
你拿货先付我。	You bring cargo first pay me.	P91
我在某处做伙计。	I at that place make partner.	P89
你近来甚好运气。	You just now very good chance.	P89
我等你长久不来。	I wait long time you no come.	P92
我未懂你再说一遍与我听。	I not know you talk again let me hear.	P93

2. 语法省略模因

语法省略模因是洋泾浜英语的省简模因在《英话注解》句子中的体现。洋泾浜英语不遵从英语的基本语法，英语的人称、时态、语态、数和格等曲折变化，在《英话注解》中基本都被省略。如 "Tomorrow have cargo come.（明日有货到。）"（出自《英话注解》P85），正确英文表达应为 "The cargo will arrive tomorrow."，句中没体现将来时态；"Cargo not yet Settle.（货未曾定。）"（出自《英话注解》P81），正确英文表达为 "Cargo is not yet ordered."，句中没体现被动语态这个语法点。另，纵观《英话注解》全本，冠词省略现象也很明显，《英话注解》中仅一句有不定冠词："I'm not a steward.（不是我经手。）"（出自《英话注解》P83）。在四字语门至长句语门中，各种语法省略现象更是层出不穷。如主语省略、宾语省略、介词省略等等，而其中又以系动词和助动词省略现象最为突出，见表 3-5。

表 3-5 语法省略例句

省略类型	《英话注解》中文	《英话注解》英文	标准英文	《英话注解》页码
系动词省略	良心不好。	Mind no good.	**Be** not kind.	P83
	此货真便宜。	This cargo very cheap.	This cargo **is** very cheap.	P84
	这个丝不好。	This silk no good.	These silk **is** not good.	P84
	我货在栈房。	My cargo at godown.	My cargo **is** at godown.	P84
	这都是旧货。	This all old cargo.	These **are** all old cargo.	P85
助动词省略	我不得空。	I no got time.	I **didn't** get time.	P78
	别人不晓得。	Other man not know.	The other man **doesn't** know.	P83
	不能进城。	No run into city.	**Do not** go into the city.	P83
	你到何处去？	Where you go?	Where **do**（**will, did**）you go?	P83
	他自己没有。	He himself no have.	He himself **doesn't** have.	P84

　　《英话注解》中无系动词和助动词，更无系动词和助动词的曲折变化。在具体表达中，直接根据汉语的语法结构和表达习惯，对英文句子进行改造。表 3-5 列举了部分系动词和助动词省略的句子，也标注了这些原句的标准英语表达，相比可见具体省略情况。省简模因可以使学习者用最少的精力来学会这种在商业贸易中可盈利挣钱的语言。

　　3. 语法共生模因

　　《英话注解》中有大量的汉语语法结构的句子，也有部分英语语法特征的句子。表 3-6 以疑问句为例对语法共生模因现象进行例证。一般疑问句和特殊疑问句在英语和汉语中的句法有很大差异，《英话注解》中两种疑问句结构并存。如英语的 wh- 疑问句句型中，疑问词固定地放在句首，而中文的疑问词处于句法原位，无须改变位置。在《英话注解》中，疑问句形式上没有形成统一，表达方式同时受两种源语的影响，共有英语和汉语的语法特征。

表 3-6 疑问句句法特征例句

疑问词受汉语句法影响，位于汉语句法原位		
《英话注解》英文	《英话注解》中文	《英话注解》页码
Freight how much?	船费多少？	P84
You before to do what business?	你从前做什么生意？	P89
You just now want what cargo?	你现在要什么货？	P89
This cargo you can what price?	这个货你肯何价？	P89
Just now your godown have what cargo?	如今你栈中有什么货？	P91
疑问词受英语句法影响，位于句首		
《英话注解》英文	《英话注解》中文	《英话注解》页码
How much expense?	费钱多少？	P76
Where you go?	你到何处去？	P83
Where do you come from?	你从哪里来？	P83
What time cargo down ship?	船下货几时？	P84
Where is your shop?	你行在哪里？	P87

从表 3-6 第一部分可见，这些句子继承了洋泾浜英语的语言模因，结构受汉语结构影响，疑问词位于汉语句法原位。但是这种模因结构并非单一，部分模因在中西语言交流和跨文化交际不断深入的情况下，受标准英语影响，出现部分进化和改变，出现语法共生现象。表 3-6 的第二部分，疑问词受英语句法影响，位于句首。语法共生模因的其他例子在《英话注解》中也比较常见。如人称代词的曲折变化："I trust you talk.（我信你话。）"（出自《英话注解》P77）。此句无所有格曲折变化。"You talk to him.（你对他说。）"（出自《英话注解》P78），此句中的人称代词 he 变成了宾格 him，有正确的曲折变化。语法共生模因说明《英话注解》中的洋泾浜英语模因经过广东英语的发展，以及随着中外交往的增加，在语法上比早期的广东英语有比较大的进步，更接近于英语语法。

三、语音模因

洋泾浜英语是一种口头交流语言，不供书面使用，因此洋泾浜英语的学习方法也比较特殊，一般用口授或汉语注音的方法来学习。《英话注解》类的洋泾浜文本也是为了达到洋泾浜英语的口头交流目的而产生。这也是当时中国通事只能勉强听说而不会读写的原因之一。背口诀是常用口授方法之一。由民国时期汪仲贤撰文的《上海俗语图说》曾记载洋泾浜歌诀，如：翘梯（tea）翘梯请吃茶，雪堂（sit down）雪堂请侬坐。烘山芋叫扑铁秃（potato），东洋车子力克靴（rickshaw）。打屁股叫班蒲曲（bamboo chop），混账王八蛋风炉（daffy low）。那摩温（number one）先生是阿大，跑街先生杀老夫（shroff）。背洋泾浜英语口诀的人用不着弄懂这口诀中"雪堂""那摩温"等对应的英语词汇究竟是什么，也不用管这些注音是否正确，要想学会洋泾浜英语，只要把它念得很熟，做到了这一点就等于学会了一大半洋泾浜英语。当时上海一些夜校类的学堂所教的也就是这种英语，每天只讲习一小时，不到半年就能学会。而那些夜校课堂所用的读本和当时自学英语的人所用的读本就是《英话注解》类读本。以下，笔者就对《英话注解》的语音模因进行阐述。

《英话注解》的语音模因复制传承了洋泾浜英语的省简模因，主要表现为两点：一是方言注音模因；二是极简发音模因。本节提到的洋泾浜英语语音模因是指洋泾浜英语文本中体现的语言模因。

1. 方言注音模因

由于晚清时期的政治经济和教育文化状况，当时社会无语言学习的正规途径，在中西语言文化的接触过程中，在经济文化的往来中，民间自发形成了洋泾浜英语。由于葡萄牙人比英国人早到中国近百年，所以，广东英语的前身是"澳门葡语"或洋泾浜葡语。19世纪初，随着英国对华贸易的增加和广州成为国际大商港，广东英语取代了澳门葡语，出现了用广东话标注英语发音的英语学习文本，如《红毛买卖通用鬼话》（1837）和《华英通语》（约1855）等。之后，中国五口通商，经济中心由广州转移到上海，中国洋泾浜英语也从广东英语发展为上海洋泾浜英语。《英话注解》不仅承袭了洋泾浜英语的方言注音模因，并在广东英语向上海洋泾浜英语的过渡过程中起了承上启下的关键作用。《英话注解》出版后，其方言注音模因在江浙沪地区被复制、传播，出现了用上海话注音的《英字入门》和用吴语语音注音的《英字指南》，上海洋泾浜英语逐渐发展成熟。图 3-3 为广东话标注英语发音，图 3-4 为上海话标注英语发音，图 3-5、图 3-6 为宁波话标注英语发音。这种简便的方言注音模因在晚清时期风靡一时，成为强势的洋泾浜英语语言模因。

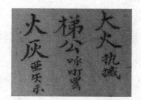

图 3-3　广东话标注发音　　　　　图 3-4　上海话标注发音

2. 极简发音模因

《英话注解》中的英语，语音上是用宁波话模仿英语原词汇的发音，语音有很大的随机性和变异性。《英话注解》中关于宁波话注音的读音规则，有专门说明，简短易懂。该文字表述共 1 页，116 字。全文如下：

> 读汉字从右至左，读英字从左至右，英字纲领惟二十六字而已，然正体有二，草体有二，于第首页书明便览拼成话音，不及备刊详细，惟学者自揣摩之。所注之音，字大者音响，字小者音低；逢圈者音宜断，无圈者音宜长；字之大小均匀者，音之仝声也；逢点者，即句之读断矣。

以上一段主要说明了汉语和英语的阅读习惯，读汉语是从右至左，读英文则是从左至右；宁波话注音，若所注之字字形大则读音响，字形小则读音弱，看到所注之字有圈圈之则断音，无圈圈之则音读得长。若字形大小均匀的则读同声，有点标注之处则句断。以上一段文字主要说明的是读音和断句，除此之外，无其他发音说明。同时，此段文字又强调在具体学习和交流中需要学习者自己加以揣摩、练习，有提纲挈领之作用。

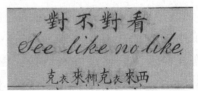

图 3-5　出自《英话注解》第 7 页　　　　图 3-6　出自《英话注解》第 80 页

汉语阅读习惯为从右至左，图 3-5 的中文短语为恭喜新年，英译为 happy new year，宁波话标注发音为"嚇、必、牛、爺"，中间有点，所以要断音，但字体大小一致，所以发音无强弱。图 3-6 的中文短语为看对不对，英文阅读习惯为从左至右为 see like no like，用宁波话注音为"西来衣克挪来衣克"，根据前段说明，字体大小不一，字形小则读音弱，所以"西来衣克挪来衣克"中两个"衣"字发音为弱，其他正常发音。然而，由例子可见，若想完全弄清《英话注解》的发音和语音体系有一定的困难。这种极简的发音规则只能粗略地指明发音情况，无准确或精确度可言。

四、小结

从模因论的视角对《英话注解》的语言模因进行阐析，可以对洋泾浜英语语言现象从语言"基因"的角度加以理解，可更好地认识洋泾浜英语的词汇、句子、语法、语音等所体现的语言模因，可从根本上更全面地理解洋泾浜英语的语言特点，也有助于更好地厘清和认识现今的中式英语。模因论为研究语言文化接触和洋泾浜英语的发展进化提供了崭新的思路。另外，从《英话注解》模因变异可知，面对文化差异，变异后的模因更容易被接受主体所融合。相关研究不仅可以帮助我们对洋泾浜英语的发展有进一步的了解，而且对于跨文化交际、中西文化交流史和中式英语等的研究都有很重要的学术价值。

第二节 《英话注解》的标音模因

《英话注解》是宁波和上海等地中西交往的语言基础。此种语言主要是从事中西经济文化交往的人群所发明，以口语为主要形式存在。它的形成体现了当时特有的语言文化现象，继承和发扬了洋泾浜英语特有的语言文化特色。洋泾浜英语的最大特点是它具有混合性、非规范性和地区性，是数种语言的混合物；它主要在近代通商口岸城市（粤、甬、沪等）流行，所以它又具有不同的方言特色，呈现不同的种类。在近代中国最有影响力的则是广东英语和上海洋泾浜英语。洋泾浜英语初始于广州，随着贸易中心的转移，在上海得以充分发展，并盛极一时。作为英语和汉语甬、粤、沪等地方方言相互接触、结合而产生的"混合语"，洋泾浜英语语法以汉语为基础，注音采用汉字，发音则以方言标注。标音模因是洋泾浜英语的强势模因和特色所在。

一、洋泾浜英语的标音模因

中国洋泾浜语的发展经历了从广东葡语、广东英语（广东洋泾浜英语）至上海洋泾浜英语的一个发展过程。广东葡语作为在澳门的中国人与葡萄牙人之间的通用语言始于 16 世纪葡萄牙殖民者强占澳门之后。16 世纪欧洲新航线开通以来，中西接触就逐渐增多，而首先到广州的是葡萄牙人。广东葡语是近代中国最早的洋泾浜语，先由葡萄牙商人使用。这是一种由葡萄牙语、英语、印度语、马来语和中国粤语混合组成的杂交语言，是在澳门的国人与葡萄牙人交往的唯一语言。[1] 广东葡语是广东英语的前身。广东英语的词汇不少来源于葡语。广东英语同广东葡语一样，同音异字而无文法，书面形式使用汉语记录，以粤方言标注英语词汇发音。如《红毛通用番话》[2] 是广东英语，也是洋泾浜英

---

〔1〕 亨特. 旧中国杂记 [M]. 沈正邦，译. 广州：广东人民出版社，1992：170.
〔2〕 作者未知. 红毛通用番话 [M]. 省城壁经堂梓，1830—1840；另见：亨特. 广州番鬼录 [M]. 冯树铁，等译校. 广州：广东人民出版社，1993.

语最早的词语集。该册子共 16 页，没有编著者的署名，其具体编写年代已无法考证，共收集了近 400 个词汇，词语均以繁体汉字与广东方言标音，整册不见英文符号。如汉字"一"标音为"温"（one），汉字"鱼"标音为"非士"（fish），具有浓厚的广州方言味和发音特点。另一本比《红毛通用番话》词汇量更为丰富的广东洋泾浜英语词典为《华英通语》，刻印于 1855 年前后，原本已不可见。《华英通语》是日本思想家福泽谕吉 1860 年访美时在旧金山所得，后福泽谕吉出版了《增订华英通语》（1860），供日本人学英语。增订版多用了日语的假名标音与释义，其他则原封不动地保留原著的模样。现今，也只可通过福泽谕吉的《增订华英通语》来感受原本。这本词汇集包含数千个英文词汇，并将英文表达置于首位，再以汉字注音（广东话）和中文意译。在《华英通语》之后数年，在广州和上海一带刻印出版了一些用甬、粤、沪方言标注英语发音的英语字典和读本，如宁波人冯泽夫编著的以宁波话注音的《英话注解》（1860）和清末广东人唐廷枢编著的以广州话注音的《英语集全》（1862）。《英语集全》共 6 卷，线装 4 册，现代学者普遍认为《英语集全》是 19 世纪 60 年代篇幅最大、编著水平最高的粤语注音英语读物。[1] 之后，上海人曹骧编著了以上海话注音的《英字入门》（1874）；毕业于上海广方言馆的杨勋编著了以江浙地区通用的吴语语音标注的《英字指南》（1879）。一时间，洋泾浜英语红遍大江南北。18 世纪上半叶到 19 世纪中叶，广东英语盛行；此后，上海洋泾浜英语逐渐取代广东英语，盛行于商界。

　　图 3-7 至图 3-12 分别为 19 世纪中后期用粤、甬、沪等地方方言标注的英语学习读本原页截图。图 3-7 为早期的广东英语读本，广东话直接标注英语发音，无英文书写，类似《红毛通用番话》的格式。图 3-8 为福泽谕吉的《增订华英通语》截图，右侧为中文词汇，左边为该词的英文表述、广东话注音和日语释义。图 3-9 为唐廷枢编著的《英语集全》，右侧为英文表达，左侧为中文词汇及该词的广东话标音。图 3-10 为冯泽夫等编写的《英话注解》，上面一行为中文词汇，中间为英文表

---

　　[1] 邹振环. 19 世纪早期广州版商贸英语读本的编刊及其影响 [J]. 学术研究，2006 (8).

达，下面一行为宁波话标音。图 3-11 为曹骧编著的《英字入门》，上面一行为中文词汇，中间为英文表达，下面一行为上海话标音。图 3-12 为杨勋编著的《英字指南》，左边为中文词汇，中间为英文表达，右边则用吴方言标注英语发音，江浙地区通用。这些读本都有着用地方方言标注英语发音的标音模因特色。这种标音模因在当时的中国迅速蹿红，成为粤、甬、沪各地争相模仿和使用的一种强势模因。

《牛津英语词典》中"模因"的定义为：人类文化进化的基本单位，通过非遗传的方式，特别是模仿而得到传递。也就是说任何通过"模仿"而被"复制"并得以传播的东西都可称为"模因"[1]。模因论是文化发展和进化的一种新理论，模因主要是指文化基因，语言是它的载体之一，它靠模仿传播而生存。布莱克摩尔认为任何一个信息，只要它能够通过"模仿"而被"复制"，就可称为模因。[2] 标音模因是整个洋泾

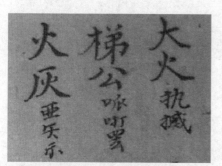

图 3-7　早期广东英语文本，其他不详

图 3-8　出自《增订华英通语》(1860)

〔1〕 谢蓉蓉. 模因论视域下广告发展策略研究 [J]. 宁波大学学报（人文版），2013 (5)：128-132.

〔2〕 BLACKMORE S. The Meme Machine [M]. Oxford：OUP, 1999.

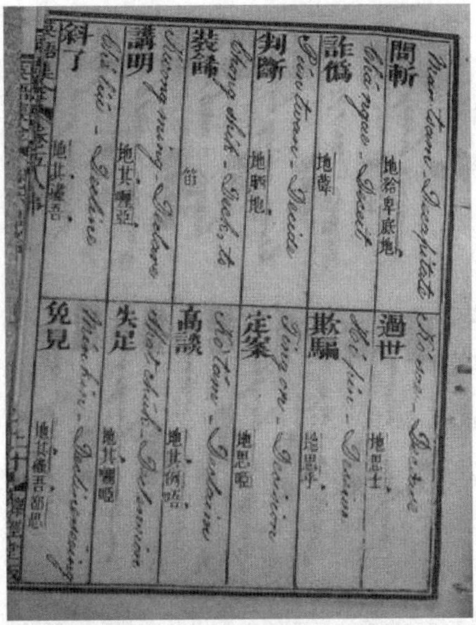

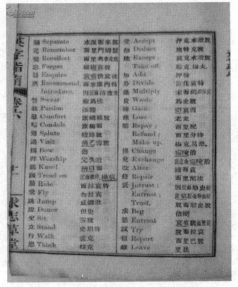

图 3-9　出自《英语集全》（1862）

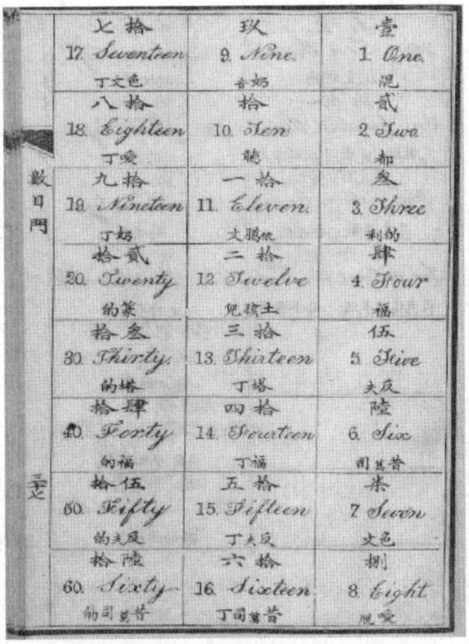

图 3-10　出自《英话注解》（1860）

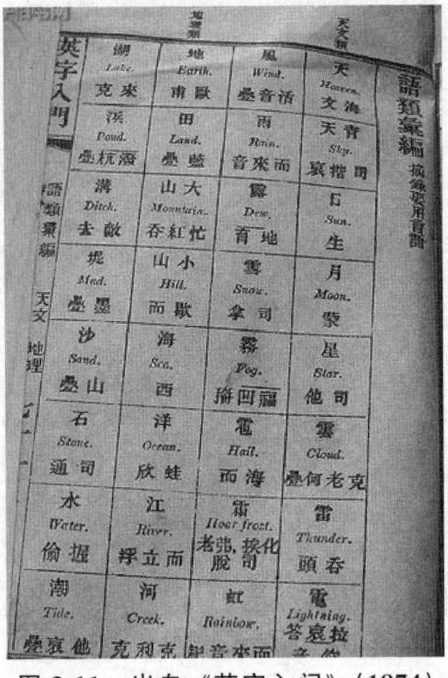

图 3-11　出自《英字入门》（1874）

图 3-12　出自《英字指南》（1879）

浜英语的灵魂所在。为了满足不同地区的需要，在当时社会被不断地复制、传播，即根据不同方言人群的商业和文化交流所需，被复制成不同方言的注音版本进行传播。

　　《英话注解》标音模因的来源和传承可从其序言中得知一二。"向有《英话》一书，所注均系广音，好学者仍无把握"，"会商宝楚张君、对山冯君、紫芳尹君、久也郑君、敦五姜君等，汇资著《英话注解》一书，注以勾章乡音，分门别类，使初学者便于记诵。其中细微曲折，虽不能悉载其辞，而英商之方言已具大略"。（可参考引论部分）其意思为：宁波人也想学习英语，可宁波人无法掌握以广东话标注英语发音的广东英语。于是，冯泽夫联合其他五位人士出版了《英话注解》（1860）一书，用宁波话标音，分门别类，便于学者记诵、使用。从中我们可以直观地了解到，用宁波话注音的《英话注解》是模仿广东话注音的广东英语而来。后期，这类标音模因迅速扩张，江浙沪地区出现用宁波话注音的《英话注解》后，上海人曹骧用上海话注音《英字入门》（1874），常州人杨勋用吴语语音标注《英字指南》（1879），后两者都是在《英话注解》用宁波话标注英语发音的标音模因基础上的一种发展变异。这种标音模因在复制传播过程中，受外在环境的影响，发生变异，变异成各个地方方言注音的标音模因。可见，在 19 世纪中叶，标音模因演变成了极具生命力的强势模因。这类强势模因触类旁通，只要有传播的媒介和合适的机会便会生根发芽，传播文化的因子。这种广为传播的标音模因在更晚一些时候出现的上海洋泾浜歌谣中更是得到了极致的发挥：

　　　　来是康姆（come）去是谷（go），廿四洋钿吞的福（twenty-four）。

　　　　是叫也司（yes）勿叫诺（no），如此如此沙咸沙（so and so）。

　　　　真崭实货佛立谷（very good），靴叫蒲脱（boot）鞋叫靴（shoe）。

　　　　洋行买办江摆渡（comprador），小火轮叫司汀巴（steamer）。

　　　　翘梯（tea）翘梯请吃茶，雪堂（sit down）雪堂请侬坐。

　　　　烘山芋叫扑铁秃（potato），东洋车子力克靴（rickshaw）。

　　　　打屁股叫班蒲曲（bamboo chop），混账王八蛋风炉（daffy low）。

那摩温（number one）先生是阿大，跑街先生杀老夫
（shroff）。

麦克（mark）麦克钞票多，毕的生司（empty cents）当
票多。

红头阿三开泼度（keep door），自家兄弟勃拉茶（brother）。

爷要发茶（father）娘卖茶（mother），丈人阿伯发音落
（father-in-law）。[1]

以上洋泾浜英语歌谣在 19 世纪中期至 20 世纪早期的宁波和上海地
区非常流行，这些洋泾浜歌谣用上海话或宁波话来读，朗朗上口，易记
易诵。相关英语词汇的发音也可基本掌握，可用于和外国人交流。即使
在现代社会，很多中老年人对这些洋泾浜歌谣也还记忆犹新。这些歌谣
可以把他们带回到一个充满了时代特色的孩提时代。背洋泾浜英语歌谣
的人用不着弄懂这口诀中"康姆""谷"等对应的英语词汇究竟是什么，
也不用管这些注音是否正确，要想学会洋泾浜英语，只要把它念得很
熟，做到了这一点就等于学会了一大半洋泾浜英语。细细探究，其中的
诀窍就在于标音特色，用江浙沪的方言来标注英语发音。这种英语学习
方式和语音标注方法是当时社会一种普遍的语言模因现象，也是学习英
语的捷径。后期，很多洋泾浜英语词汇进入了江浙沪地区的方言和普通
话词汇中，也为本地方言的发展和中文词汇量的扩充注入了活力，如马
达（motor）、酒吧（bar）、沙丁鱼（sardine）、雪纺绸（chiffon）、夹克
衫（jacket）、咖喱（curry）、阿司匹林（aspirin）、马赛克（mosaic）、
肮三（on sale）、邋遢（litter）、小开（kite）等。

近现代，随着英美文化的渗透、中国本土文化的强化，以及网络的
盛行和日常化，网民们对英语和汉语结合而成的混合语也非常热衷，经
常会有一些调侃之作现于网络，我们可以称之为后洋泾浜英语或是中式
英语。如"No zuo no die.（不作不会死。）""We two who and who.
（咱俩谁跟谁。）""Holy high.（好厉害。）""Add oil.（加油。）""You need
cry, dear.（有你的快递。）""I momoda you.（我喜欢你。）""I'm your cai.

---

〔1〕 汪仲贤. 上海俗语图说［M］. 上海：上海书店出版社，1999：1.

（我是你的菜。）""Where is your haha point？（笑点在哪里？）"等。看到此类表达方式，让人开怀一笑的同时，甚感语言的魅力。现今，英语学习属于基本课程，在掌握正规英语的同时，利用中英语言的语音和语义来创造一些用于调侃的后洋泾浜英语也是常见之事。这类后洋泾浜英语经常盛行于朋友圈和日常网络表达中。但和 19 世纪时期的洋泾浜英语产生背景不同，后洋泾浜英语是人们对两种语言熟练掌握的状况下，创造出来的喜感之作，经常用来娱乐大众。其主要是利用了中英语音上的特点，如"Holy high.（好厉害。）"，或者语义上的特点，如"No zuo no die.（不作不会死。）"（后洋泾浜英语语义上的阐述可参考第五章），继而整合出有一定调侃意义的词汇。标音模因在后洋泾浜英语中也有很强的体现，只是其所涵盖的意义不再是为了贸易交往等实用目的，而是为了日常交际和增添生活中的幽默感。两者的社会作用完全不一样，从另一面也折射出了社会的巨大进步。

二、洋泾浜英语标音模因图示

模因地图的概念由澳大利亚州立大学的约翰·保罗（John Paul）于 2009 年首次提出。[1] 我们可以用模因地图从时空二维的角度来表示《英话注解》标音模因的复制与传承以及标音模因在上海洋泾浜英语的产生和后洋泾浜英语的发展过程中的传承与作用。模因地图可清晰地展示模因的酝酿、产生以及发展过程。约翰·保罗的模因地图由构架（framework）、坐标轴（axis）和模因事件（meme events）构成。模因地图有两个互相连接的区域，下面的环圈区域指模因酝酿期，上面的环圈区域是指模因发展区，而两者的交互点代表模因的产生点。横轴表示空间，竖轴表示时间。通过坐标轴可以大概看出模因事件离模因产生时间和地点的远近。坐标轴无细化刻线。（见图 3-13）

通过对 1715 年至今的广东英语、上海洋泾浜英语和后洋泾浜英语的标音模因用模因地图进行图表分析，通过把洋泾浜英语标音模因各阶

---

〔1〕 PAUL J. Meme Maps: A Tool for Configuring Memes in Time and Space [J]. European Journal of Scientific Research，2009，31（1）：11-18.

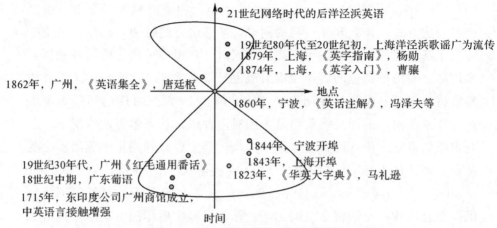

图 3-13 上海洋泾浜英语产生的模因地图

段的重要事件、其大致的趋势和相对关系进行图示（图 3-13）和表列（表 3-7），可直观地看到洋泾浜英语模因的酝酿、产生与发展过程。《英话注解》是上海洋泾浜英语发展中的产生事件，预示着上海洋泾浜英语的诞生。尽管上海洋泾浜英语在 19 世纪后期开始逐步消亡，但是其影响至今还在，我们还能时不时地听到老一辈人口中说出的洋泾浜语；而现代人根据洋泾浜语的模因，根据地方方言所创作的洋泾浜式调侃之作也经常风行于网络。图 3-13 和表 3-7 阐析了洋泾浜英语的标音模因从产生到强势期，再到弱势期，再到强势期的一个过程。从 18 世纪初期标音模因产生到现在，洋泾浜语的标音模因从未消失过。

表 3-7　洋泾浜英语模因事件

时间	模因事件	事件类型
1715	东印度公司广州商馆成立，中英语言接触增多	酝酿期事件
18 世纪中期	广东葡语	酝酿期事件
1823	马礼逊在马六甲出版《华英大字典》，对洋泾浜英语的词语进行解释	酝酿期事件
19 世纪 30 年代	广东英语刻印版《红毛通用番话》	酝酿期事件
1843	上海开埠	酝酿期事件

时间	模因事件	事件类型
1844	宁波开埠	酝酿期事件
1860	宁波人冯泽夫等刻印出版《英话注解》	产生事件
1862	广州人唐廷枢出版《英语集全》	发展期事件
1874	上海人曹骧出版《英字入门》	发展期事件
1879	常州人杨勋出版《英字指南》	发展期事件
19 世纪 80 年代至 20 世纪初	上海洋泾浜歌谣	发展期事件
2000 年以后	后洋泾浜英语	发展期事件

从上海洋泾浜英语产生到洋泾浜歌谣的广传，中国洋泾浜英语的发展达到了高峰期。随后，19 世纪 60 年代，随着同文三馆京师同文馆、上海广方言馆和广州同文馆等一系列洋务学堂的创办，中国迈开了正规英语学习的步伐。在 19 世纪末至 20 世纪初，洋泾浜英语与正规英语学习并存，标音模因的传播进入平缓期。逐步地，随着中国近代化的发展，教育文化水平的提高，英语学习过程中洋泾浜英语慢慢地为正规英语学习所取代。新中国成立后，随着正规英语教育的普及，洋泾浜英语由于使用环境的缺失，逐渐被摒弃，标音模因进入弱势期。改革开放后，对外贸易重新被重视，人民的英语水平也日益提高，但是"洋泾浜英语"却逐渐成为形容非标准英语的贬义词。在英语教学过程中，洋泾浜英语成为唯恐避之不及的一种中式英语，而非标准英语，标音模因处于消亡的边缘；但是，洋泾浜英语的现象依旧普遍，洋泾浜英语的影响依旧深远。而今，随着英语的世界化，世界文化的多样化，洋泾浜英语则经常以"时尚化"的表象出现于网络交流当中。同时，随着语言文化包容性的增强，还出现部分支持和鼓励洋泾浜英语的声音。洋泾浜英语正经历着前所未有的网络化表现和个性化发展，也再一次进入到很多人的视野和语言使用范围之内，标音模因也随之发出更响的声音，逐步回强（可参考第四章第五节和第五章第三节）。

《英话注解》所传承和发扬的洋泾浜英语标音模因实现了中国洋泾浜英语从广东英语到上海洋泾浜英语的转变，在 19 世纪中期实现了标音模因的创新发展，为近代中国商业经济的发展起了无可代替的作用，在语言方面，对商业交流和商业发展起了决定性的作用。洋泾浜英语的标音模因历经了三百年多年的历史沉浮后，至今还在被人们使用，可见模因遗传"基因"之强大。我们要正视洋泾浜英语的标音特色模因，不能因为其与生俱来的杂乱混合性和非正规性而将其视为"糟粕"。三百多年的历史证明，洋泾浜英语式的标音模因一直在语言发展史上有其一席之地。这种"一席之地"也充分证明了其存在的合理性、必要性和"精华"性。

三、小结

本节主要用模因论和模因地图对洋泾浜英语以及标音模因进行了分析和模因地图图示，相关研究以全新的视角来解释洋泾浜英语标音模因的传播、复制和变异，及其近三百年来的传播和发展概况。笔者使用模因论来进行洋泾浜英语方面的研究，希望能借此拓宽洋泾浜英语和相关文化研究的视角，加深分析的透彻性，同时，促进国内模因论和模因地图在不同领域的研究。

第三节 《英话注解》与宁波话外来语

《英话注解》是用宁波话标注英语发音的英语学习文本，对宁波本地方言的发展和演变具有重要作用，宁波话在发展过程中也借入了不少外来词汇，特别是英语词汇。如洋泾浜歌谣"来叫克姆（come）去叫戈（go），一元洋钱混淘萝（one dollar），廿四铜板吞的福（twenty four），是叫也司（yes）勿叫拿（no），洋行买办讲白佗（comprador），小火轮叫司汀婆（steamboat）"在当时宁波的大街小巷传播甚广，现在很多老一辈的宁波人还能脱口而出。这些外来词汇在一定程度上丰富和扩充了宁波话。纵观现有研究成果，关于宁波话外来语的研究或者是对《英话注解》的相关研究极少。目前有关宁波话的研究主要集中于对宁波话语音系统、词汇特点、语法特点等的研究，如陈宁萍的《宁波方言的变调现象》[1]、钱乃荣的《宁波方言新派音系分析》[2] 等；对宁波区县（市）如镇海、北仑和鄞州等地的方言研究，如陈忠敏的《鄞县方言同音字汇》[3]，戴红霞的《镇海方言塞擦音—擦音音位系列的调查研究：现状及演变》[4]，周志锋、胡方合著的《北仑方言》[5] 等；对宁波话词语的整理与解释也有诸多成果，其中有周志锋的《周志锋解说宁波话》[6]、朱彰年的《阿拉宁波话》[7] 和《宁波方言词典》[8] 等。

一、模因论与外来语模因

构成语言的词语、句子、语音等只要通过模仿而被复制传播，都可能成为模因。语言本身就是一种模因。将模因论用于探究外来语的产生、种类和传播、发展规律，将进化论的思维用于外来语模因发展的分析，有助于我们更深入地了解这类语言现象。根据第二章所述，语言模因论是语用学的新理论，在揭示语言发展规律等方面起着重要作用，特别是在探讨语言接触过程中词语复制等问题时很具解释力。文化交流过程中，必然存在语言接触，在语言接触的过程中，由于语言系统的不自足性，语言借用的情况是普遍存在的。外来词正是这种接触和借用的产物。语言模因的生命力在于它是否得到广泛的复制和大量的复制传播，是否在使用过程中得到宿主的认可，如果是，那么其就是强势模因，反之，则是弱势模因。外来语模因在传播时都是强势模因，但部分经过时间的洗涤，也面临消亡的挑战。强势模因、弱势模因和消亡模因会不断变化发展。模因论可以对外来语的起源和传播做出崭新的解释，同时又

---

〔1〕 陈宁萍. 宁波方言的变调现象 [J]. 方言，1985（1）：15-27.

〔2〕 钱乃荣. 宁波方言新派音系分析 [J]. 语言研究，1990（1）：118-125.

〔3〕 陈忠敏. 鄞县方言同音字汇 [J]. 方言，1990（1）：10.

〔4〕 戴红霞. 镇海方言塞擦音—擦音音位系列的调查研究：现状及演变 [D]. 广州：广东外语外贸大学，2006.

〔5〕 周志锋，胡方. 北仑方言 [M]. 北京：中国文史出版社，2007.

〔6〕 周志锋. 周志锋解说宁波话 [M]. 北京：语文出版社，2012.

〔7〕 朱彰年，周志锋. 阿拉宁波话 [M]. 上海：华东师范大学出版社，1991.

〔8〕 朱彰年. 宁波方言词典 [M]. 上海：汉语大词典出版社，1996.

可对其发展和变化做出预见。

外来语是不同语言系统间互相复制、吸收、借用词语并流传的现象，是一种典型的语言模因。在中西方文化的交流与传播中，面对异文化时，模因会通过变异与创新来实现自身的生存与传播。宁波话中的外来语模因是中外交流日益频繁的情况下，语言文化交流、交融的结果。外来语模因一般会涉及原体模因和仿体模因。原体模因和仿体模因则在音、形、义三方面有着四种对应关系：（1）原体模因的音、形、义被仿体模因完全复制和传播，两者的音、形、义完全一致。如 IMF（International Monetary Fund）、VIP（Very Important Person）等。（2）原体模因的音和形被仿体模因模仿，意义全部保留，相当于音译。如模特（model）、沙发（sofa）等。（3）原体模因的音和义被仿体模因全部保留，而形则添加了"类属名"，即"音译名＋类属名"的形式。例如鸡尾酒（cocktail）、摩托车（motor）等。（4）原体模因的义被仿体模因全部保留，而音和形都发生变化，相当于意译。如电脑（computer）、癌症（cancer）等。从模因论角度看，第二种和第四种外来语产生途径即语音模仿或者音译法是外来语形成的主要途径。下面以以上这四种外来语模因产生的方式为标准，从宁波话发展的纵向历史的角度对宁波话外来语模因的产生进行阐析。

二、宁波话外来语模因的产生

1.《英话注解》中的外来语模因

《英话注解》是 1860 年由宁波商人冯泽夫联合其他五位宁波籍人士共同出资出版的，用宁波话标注英语发音，是学习英语的速成读本。《英话注解》文本中包含了诸多语言文化模因，包括词汇、句子、语音模因和用宁波话标注英语发音的标音模因。《英话注解》是宁波话外来语模因的始祖。18、19 世纪，由于特殊的历史文化环境，清政府闭关锁国，当时又不具备学习外语的条件和环境，存在着一定的文化空缺和语言空缺，宁波、广州等地出现了用地方方言标注英语发音的英语学习读本，用宁波话注音的《英话注解》就是其中之一，其也被归类为洋泾

浜英语。《英话注解》中的外来词汇在形成时就因社会文化等原因而不
具备第一、第三和第四种外来语产生的条件和途径。1844 年宁波开埠
前后，随着语言文化接触的频繁和加强，宁波话中的外来词汇基本是以
外来模因产生途径中的第二种方式进行复制传播，即谐音模仿或音译的
方式，如图 3-14、3-15。

图 3-14 出自《英话注解》(1865) 第 11 页 图 3-15 出自《英话注解》(1865) 第 79 页

　　图 3-14 和图 3-15 均出自《英话注解》(1865)。图 3-14 中的两个词
语和发音标注为：妻（wife），还夫；侄子（nephew），纳夫有。图 3-15
中短语和发音标注为：久不见你。（Long time no see you.），浪坍姆挪
西尤。以上中文标注发音，若用宁波话来读，发音尽管别扭、破碎，但
也比较相似。《英话注解》外来语言模因的萌芽、复制和传播范围主要
是在当时的宁波商人圈。然而，随着时间的推移，《英话注解》式的模
因传播方式即谐音模仿（或音译）的外来语传播方式逐渐扩大至普通民
众中，并且这种用地方方言标注英语发音的模因，本文称之为标音模
因，被上海、江苏等地的商人复制传播，先后出现了上海方言标音的
《英字入门》(1874) 和吴语语音标音的《英字指南》(1879) 等洋泾浜
英语文本，用于中外商贸交流。18、19 世纪，此类标音模因在江浙沪
地区风行一时。

　　2. 谐音模仿语言模因和类属名式的外来语模因

　　19、20 世纪，随着中外贸易交流的进一步深入，上海洋泾浜英语
的形成，语言学习途径的慢慢开拓，以及宁波帮商贸团体的形成和壮
大，英语学习在普通人群中也逐渐普及化，宁波话中的外来词汇得到进
一步的丰富拓展，以下耳熟能详的洋泾浜英语顺口溜就是例证。

　　（1）来叫"克姆（come）"去叫"戈（go）"，一块洋钿"混淘萝
（one dollar）"。

　　（2）买办先生"康白度（comprador）"，"雪茄烟（cigarette）"手

里拯。

（3）"发柴（father）""买柴（mother）"敬禀者，儿在学校读"薄克（book）"。样样功课都"哥达（good）"，只有"英格雷许（English）"勿及格。

（4）捞起电话呕"哈啰（hello）"，"也司（yes）、也司（yes）""糯糯糯（no，no，no）"。

以上顺口溜摘抄自宁波帮博物馆。其中几个较难的宁波方言词解释如下：第二句中的宁波话"拯"，意思为"拿着"；第四句中的"捞"，意思为"拿起来"，"呕"意思为"叫，称为"。

19、20世纪，随着英语学习的平常化和中外商贸交流的进一步加强，一些谐音模仿或是音译的外来语言模因历经时代的考验被传播复制下来，成为强势模因。这些外来语言模因在进入汉语外来词汇群之前就已经在宁波、上海等地的方言中被普遍使用，如宁波话中的咖啡（coffee）、苏打（soda）、土司（toast）、色拉（salad）、摩登（modern）等。

这一时期，宁波话外来词汇的产生途径比《英话注解》时代的谐音模仿又增加了一种产生方式，即外来模因产生途径中的第三种"音译名＋类属名"，如顺口溜第二句中的"雪茄烟（cigarette）"由音译名"雪茄"加类属名"烟"所构成。其他类似的词汇有夹克衫（jacket）、T恤衫（T-shirt）、吉普车（jeep）、摩托车（motor）等。

同时，随着中外语言接触和贸易交往的增加，外来语言和外来商品在宁波的不断普及，新物品的出现带来了很多外来的新词汇，"洋××"词汇模因开始流行于日常生活。此类词汇模因形成的途径有点类似于以上第三种外来词产生途径。首先，由于这些物品进口于国外，所以将其归类为洋货；再者，相似物品在宁波本地有，所以可使用本地物品称呼和归类，于是，宁波话中就出现了"洋"字开头的一些词汇，如，"洋蜡烛""洋火""洋铁罐头""洋棉纱团""洋伞""洋娃娃""洋装"等。这些词汇在归入汉语词汇之前，在宁波、上海等地就已普遍使用，其中部分词汇在现代宁波话和汉语中仍广泛使用着。

3. 各种外来语言模因的竞存

20、21世纪，正规英语学习已成必须课程，教材和语言学校多不胜举。全球化的进程和互联网的发展使得中外交往更为密切。英语某种程度上已成为世界通用语。现代大部分人都把英语作为一种语言工具，外来语的流行更是司空见怪。除了以上谐音模仿和类属名式的语言模因，对仿体模因音、形、义完全复制使用的外来语模因也很常见。20、21 世纪，各种外来语模因竞存，且外来语模因流行传播的原因也已从旧时的实用和商用发展成为了凸显时尚和博人眼球。很多电视广告和年轻人的日常口语中会直接使用某些简单流行的英语词汇。如阿拉 out 了（我们落伍了），你 get 了吗（你理解了吗），hold 住（保持住、坚持住）；APEC、IMF、WTO 等大众耳熟能详的政经缩写词直接见诸报端和网络。这些词汇的产生属于外来模因产生的第一种途径。究其原因主要是为了简便、流行和时尚，而非找不到对应语。与此同时，随着微信微博等社交媒体的发达，经常会有一些地方方言的调侃之作风行于网络，新奇而有趣，如用宁波话标注英语释义："the neighbors（邻所隔壁）""That's awesome.（狭义足类。）""thief（贼骨头）""stupid（眼大儿子）"。这些词在博人一笑的同时，也显示了宁波话的魅力。

以上主要基于时代发展的纵向脉络对宁波话中的外来词汇模因进行了梳理和分析。模因有一定的寿命，随着社会环境的发展变化、语言的变化发展，部分模因会持续作为优势模因，部分模因则会成为弱势模因或者消亡模因。如上文《英话注解》的大部分外来语模因已成为消亡模因。以上第二部分的四句顺口溜，随着时代的进步、正规英语的引入，除了一些老宁波人还比较熟识外，新一代年轻人已不再使用，也成为了消亡模因。而"洋火""洋蜡烛""洋棉纱团"等词汇随着相关物品的淡出，也渐渐离开了人们的视线和使用范围。其他一些音译词汇如咖啡（coffee）、司必灵（sprint）等则还在广泛使用，属优势模因。现今，宁波话中新的外来语则基本和汉语外来语的使用统一，以直接使用英语词汇和汉语统一音译为主。模因的发展、变化过程其实是一个"适者生存"的进化过程。我们在使用强势外来语模因的同时，也要对外来语消亡模因和弱势模因加以研究和分析。此外，外来语模因随着时代的发展有一定的变化，同时其模因类型也各有不同，以下将从横向的角度对宁波话外来语模因的类型进行甄别分析。

三、宁波话外来语模因的类别

布莱克摩尔认为，语言模因的复制与传播方式主要包含两种：基因型模因和表现型模因。[1] 前者指"内容相同形式各异"的模因传播形式，如朱古力和巧克力指的是同一种糖果食品，只是说法不同；后者指"形式相同内容各异"的模因传播形式，如网络语言中的"××ing""吃饭ing""上课ing""购物ing"等。传播形式"××ing"被复制使用，而内容完全不同。

1. 基因型模因

基因型模因是指在复制传播过程中，同样的信息可能会同形传递，也可能会不同形传递。宁波话中基因型外来语模因的传播方式主要有两种。

（1）相同的信息直接传递。基因型模因在一定的场合下直接传递，而不改动信息内容。现代宁波话中，有不少外来词汇在引入的同时，被直接使用。如上文所提到的一些流行时尚词汇"out""get""hold"，还有"KTV"等。另外还包括一些政治类词汇，如国际组织"APEC""WTO""IMF""NASA"等。目前，随着普通话的不断普及，宁波话的地位岌岌可危，在直接引入某些已成文的普通话词汇和外来词汇进入宁波话语范围的同时，应该做好宁波话的保护和传承工作。

（2）相同的信息异形传递。此类模因在复制过程中出现信息变异，与原始信息大相径庭，但变异并不影响原始信息，原有内容被保留。《英话注解》模因的典型之一是标音模因传播方式，《英话注解》用宁波话标注英语发音的标音模因遗传自用广东话标音的广东英语，又被上海话标音的《英字入门》（1874）和吴语语音标音的《英字指南》（1879）所遗传复制，最后对上海洋泾浜英语的产生起了举足轻重的作用。同一个英文单词，尽管在广东话、宁波话、上海话以及吴方言里的表述方式不同，但却是指同一英语词汇，同一意思。所以，从大的范畴来讲，宁

---

〔1〕 BLACKMORE S. The Meme Machine [M]. Oxford: OUP, 1999.

波话标注词汇或句子的英语发音也是基因型模因的一种表现形式。

2. 表现型模因

表现型模因在传播时会根据不同需要表达不同的内容，传播不同信息，但却使用同一种表现形式或传播方式。宁波话中，表现型外来语模因传播主要有两种方式。

（1）同一结构，不同内容。宁波话外来模因中表现型模因不占多数，但仍存一定的比例。第四部分中类属名式的外来语模因属于表现型模因，尽管内容不同，但是共享同一结构。主要有以下两种传播方式，即"音译名＋类属名"和"洋××"词汇的传播方式。以下 1—7 例均为"音译名＋类属名"的传播方式，第 8 例为"洋××"词汇传播方式。这些宁波话外来词汇的传播方式相同，但是内容却不同，是典型的表现型模因。

1）吉普车（吉普，英语 jeep 音译；车是类属词）

2）摩托车（摩托，英语 motor 音译；车是类属词）

3）席梦思床（席梦思，英语 simmons 音译；床是类属词）

4）乒乓球（乒乓，英语 ping-pong 音译；球是类属词）

5）啤酒（啤，英语 beer 音译；酒是类属词）

6）扑克牌（扑克，英语 poker 音译；牌是类属词）

7）沙丁鱼（沙丁，英语 sardine 音译；鱼是类属词）

8）洋伞、洋娃娃、洋装、洋蜡烛、洋棉纱团、洋铁罐头

（2）同一传播方式，不同内容。何自然认为，在语言模因传播过程中，新词得到复制，创造新词的创意和方式也同样得到复制，而这种创意和传播方式，我们可以将其归类为表现型模因的一种。《英话注解》的语言模因所涉及的词法、句法、语音等语言模因也是典型的中国洋泾浜英语的模因传播方式。洋泾浜英语在不同地区传播时，有其特定的模因传播方式。较为常见的是在词法、句法传播过程中，一般都是汉语语序，英文词汇或句子，地方方言标注英语发音。以《英话注解》(1865年版）中的两例为例（见图 3-16、3-17）。

 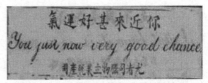

图 3-16 《英话注解》第 61 页   图 3-17 《英话注解》第 89 页

图 3-16：讲价（talk price），他克泼癫司。图 3-17：你近来甚好运气。（You just now very good chance.），尤者司脑物立果脱产司。讲价的标准英文表达应该是 bargain，而《英话注解》的表达却是由两个中文单词的翻译所组成。图 3-17 句子的标准表达应为"You are very lucky recently."，而在《英话注解》中的表达却是根据中文的语序翻译而成，是很典型的洋泾浜英语的表达方式，即中文的结构和语法、英文的词汇、方言的标音方式，现今也被称为中式英语。这种传播方式贯穿 18、19 世纪广东英语和上海洋泾浜英语的产生、发展和消亡，对当时宁波话的词汇有莫大的影响，部分词汇和句子至今仍然可见于日常交流中，典型的一句洋泾浜式英语表达为"Long time no see you.（长久不见你。）"。

另一种洋泾浜式的传播方式是标音模因。当同一英语词汇用不同地区的方言予以标音和体现时，表现为同一英语单词（相同内容），不同方言标注英语发音的表现形式，属于上述基因型模因中的第二种。而从其创新和传播的方式而言，或者从概念认知的角度来分析，那么这种标音模因的传播方式则是表现型模因。这种标音模因涵盖了洋泾浜英语发展的整个过程，包括对宁波话外来词汇的影响，而且影响至今，被称为中式英语发音。其传播方式是用汉语或是本地方言标注英语发音。《英话注解》中的标音方式和后期出现的用宁波话标注英语发音的一些词汇或是文中第四部分的顺口溜就承继了这种标音模因。尽管《英话注解》中的词汇模因或某些顺口溜式的语言模因已基本成为消亡模因，但其使用的标音模因却持续至今。

宁波话外来语模因也是汉语和英语语言接触的结果，属于语言接触过程中发生的语言借用现象。在语言接触过程中，词汇借用特别是非基本词汇（文化词）和无标记性词汇（一种语言成分如果在话语过程中容易产出和理解，则是无标记成分）的借用现象很普遍，外来语模因是属于语言接触中的语言借用现象（相关内容可参考本章第四节）。

四、小结

以《英话注解》为切入点，从模因论的视角对宁波话中的外来语进行研究可以对宁波话中外来语的产生、传播、发展、类型等进行全面细化的梳理，模因论为我们理解语言文化的起源和发展提供了崭新的视角。纵观《英话注解》时代的外来语模因至现今的各种外来语模因，有些模因至今还在复制、传播、使用，维持着优势模因的地位，如标音模因。标音模因历经百年，在新的时代背景下，以时尚、简洁或博人眼球的方式出现，犹显生命力和优势；而有些外来语模因则已成为消亡模因；有些则顺应时代，改变形式，变异生存。究其根源，外来语模因及其发展变化主要是语言文化接触的产物，类型主要为基因型模因和表现型模因。外来语模因使宁波本地语言文化更为多样化。从 19 世纪中叶开始至今，宁波一直以开放的姿态对待外来文化和外来语言，在宁波本地的语言文化中形成了独有的外来文化特色。

第四节 《英话注解》的语言接触观

语言接触是一种特殊但又普遍存在的语言现象，差不多任何人都会遇到语言接触现象，处于语言接触过程中。不同语言之间发生接触时相应地要发生语言变迁或变异，变化的程度与形式与语言接触的过程、接触的深度直接相关，也和语言及语言模因所在的政治、经济、教育等社会大环境有关。布伦奇杰（Brenzinger）认为广义的语言接触还包括一种语言广泛传播或使用于其他语言区域，从而对当地语言形成一定的影响。[1] 语言接触是人类语言的普遍现象。语言接触产生的语言变迁或

---

〔1〕 BRENZINGER M. Language Contact& Language Displacement〔M〕. // COUL-MAS F. The Handbook of Sociolinguistic〔C〕. Oxford：Blackwell Publisher Ltd.，1997：273-284.

变异有着主观和客观的原因和条件。汉语与外语接触也同样会产生语言变体。中国洋泾浜英语包括《英话注解》的产生是语言接触的结果，其产生和发展也符合语言接触理论。本章将从语言接触理论入手，分析《英话注解》及其语言模因现象。笔者将引用美国密歇根大学语言学系的教授托马森关于语言接触的理论，从语言因素的角度和社会因素的角度入手，对《英话注解》中体现的语言接触现象进行阐析；同时，将从语言模因的视角对《英话注解》语言接触观进行分析，从语言模因主体、语言模因外延、语言模因作用场、语言模因宿主和语言模因相互作用的模式等方面对《英话注解》中体现出来的洋泾浜英语语言模因接触现象进行详细分解，并进行图式表达。

一、语言接触

语言接触是人类学、社会语言学、历史语言学及接触语言学等多学科共同关注的领域。语言接触（Language Contact）是不同语言之间的接触现象，特别是当这种接触影响了其中至少一种语言时。[1]语言接触主要指使用不同语言或方言的人之间的相互直接接触或间接接触。语言接触又可以说是文化的接触。[2]任何一种语言在演变、发展的过程中都会在不同程度上跟其他语言发生接触。因为"没有任何证据可以表明某个语言是在完全孤立于其他语言的情形下发展起来的"[3]。美籍波兰语言学家薇茵莱希（Uriel Weinreich）在社会语言学和方言学的研究上有着很深的造诣，是首位提出"语言接触"概念的学者。其1953年出版的著作《语言的接触：已发现的与待解决的问题》（Language in Contact：Findings and Problems）主要对双语者进行了考察研究，对社会和文化因素对语言接触的影响进行了探讨，是语言接触研究的经典。半个世纪以来特别是近几十年的研究中，美国密歇根大学语言学系的教

〔1〕 RICHARDS J C，PLATT J，PLATT H. Longman Dictionary of Language Teaching & Applied Linguistics [M]. London：Longman Group Ltd.，1992.

〔2〕 张兴权. 接触语言学 [M]. 北京：商务印书馆，2012：2-3.

〔3〕 THOMASON S. Language Contact：An Introduction [M]. Edinburgh：Edinburgh University Press，2001：8.

授托马森的研究成果最为引人瞩目。代表作主要有《语言接触导论》
(*Language Contact：An Introduction*)[1]、《接触引发语言的演变》(*Contact as a source of Language Change*)[2] 和《语言接触、克里奥尔化和基因语言学》(*Language Contact，Creolization and Genetic Linguistics*)[3]。

　　接触语言学的研究范围包括双语兼用、多语兼用、方言接触、语码转换、语码混用、语言转用、语言濒危、语言消亡、语言混合（皮钦语和克里奥尔语）等。[4] 纵观目前我国关于语言接触的研究，集中于语言接触对民族方言的影响——主要是少数民族地区语言之间或者民族语言和汉语之间的语言接触及影响，以及部分方言和特殊语言在词汇、语音、语法等方面的变化，如游汝杰[5]，曾晓渝[6]，蒋颖、赵燕珍等[7]等学者的研究；以及中国、亚洲和欧美地区的语言文化接触研究，如程丽霞[8]、吴福祥[9]、桑科夫（Sankoff)[10]、托马森[11]等学者的研究。本节将主要运用托马森关于语言接触的理论对《英话注解》进行细化阐述。

　　根据托马森的语言接触理论和语言接触引发语言演变的观点，我们

[1] THOMASON S. Language Contact：An Introduction [M]. Edinburgh：Edinburgh University Press，2001.

[2] THOMASON S. Contact as A Source of Language Change [M] // JOSEPH B，JANDA R. The Handbook of Historical Linguistics. Blackwell Publishing，2003.

[3] THOMASON S G，KAUFMAN T. Language Contact，Creolization and Genetic Linguistcs [M]. Berkeley and Los Angeles：University of California Press，1988.

[4] WINFORD D. Review Article [J]. Language，2007，83 (2)：401.

[5] 游汝杰. 语言接触与新语言的诞生 [J]. 华东师范大学学报（哲学社会科学版），2016 (1)：88-95.

[6] 曾晓渝. 语言接触的类型差距及语言质变现象的理论探讨：以中国境内几种特殊语言为例 [J]. 语言科学，2012 (1)：1-8.

[7] 蒋颖，赵燕珍，等. 论语言接触与语言和谐 [J]. 云南师范大学学报（哲学社会科学版），2008 (5)：56-63.

[8] 程丽霞. 语言接触、类推与形态化 [J]. 外语与外语教学，2004 (8)：53-56.

[9] 吴福祥. 关于语言接触引发的演变 [J]. 民族语文，2007 (2)：3-23.

[10] SANKOFF. Linguistic Outcomes of Language Contact [M] // TRUDGILL P，CHAMBERS J，SCHILLING-ESTES N. Handbook of Socialinguistics. Oxford：Basil Blackwell，2001：638-668.

[11] THOMASON S. Contact as a Source of Language Change [M] // JOSEPH B D，RICHARD D J. The Handbook of Historical Linguistics. Blackwell Publishing，2003.

可根据受语是否保持和"不完善学习（imperfective learning）"效应是否出现，将接触引发的演变分为两类："借用（borrowing）"和"转用引发的干扰（shift-induced interference）"。"借用"指的是外来成分被某种语言的使用者并入该语言社团的母语：这个语言社团的母语被保持，但由于增加了外来成分而发生变化。这是语言获得干扰特征的最主要的途径，最常见的借用干扰是词汇成分。"转用引发的干扰"指的是语言转用过程中语言使用者将其母语特征带入其目标语（Target Language）之中。这种干扰导源于转用目标语的语言社团对目标语的"不完善学习"：当转用社团在学习目标语过程中所造成的"错误"被目标语原来的使用者模仿时，那么这类"错误"就被扩散到作为一个整体的目标语。[1] 表 3-8 列出了借用和转用引发的干扰两种语言接触不同结果之间的区别，表 3-9 列出了在接触过程中，不同的接触程度形成的不同结果。

表 3-8　借用和转用干扰的主要区别

（基于 Thomason&Kaufman，1988 和 Thomason，2001）[2]

借　用	转用引发的干扰
语言保持	语言转用
没有不完善学习效应	具有不完善学习效应
干扰引入者一般是受语的母语使用者	干扰引入者一般是源语的母语使用者
源语通常是强势社团的语言	源语多半是弱势社团的语言
词汇干扰先于结构干扰（如语音、音系句法及形态成分），且前者占优势，结构干扰蕴含词汇干扰	结构干扰（如语音、音系句法及形态成分）先于词汇干扰，且前者占优势，结构干扰不蕴含词汇干扰
接触时间越长，双语制程度越高则结构干扰的可能性越大，种类和层次越多	转用过程时间越长，双语制程度越高则结构干扰的可能性越小，种类和层次越少

〔1〕 吴福祥. 关于语言接触引发的演变 [J]. 民族语文，2007 (2): 8-9.

〔2〕 吴福祥. 关于语言接触引发的演变 [J]. 民族语文，2007 (2): 3-23.

表 3-9　语言接触引发的语言变化[1]

接触程度	Ⅰ母语保持过程中的借用干扰	Ⅱ母语放弃语言转换过程中的底层干扰
轻度	母语里借入被借语的部分词汇（非基本词，特别是文化词）	所学的目标语里带有少量的母语语音和语法特征（二语习得高水平）
中度	母语里借入被借语的大量词汇（包括很少量的核心词）和部分语音成分、语法结构	所学的目标语里融入大量的母语语音和句法特点（二语习得的初等水平）
深度	相当数量的核心词借用，介词超过大半；大量的语法替代，语言转型	只对目标语词汇成功习得，导致目标语与母语混合——克里奥尔化（二语习得失败）

二、语言接触视角下的《英话注解》

关于中国洋泾浜英语的语言接触研究，根据现有文献，主要在复旦大学周振鹤教授的《中国洋泾浜英语的形成》[2] 和中山大学张振江教授的《中国洋泾浜英语研究述评与探索》[3] 的论文中有所提及，内容仅是提及中国洋泾浜英语的形成和语言接触有关，但未进行深化阐析和说明。中国洋泾浜英语的形成和语言接触所带来的演变密切相关。从托马森对"借用"和"转用引发的干扰"的特点描述和比较中可见，在洋泾浜英语的演变过程中，主要以"转用引发的干扰"的演变形式为主。而且根据表 3-9，我们可以确定洋泾浜英语属于托马森"转用引发的干扰"接触形式里面的深层接触。托马森"演变种类和程度的预测因子"主要由语言因素和社会因素组成。我们也可以从其预测因子的要素来反向推断 19 世纪中期出版的《英话注解》的语言接触的种类、程度和影响因子。在特定的语言接触环境里，接触引发的语言变迁肯定会发生，而这种语言接触引发语言变迁和演变的种类和程度则可以通过一些预测因子加以测定。

〔1〕 THOMASON S G, KAUFMAN T. Language Contact, Creolization, and Genetic Linguistics [M]. Berkeley: University of California Press, 1988: 50.
〔2〕 周振鹤. 中国洋泾浜英语的形成 [J]. 复旦学报（社会科学版），2013 (5): 9.
〔3〕 张振江. 中国洋泾浜英语研究述评与探索 [J]. 广西民族学院学报（哲学社会科学版），2006 (2): 28-38.

托马森认为从语言因素的角度来说，语言性的预测因子主要有"普遍的标记性（universal markedness）""特征可并入语言系统的程度（degree to which features are integrated into the linguistic system）"以及"源语与受语之间的类型距离（typological distance between source and recipient languages）"。这些预测因子在社会因素相等的前提下对干扰的程度和种类具有重要的预测价值。

首先，普遍的标记性可以分为有标记性特征（marked features）和无标记特征（unmarked features）。一种语言成分如果在话语过程中容易产出和理解，则是无标记成分；反之，则是有标记成分。在语言习得研究中，无标记成分的习得总是先于有标记成分。在二语习得中，无标记成分"可学性"高，易于习得；有标记成分"可学性"低，难以学习。标记性在转用干扰情形里最为重要。洋泾浜英语中一些难学习的"标记性"成分基本被省略或简化，比如《英话注解》中语法省略（助动词省略，be动词省略）、句式简化、简单的词汇替代难记的词汇、汉语句式结构和词义扩展等语言现象。

其次，"特征可并入语言系统的程度"指的是一个语言特征可被并入特定语言系统（或各种子系统）的难易程度。不同的语言特征在可并入度上的难易程度为：词汇（非基本词汇）＞句法/音系＞派生形态＞屈折形态。由此可见，非基本词汇容易被借，而屈折形态可并入度低，所以很难被借。相对表层的音系特征和句法特征也比较容易被借用。"特征可并入语言系统的程度"在语言接触的"借用"形式中出现较多。《英话注解》洋泾浜英语中的单词来源于英语，而词汇和句子的结构则来源于汉语。发音用宁波话来标注英语发音。从根本上说，洋泾浜英语是一种融合了汉语和英语词汇和结构特点的混合杂交语言，其在某个时间段某些通商口岸广泛流行。随着英语的逐步普及和正规化使用，汉语中也有很多英语外来词，如"幽默""咖啡"等。这些外来词是语言接触中词汇"借用"的一种。另如，英语对香港书面或者口头汉语的影响，主要是英语的句式结构对汉语表达的影响，以及词性的变换使用，也是"借用"的一种表现。洋泾浜英语是特殊社会政治经济因素下的一种语言"借用"现象。

再者，源语和受语之间的类型距离。根据托马森的研究，第一，两个语言（或方言）在结构类型上相似程度越高，那么有标记的特征和可并入度低的特征发生迁移的可能性就越大，反之亦然。第二，两个语言（或方言）在结构类型上相似程度越高，那么结构特征迁移的数量和种类也就越多，反之亦然。第三，以上两条主要针对类型不一致的语言系统。由此可以推测出，两种语言（或方言）在结构类型上相似程度越低，那么有标记的特征和可并入度低的特征发生迁移的可能性就越小，结构特征迁移的数量和种类也就越少。英语和汉语两种语言在结构类型上相似度很低，因此两种语言的结构特征迁移很少，种类也不多，一般都是词汇借用。这种语言接触预测和现象在现代社会的英语和汉语发展来看，基本可以得到印证。而《英话注解》作为特殊时代的特殊产物，其在借用英语的词汇同时，发音上受汉语的影响，结构上也借鉴了汉语的语法结构。我们可结合社会因素来进一步加以分析。

语言接触中的社会因素主要包括接触强度和语言使用者的态度。托马森指出"如果不考虑社会因素，那么不存在任何有效的预测因子"，因为社会因素在预测干扰的种类和程度中的价值远远大于语言因素。

（1）接触强度（intensity of contact）。接触强度是预测干扰种类和程度的最重要的参数：接触强度越高，干扰特征的种类和层次也就越多。一般说来，接触强度主要跟下列情形有关：接触状态的时间长度、干扰引入者对源语或受语的流利程度、双语制的层次（level）（即双语人在本社团中所占的比例）、两个语言社团人口的相对数量等。

中国洋泾浜英语的使用时间主要是从 18 世纪早期至 19 世纪晚期。洋泾浜英语的发展主要分为四个阶段[1]：1715—1748 年，在广东和澳门起源；1748—1842 年，经典阶段，主要用于广东；1842—1890 年，发展和巅峰时期，用于香港、开放港口城市和长江流域；1890 年至今，消退阶段。应该说中国洋泾浜英语涵盖了汉语与英语早期接触的一百五十年，接触时间较长。《英话注解》（1860）产生于洋泾浜英语使用的巅峰阶段，也是汉语和英语语言接触的高峰时期。中国洋泾浜英语主要产生于通商口岸，当时的中国，在政治经济和文化上，相比西方国家落后

---

[1] HALL R A. Chinese Pigdin English [J]. Journal of American Oriental Society，1944（64）：95.

很多，英语是强势语言，汉语相对弱势，强势语言影响弱势语言。英语是汉语语言社团特别是商人们竞相学习的一种语言。但是在中国通商口岸城市中，汉语语言社团明显大于英语语言社团，限于当时的政治经济和教育文化水平，双语人才极少，无英语学习的正规途径（具体产生背景可参考引论第二部分）。于是，民间出现了洋泾浜英语。洋泾浜英语借用英语的词汇，但是发音和语法结构却深受汉语影响，是英语和汉语的杂交语言，主要由汉语语言社团使用，但是为了交际的顺畅进行，英语语言社团的人也需使用洋泾浜英语。《英话注解》就是在这种情境下产生，是特殊时代下语言接触的特殊产物。

另外，根据托马森关于"语言转用"接触强度的描述，她认为最重要的社会因素是转用社团人口的相对比例以及转用过程的时间长短。如果转用社团（即 TL2 社团）的人口数量大于目标语最初使用者社团（即 TL1 社团），那么转用社团的目标语变体（TL2）里某些干扰特征很可能会通过目标语最初使用者的模仿和扩散而固定在目标语里；另一方面，如果语言转用过程迅速完成或持续时间很短，那么不完善学习的情况最有可能发生，学习者的习得错误也就很有可能扩散到目标语的整个言语社会。但是，如果语言转用过程持续时间长或者转用社团已完全变成双语人且已完全融入目标社会，那么干扰会很少或者没有。

对于 18、19 世纪尚处于闭关锁国、故步自封状态的中国，洋泾浜英语的出现解决了中外语言交流的问题。中国洋泾浜语从广东葡语、广东英语，一直发展到上海洋泾浜英语，其间，与中国进行贸易往来的洋人，也必须掌握一些洋泾浜英语，才能便于交易，避免中国通事的欺诈[1]，如马儒翰在《中国商业指南》一书的最前面列出了 47 条洋泾浜英语单词和短语，供西方人学习使用。在当时的社会情境下，英语转用人口数（TL2 即使用洋泾浜英语的人）大大多于在中国的英语母语使用者。所以，对于西方人来说，尽管英语是他们的母语，他们也不得不根据实际情况主动改变适应这种语言。

洋泾浜英语属于英语学习过程中的不完善学习。学习中有很多"错误"被使用者模仿并扩散，如其用方言标注英语发音的"错误"和汉语

---

〔1〕 周振鹤. 中国洋泾浜英语最早的语词集［J］. 广东社会科学，2003（1）：82.

语法结构的"错误"在洋泾浜英语的使用过程中被广泛传播。《英话注解》作为洋泾浜英语的重要组成部分，是语言转用社团的目标语变体（TL2）的一种。其语音支离破碎，用宁波话标注英语发音，尽管文本里面也有零星标准英语的语法，但其属于典型的不完善英语学习。与此同时，洋泾浜英语是英语与汉语（方言）接触过程中，民间自发形成的一种用于应急的混合语言，是一种英语速成学习法。为贸易和交际所需而产生，供学习者短时间内学习使用。学习者只要死记硬背那些词汇、短语和句子的发音即可。《英话注解》是一种英语速成读本，被称为"一月通"。此类洋泾浜英语速成学法，在当时的中国流传广泛，成功传播，连洋人也不得不"入乡随俗"学习使用此类洋泾浜英语。当然，随着语言学习途径的正规化和中国政府对英语学习的重视，洋泾浜英语的学习方式也逐步退出历史舞台。《英话注解》则以书面的形式记录了洋泾浜英语在使用高峰时期的一种状态。作为口语交流和英语学习的一种载体，《英话注解》类的洋泾浜英语读本以书面的形式还原了当时当地的洋泾浜英语和语言接触中的语言转用现象。

（2）语言使用者的态度。语言使用者的态度是一种十分重要而又难以预测的社会因素，因为它既能阻碍接触性演变的发生，也能促进这类演变的发生。洋泾浜英语的使用人群主要是一些与洋商打交道的、受教育程度不高、知识水平有限的中国商人、仆役、车夫等。出于生计的需求，商人们主动学习英语，同时为了帮助同一地区的商帮能共同学习，他们还集结出版英语学习的速成读本如《英话注解》《英字指南》《英语集全》等。而仆役、车夫、保姆等社会底层的工作人员则为了生计也会主动学习洋泾浜英语。从另一角度来说，部分外国人也会为了生活方便，掌握部分洋泾浜英语，以便和中国人交流。在这种情况下，语言转用现象则在洋泾浜英语的使用双方积极互动的学习和使用态度下，蓬勃发展。

三、模因论视角下的《英话注解》语言接触观

根据布莱克摩尔对模因的定义，"任何一个信息，只要它能够通过广义上称为'模仿'的过程而被'复制'，它就可以称为模因了"，语言

本身就是模因。通过"模仿"的形式，语言可以被纵向地"承传"，也可以横向地从一个语言使用者（集团）传递给另一个语言使用者（集团）。语言是带有文化要素的模因复合体。用模因理论来分析语言接触，首先，可将语言接触的各个要素置于一个整体"作用场"中进行研究，可全面兼顾语言本身状况（语言模因复合体）、外部条件（语言模因作用场）、语言使用者（语言模因宿主）等条件，让语言接触中各个要素之间的关系更加动态化和整体化；其次，在分析视角方面，模因论可让语言接触研究中的宏观方面与微观方面相结合，既可以对语言接触中的整体语言状况进行分析，也可以具体到某一语言模因复合体的内部进行分析；最后，在语言接触与文化接触的关系研究中，可将社会文化看作语言模因的重要组成部分，阐释语言接触中社会文化的作用与角色。本部分将以《英话注解》为例，对中国洋泾浜英语中体现的语言接触现象从模因论的视角进行深入细化的阐述。

1. 语言接触和语言模因（复合体）

基于语言模因理论，语言间的相互接触即为不同语言模因复合体在作用场中相互影响作用的过程。在此过程中，作用场中的各要素对语言模因复合体之间相互作用的过程和结果产生了动态的影响和制约。语言接触，即语言模因复合体之间相互作用的结果，表现在对语言模因复合体主体、外延的作用及对语言模因复合体宿主的影响。它对语言功能的影响一般有两种结果：一是由于语言接触形成的语言影响，使受语得到了丰富和发展，增强了语言的生命力，促进了语言的和谐；二是由于语言接触形成的语言影响，使受语的基本结构受到冲击，出现了语言功能的衰退，甚至语言濒危。这两种结果在现实生活中都有相应的例子。语言是形、音、义的结合体，根据语义学理论，当符号有机组合的时候，可大大升华符号本身所具有的意义。我们可以把洋泾浜英语语言模因（复合体）分为以下部分：语音模因（复合体）、词汇模因（复合体）、语法模因（复合体）和文字模因（复合体）。其中文字模因（复合体）作为语言模因复合体的特殊组成部分和记录形式，在语言模因的传承和传播中发挥着重要作用。洋泾浜英语文本记录了洋泾浜英语的文字模因，同时为这些模因（复合体）的传播起了很好的载体作用，促进了语言模因的传播、复制和变异。如《英话注解》不仅以文字的形式记录了洋泾浜英语的词汇模因、语法模因和语音模因（复合体），也对语言模因（复合体）外延部分，即社会文化模因复合体，包括传统习俗、价值观等也进行了承传与传播。《英话注解》用宁波话对英语发音进行标注，相关语言接触和语言模因（复合体）对宁波话外来词的产生和发展（可参考本章第三节）也有重要作用，是汉语（方言）与英语语言接触的结果。

2. 语言接触要素

（1）语言模因宿主。语言模因宿主是指语言模因复合体相互接触、作用的主体。"宿主"这个词语来源于生物学，也称为寄主，是指为寄生物包括寄生虫、病毒等提供生存环境的生物。关于"模因宿主（meme carrier）"，何自然曾解释"模因是文化信息单位，像基因那样得到继承，像病毒那样得到传播。它可以在人与人之间传染，'传染'可理解为模因的复制，即在另一个人的记忆里产生模因的复制件，使这个人成为模因宿主"[1]。人即语言模因的宿主，语言接触是通过模因宿主的活动来实现的，也通过宿主来表达。语言模因的宿主从微观上指某一语言使用者，宏观上指语言的使用集团。

洋泾浜英语的语言模因（复合体）是通过汉语语言使用集团与英语语言使用集团的接触而形成，汉语语言使用集团即汉语语言模因（复合体）（A）的原宿主，英语语言使用集团即英语语言模因（复合体）（B）的原宿主。通过两种语言的接触，语言模因之间相互影响、借用、转用、融合、变异产生出新的语言模因复合体，即洋泾浜英语的语言模因（复合体）（C）。洋泾浜英语的使用者即洋泾浜英语语言模因的宿主，在那个时代，主要是商人、小贩、车夫和洋人等。他们既是 A 语言（或 B 语言）的宿主，又是 C 语言的宿主。C 语言在复制传播过程中，又会产生新的语言模因（复合体）变体，形成 C1、C2、C3 等语言模因。如洋泾浜英语在各地发展过程中，会根据情况发生变异，如继广东英语之后出现的用各地方言标注英语发音的洋泾浜英语文本《英话注解》（宁波

---

〔1〕 何自然，何雪林. 模因论与社会语用〔J〕. 现代外语，2003（2）：200-209.

话注音)、《英话指南》(吴语语音注音)、《英语集全》(广东话注音) 和
《英字入门》(上海话注音) 等。而相关的语言使用集团也成为 C1、C2、
C3 等语言模因的宿主。

(2) 语言模因作用场。"语言模因作用场"是语言模因复合体相互
接触作用的外部条件之和。任何类型的语言接触都有一定的接触背景和
接触条件,这些背景和条件对语言接触的进程和结果起到重要的影响和
制约作用。同时,语言接触背景中的各因素,不仅影响着语言接触,且
各因素之间也相互作用,这些背景与条件并不是静止的,而是不停发展
变化着的。语言模因的复制和传播是需要被引发的。触发和形成语言模
因的外部环境是一系列的语境,它们是语言模因的主要触发因素。语言
接触的背景和条件,正是语言接触中语言模因复制、传播和相互作用的
"触发场",即"语言模因作用场"。"语言模因作用场"由以下相关的要
素及要素间的相互关系构成:进入语言模因作用场的语言模因复合体自
身情况;语言模因宿主的情况;地域;接触层面;接触媒介;社会政治
经济文化因素等。语言模因作用场是多纵的、立体的、动态的,是不断
变化的,且其中任何一个要素的改变都可能对语言模因间的相互作用产
生影响,所以即便相同的两种 (几种) 语言,在不同的时期或不同的地
域等条件下,语言接触的进程和产生的结果是不同的。[1]

洋泾浜英语的产生也有其语言模因作用场,这个作用场综合了当时
的社会、政治、经济、教育、文化等因素,又与产生洋泾浜英语的地
域、人群、行业等有关系。洋泾浜英语是为了满足实际和紧急交际的需
求而产生的"交际补偿"工具。《英话注解》的产生就是如此。晚清时
期的中国,经济落后,处于半殖民地半封建社会阶段,民众教育文化水
平低下,当时社会无英语学习的条件,无双语人才,无教材,语言人才
奇缺;洋泾浜英语已经盛起,广东英语已使用一段时间;鸦片战争后,
随着五口通商和上海商业贸易的崛起,江浙沪地区的商人们因不懂广东
方言,难以学习英语,所以开始寻求以本地方言标注英语发音的交流途
径,以便和外商交流,获得商情。《英话注解》就在这样的社会历史文

---

〔1〕 宇璐,潘海英. 基于语言模因论的语言接触过程与结果探析 [J]. 东北师大学报
(哲学社会科学版),2015 (5):181-186.

化背景下产生。关于《英话注解》产生的历史背景可参考引论部分。

（3）语言模因复合体的"强弱"。语言模因复合体的"强弱"是语言模因复合体相互接触、作用的重要影响因素。根据道金斯提出的成功模因的三个标准——保真性、多产性和长久性，我们可以把模因划分为"强势模因"和"弱势模因"。强势模因保真度高，被复制的机会多，传播的范围广，存活的时间长；弱势模因则相反。在语言接触中，一个语言模因复合体的"强弱"与多方面因素有关。包括语言模因复合体本身的成熟度（语法语音系统的完备程度、词汇的丰富程度等）、语言接触发生背景中各种社会因素（政治、经济、文化在内的各方面社会因素）和语言模因宿主的情况（认知能力、社会身份、主观能动等因素）等。可以说，语言模因复合体的"强弱"是语言模因作用场中各个要素共同作用的结果。语言模因复合体的强弱会影响语言模因复合体相互接触作用的过程与结果，且会反作用于语言模因作用场的相关要素。

《英话注解》语言模因的各要素，包括本章第一节提到的词汇模因（合成词模因、词义扩展模因、标准英语词汇模因）、语法模因（汉语句式模因、语法省略模因、语法共生模因）、语音模因（方言注音模因、极简发音模因）以及洋泾浜英语标音模因等，在 19 世纪中期至 20 世纪初期《英话注解》出版发行的时间段，在当时的语言模因作用场中（社会、政治、经济、教育、文化等的综合影响）均为强势语言模因。但是随着时间的推移，语言模因作用场中的各要素发生相应变化，洋泾浜英语的语言模因也在发生着相应的变化，如《英话注解》词汇模因中的合成词模因从一开始的强势模因，转为弱势，演变到现在，成了"中式英语"模因；而词汇模因中稍显弱势的标准英语模因随着时代的变化，政府对英语学习的重视，以及与外国交流的增多，学习者的英语学习正规化，则慢慢演变成了强势模因；而语音模因中的方言注音模因和极简发音模因在现代语境下则基本处于消亡状态。

3. 语言接触中语言模因复合体相互作用模式

从语言模因的视角来看，任何类型的语言接触，无论直接或间接，无论表层或深层，无论主动或被动，以及任何语言接触的结果都符合语言模因复合体相互作用的规律与模式。语言模因相互影响作用过程中相关要素的改变，会影响语言接触的进程和结果。语言模因的传播也需经历同化（解码）、记忆、表达（使用）和传播这几个生命周期。同化（解码）指模因被宿主关注、理解和接受，并将其纳入自己的认知体系；记忆指模因在宿主记忆中的停留，停留时间越长，被再次表达和传播的可能性就越大；表达指将头脑中的模因转化为宿主所感知的有形实体（如话语）；传播指模因从新的宿主传播到更多的潜在宿主。

在中国洋泾浜英语的形成过程中，英语和汉语两种语言互相接触，英语语言模因（复合体）是相对强势的语言模因（复合体）。作为强势的语言模因（复合体），英语的词汇、语法和语音等语言模因（复合体）很容易会被汉语语言模因宿主所模仿。以《英话注解》的方言注音模因为例，《英话注解》用宁波话标注英语发音，模仿英语的语音模因。这个语言模因经过宿主的模仿、关注、接受、复制后，将其纳入宿主的认知体系进行同化，并停留在记忆中，然后被再次表达。在表达中，《英话注解》语音模因会进一步传播，被更多潜在的宿主接受，同时，也会孕育新的语音模因（用其他方言标注英语发音）。洋泾浜英语的标音模因也同时形成。

4. 语言接触中语言模因复合体相互作用的不同结果

语言接触的类型与结果是多样的，但任何类型和结果的语言接触，都符合语言模因复合体相互作用的基本规律和模式。同一作用机制中，不同作用点、作用场中条件的改变，作用主体选择的变化等，都是语言接触多样性与复杂性的成因与根源。

（1）语言模因复合体主体相互作用。语言模因复合体主体的相互作用分为两种情况：一种是"相对强势"情况下的双向作用；一种是"绝对强势"模式下的新的语言模因复合体的产生。一般情况下，强势语言模因复合体更多地影响弱势语言复合体，但弱势语言模因复合体也会影响强势语言模因复合体。它们的影响和作用是相互的。如前所述，语言模因一般都要经过同化（解码）、记忆、表达（使用）和传播这样一个模因周期。在特殊情况下，当一种语言模因处于绝对强势模式下，语言模因宿主会在复制、解码、记忆新的语言模因之间，加入了"重新组合"的过程再进入使用阶段，模因周期就会变为"复制—解码—重新组合—记忆—表达—传播"，其间难免会出现"语言模因变形传播"[1]，包括语音偏离、词义偏离（如词义的增加、减少或改变）和句法结构偏离等。这些偏离可能会导致强势的混合语言模因复合体的诞生，这类语言模因复合体在时间的洗涤下可能弱化消亡，也可能在沿用和承传后被固定下来。洋泾浜英语语言模因在形成过程中加入了"重新组合"这个环节，在英语和汉语的接触过程中，两种语言不仅在词汇、语音模因等方面互相借用，而且语音和语义模因等重新组合，形成一种新的混合语言，如《英话注解》有着英语和汉语两种语言的特点，在中国使用了约一百五十年，尽管在现代社会已是弱势模因，但目前还有部分洋泾浜英语语言模因盛行。

（2）语言模因复合体外延的相互作用。语言接触一般伴随着文化接触。从模因论的视角来看，语言模因复合体包含了社会文化要素。社会文化模因复合体作为语言模因的外延部分，在语言模因作用场中伴随着语言模因主体间的相互作用而作用。语言模因复合体在传递过程中要经历"复制、同化（解码）、记忆、表达（使用）和传播"的过程。在这个过程中，同化阶段是新的模因宿主对新模因的理解和融合阶段，此阶段有时需借助"外延部分"来理解，所以语言模因的外延部分——社会文化模因复合体也同时被复制、表达并传播。语言模因复合体外延与语言模因主体相互作用，相辅相成，不可分割。

洋泾浜英语的产生和传播带有死记硬背的性质，所以在传播过程中，语言模因"外延部分"或是社会文化因素的传播相对比较受限，如《英话注解》中涉及文化差异和跨文化交际的内容相对较少。但随着中外交流的进一步发展，英语和汉语外来词互借的过程中，社会文化模因则和语言模因一起进一步进行了复制和传播。同时，社会文化的进入也对相应的语言模因传播起到了稳固和深化的作用。如汉语词汇模因 Taoism（道教）进入英语语言模因复合体时，如果没有社会宗教文化模因的参与，就无法被英语语言模因宿主所解码、记忆和使用，从而进入英语语言模因复合体。同样，"咖啡"和"芝士"等词汇模因从英语语言

---

〔1〕 李捷，何自然，霍永寿. 语用学十二讲［M］. 上海：华东师范大学出版社，2011：154.

模因复合体进入汉语语言模因复合体时，饮食文化模因也必然要参与解码记忆过程，且同时传入汉语语言模因复合体。

（3）语言模因宿主的选择。"语言的选择和使用的过程就是各种模因相互竞争的过程"，是宿主对语言模因的选择过程。迪斯汀（K. Distin）曾说模因自身的内容、人的心理因素、人的生理环境、模因库的总体环境和客观物理环境这五个因素会影响模因的选择与适应。[1] 语言接触中语言模因宿主对语言模因的选择过程受到多种因素的制约和影响，包括语言模因复合体本身的成熟度、语言接触的背景——社会、政治、经济、文化因素和宿主本身的心理情感因素等。无论语言模因复合体之间的相互借用还是新的语言模因复合体的产生，"语言模因宿主选择"都是关键环节。语言模因宿主的不同选择，会产生"语言转用"或"双（多）语兼用"等语言使用情况。这种情况可以是单个宿主或是宿主集团的选择。

双（多）语言模因的兼用，既可以指整个语言宿主集团，也可以指单个语言模因宿主。从语言集团整体来看，双（多）语兼用是指在一个语言共同体内（国家或地域性语言集团）使用两种或多种语言的状况，也就是原宿主在选择了其他语言模因复合体的同时保留了原语言模因复合体的使用。不管是单个语言模因宿主还是宿主集团对语言模因的选择都呈多元化的趋势。洋泾浜英语的选择和使用属于双（多）语言模因的兼用，是宿主在选择使用洋泾浜英语语言模因的同时保留了汉语或是英语语言模因（复合体）的使用。同时，洋泾浜英语语言模因也是语言转用的一种体现。在语言接触中，语言兼用和语言转用联系密切，当社会条件发生改变，语用环境发生变异，语言兼用者的语言态度发生变化以后，语言兼用可能会转化为语言转用。

5. **图式解读**

通过上文的分析，笔者尝试用图的形式对语言模因各要素在模因作用场中的互相接触和作用表达出来。语言模因作用场中的各要素对语言模因复合体之间相互作用的过程和结果产生动态的影响和制约，语言接

---

〔1〕 DISTIN K. The Selfish Meme ［M］. Cambridge：Cambridge University Press，2005.

触，即语言模因复合体之间相互作用的结果，表现在对语言模因复合体主体、外延的作用及对语言模因复合体宿主的影响。同时政治、经济、文化和教育等外部因素，语言模因的接触时间和接触强度，宿主对语言模因的选择和态度等都会对语言模因复合体即主体产生动态的影响。洋泾浜英语语言模因或《英话注解》语言模因的形成和发展均可用图3-18来进行解释。

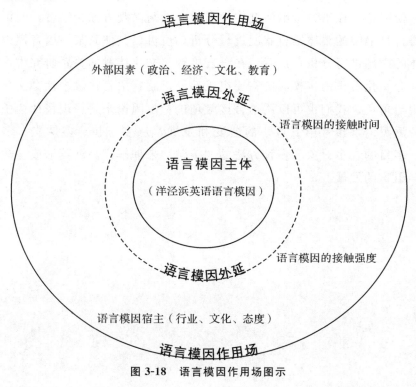

图 3-18 语言模因作用场图示

四、小结

语言接触对语言的发展变化影响是巨大的，包括形成语言兼用、促使语言转用、争取语言保持、发生语言混合、造成语言濒危、导致语言消亡、优化语言功能、谐和语言关系等等。语言接触的发生、发展和产生的结果，需综合考虑社会环境中的各种因素，通过具体深入的分析，才能恰切地解释语言接触所引起的语言变化，如洋泾浜英语或是《英话注解》语言模因在语言因素和社会因素等影响下发生的语言混合和语言转用等语言接触现象。另外，从语言接触和语言模因论的角度对洋泾浜英语和《英话注解》进行解析，可将语言接触的各个要素置于一个整体"作用场"中进行研究，可全面兼顾语言本身状况（语言模因复合体）、外部条件（语言模因作用场）、语言使用者（语言模因宿主）等条件，让语言接触中各个要素之间的关系更加动态化和整体化；在分析视角方面，模因论可让语言接触研究中的宏观方面与微观方面相结合，既可以对语言接触中的整体语言状况进行分析，也可以具体到某一语言模因复合体的内部进行分析；最后，在语言接触与文化接触的关系研究中，可将社会文化看作语言模因的重要组成部分，阐释语言接触中社会文化的作用与角色。我们也可以用语言接触理论和模因论来解释现代社会中后洋泾浜英语（参考第五章）的演变和发展，从多方位、多层次、多范围、多目的、多对象和多种方法的"接触"来理解洋泾浜英语或是现代社会语言的发展。

第四章 《英话注解》的文化特色

《英话注解》产生于一个特殊的时代，而这个特殊的时代又在《英话注解》文本中留下了深深的文化印记。通过文本我们可以生动直观地感受当时社会的贸易、语言、历史、教育和对外交流等文化状况，文本中的每一个词条、每一个短句都讲述着当时的社会文化和历史。本章将以 1865 年版《英话注解》为语料，主要从标音文化特色、海洋文化特色、商帮文化特色和跨文化交际特色等方面进行分析；将用模因论对标音文化特色、海洋文化特色、商帮文化特色等的传承和发展进行解析，以期全方位掌握《英话注解》的文化特色和当时社会的文化概况。同时，通过《英话注解》回看近代史，感受中国遭遇西方海洋文化袭击时，我国特别是江浙沪地区是如何通过洋泾浜英语将劣势转为优势，学习西方，谋求出路，发展贸易的，以便为现阶段 21 世纪海上丝绸之路建设和海洋文化"走出去"的语言路径设计提供一些启示。

第一节 标音文化特色

如第三章所述，洋泾浜英语的语言特色之一为标音模因。语言和文化密切相关，在标音模因历经百年，继续流行的情况下，洋泾浜英语的标音文化已然成形。洋泾浜英语的最大特点是它具有混合性、非规范性和地区性，是数种语言的混合物；它主要在近代通商口岸城市（粤、甬、沪等）流行，所以它又具有不同的方言特色，呈现不同的种类。在近代中国最有影响力的则是广东英语和上海洋泾浜英语。洋泾浜英语初始于广州，随着贸易中心的转移，在上海得以充分发展，并盛极一时。洋泾浜英语是英语和汉语甬、粤、沪等地方方言相互接触、结合而产生的"混合语"，以汉语为基础，采用汉字注音，发音则以方言标注。标音文化特色是基于洋泾浜英语的标音模因而形成的最具特征性的洋泾浜英语文化特色（模因）。而《英话注解》的形成不仅体现了当时特有的语言文化现象，而且还继承和发扬了洋泾浜英语特有的语言文化特色。

一、标音文化的形成

洋泾浜英语标音文化的形成有着一定的历史和社会文化背景。18、19 世纪，清政府贯彻闭关锁国政策，禁止国人学习英文、西方人学习中文。这种禁令使得语言学习无法正常进行，造成语言人才奇缺的现象。而且，中西贸易之初，民众教育文化水平低下，没有正规的教材，也没有语法或词汇之类的工具书，国人和西方人学习对方的语言困难重重。英语和汉语分属不同语系，词汇、发音、语法大相径庭，对双方来说都很难学，需花费大量的时间和精力。在此情况下，为了中外商业贸易和日常往来的正常进行，民间智慧创造的特殊变种英语——"洋泾浜英语"开始出现并盛行。洋泾浜英语既受外来语言发音、语法、文化、思维等的制约，又受本地文化及本民族方言语音、语法规则和表达习惯的干扰，具有很强的非正规性和破碎粗俗性，但却是当时必不可少的交流工具。对于西方人来说，尽管英语是他们的母语，他们也不得不根据实际情况主动改变适应这种语言。相比花费大量时间和精力学习正规的中文，他们更愿意快速熟悉这种杂交语言。

洋泾浜英语标音文化特色（模因）的产生缘由可以从《英话注解》的"序"（可参考引论第一节）中得以了解。此书出版的初衷，是因为五口通商之后，上海成为贸易中心，两江一带（指江苏、安徽与江西三省）通事乏人，无法应付日益发展的中外贸易之需，宁波人学习英语无门可入，而序中所提《英话》（至今未见，也未有考证论及，尚待发掘），用粤方言注音，为宁波商人学习英语带来不便。基于此，冯泽夫等人集资出版《英话注解》，用"勾章乡音"（即宁波话）标注英语发音，以方便宁波商人与外国商人之间的贸易和沟通。洋泾浜英语主要在近代通商口岸城市流行，这些城市又主要分布在粤闽吴等方言区，因此它染上了不同的方言特色，呈现不同的种类。甬、粤、沪方言标注英语发音或是用北京话标注英语发音都是为了方便通商口岸的人们与外商的交流沟通，以促进贸易。因不同方言区之间的语言有很大差异，所以对于英语的注音，都因地制宜，用本地方言进行。不管是何种方言进行标注，从洋泾浜英语的角度来说，这种标音方式为民间自发形成，一直发展至今。

二、标音文化的发展

中国洋泾浜语标音文化的发展经历了从广东葡语、广东英语（广东洋泾浜英语）至上海洋泾浜英语的一个发展过程。广东葡语作为在澳门的国人与葡萄牙人之间的通用语言始于 16 世纪葡萄牙殖民者强占澳门之后。16 世纪欧洲新航线开通以来，中西接触就逐渐增多，而首先到广州的是葡萄牙人。广东葡语是近代中国最早的洋泾浜语，先由葡萄牙商人使用。这是一种由葡萄牙语、英语、印度语、马来语和中国粤语混合组成的杂交语言，是在澳门的国人与葡萄牙人交往的唯一语言。[1] 广东葡语是广东英语的前身，广东英语的词汇不少来源于葡语。广东英语以粤方言标注英语词汇发音，同广东葡语一样，书面形式使用汉语记录。如《红毛通用番话》[2] 是广东英语，也是洋泾浜英语最早的词语集。该册子共 16 页，没有编著者的署名，其具体编写年代已无法考证，共收集了近 400 个词语，词语均以繁体汉字与广东方言标音，整册不见英文符号。如：汉字"一"标音为"温（one）"，汉字"鱼"标音为"非士（fish）"。另一本比《红毛通用番话》词汇量更为丰富的广东英语词典为《华英通语》，刻印于 1855 年前后，原本已不可见。《华英通语》是日本思想家福泽谕吉 1860 年访美时在旧金山所得，后福泽谕吉出版了《增订华英通语》（1860），供日本人学英语。增订版多了日语的假名

---

〔1〕 亨特. 旧中国杂记 [M]. 沈正邦，译. 广州：广东人民出版社，1992：170.

〔2〕 作者未知. 红毛通用番话 [M]. 省城壁经堂梓；另见：亨特. 广州番鬼录 [M]. 冯树铁，等译校. 广州：广东人民出版社，1993.

标音与释义，其他则原封不动地保留原著的模样。这本词汇集包含数千个英文词汇，并将英文表达置于首位，再以汉字注音（广东话）和中文意译。在《华英通语》之后数年，在广州和上海一带刻印出版了一些用甬、粤、沪方言标注英语发音的英语字典和读本，如，宁波人冯泽夫等编著的以宁波话注音的《英话注解》（1860），清末广东人唐廷枢编著的以广州话注音的《英语集全》（1862）。现代学者普遍认为《英语集全》是 19 世纪 60 年代篇幅最大、编著水平最高的粤语注音英语读物。[1]之后，上海人曹骧编著了以上海话注音的《英字入门》（1874）；毕业于上海广方言馆的杨勋编著了以江浙地区通用的吴语语音标注的《英字指南》（1879）。一时间，洋泾浜英语红遍大江南北。不管是广东英语还是上海洋泾浜英语，它们都有一个共同的特征即用地方方言标注英语发音的一种标音文化特征，我们也可称其为标音文化模因（相关内容也可参考第三章第二节）。

而在中国的英语学习慢慢地由洋泾浜英语向标准英语学习转变的过程中，洋泾浜英语标音文化特征并未消亡。较为典型的表现为标音文化特征（模因）在中式英语中的体现（具体可参考第五章），而且在现代的网络用语中更是有着别样的功用。洋泾浜语的标音文化在网络上的应用我们称其为后洋泾浜英语，如 "No zuo no die.（不作不会死。）" "We two who and who.（咱俩谁跟谁。）" "Holy high.（好厉害。）" "Add oil.（加油。）" "You need cry, dear.（有你的快递。）" "I momoda you.（我喜欢你。）" "I'm your cai.（我是你的菜。）" "Where is your haha point?（笑点在哪里?）" 等。此类表达方式在体现网络用语的同时，又使交流倍增趣味。现今，英语学习属于基本课程，在掌握正规英语的同时，利用中英语言的语音和语义来创造一些用于调侃的后洋泾浜英语也是常见之事。这类后洋泾浜英语经常盛行于微信、微博等新媒体和日常网络表达中。但和 19 世纪时期的洋泾浜英语产生背景不同，后洋泾浜英语是人们对两种语言熟练掌握的状况下，创造出来的喜感之作，经常用来娱乐大众。其主要是利用了中英语音上的特点，如 "Holy high.（好厉害。）"，或者语义上的特点而整合出有一定调侃意义的词汇。

---

[1] 邹振环. 19 世纪早期广州版商贸英语读本的编刊及其影响 [J]. 学术研究，2006 (8).

三、小结

本节主要基于标音模因对洋泾浜英语的标音文化特色进行分析。标音文化特色是除了《英话注解》所蕴含的商帮文化特色、海洋文化特色等和地方文化特色有关的文化特点外，洋泾浜英语本身所蕴含的一种特点，不可忽视，所以本章第一节将其特别列出。由此，可以了解《英话注解》等洋泾浜英语文本所包含的标音文化特色的产生与发展过程，以及其在现代社会的变异。这种标音文化特色即标音文化模因，尽管在不同的时代有不同的体现和产生原因，但是其本质却是相同的，相关内容也可参考第三章和第五章。

第二节　宁波海洋文化特色

宁波是一个港口城市，在海上丝绸之路的历史上，宁波是中国大运河最南端的出口，也是大陆海岸线中点、南北洋流的交汇处。宁波是最早开埠的城市之一。1865 年，清政府正式在宁波设立浙海关，是当时全国四大海关之一。青瓷、丝绸、绿茶这三项是宁波的特色贸易产品。距今七千年的宁波余姚河姆渡文化肇始了中国海洋文化。宁波的波斯巷，水运航标天封塔，和义门遗址和江厦码头发掘出来的大量青瓷、沉船，以及鼓楼旁发现的元代永丰库，都见证了其海上丝绸之路的繁盛。七千年前的新石器时代晚期，宁波先民已经能够制造和利用舟楫开始海上航行，河姆渡遗址还出土了鳖、鲸及鳍鱼等海洋生物的遗骨，这说明当时人们的捕捞、渔猎范围已由河口延伸到海上。河姆渡原始寄泊点出土了独木舟、木桨和陶船模型等，充分说明宁波是人类从事浅海活动的最早地区之一。自此之后，宁波沿海居民更是在这块辽阔的海域上发挥着自己的智慧，创造了一个又一个惊世骇俗的历史文化奇迹。从河姆渡人最原始态的海洋捕捞，到唐宋时期声名远扬的"海上丝绸之路"，从郑和下西洋时的庞大船队，到世界第一跨海大桥杭州湾大桥的全线贯通，都充分展示了宁波人认识、开发、利用海洋的智慧与能力。海洋文化在这里有着强大的生命力，对宁波海洋文化进行研究因此也有着深远的意义。宁波的海洋文化特色在《英话注解》文本中也可见一斑，文本中的相关词汇强烈地体现了 19 世纪中期宁波海洋文化的特色。

一、《英话注解》的海洋文化特色

《英话注解》产生于西方海洋文明入侵中国之时。尽管当时官方对于外来文化入侵所抱的态度是被动、迂腐且排斥，而民间对于这些外来文化的态度却积极主动，充满智慧和创造。鸦片战争后，宁波作为通商口岸之一向西方开放，由于当时社会政治教育文化水平的限制，商人们在语言不通的情况下，为了中外贸易的顺利进行，"应急"地创造了一种混合杂交的洋泾浜语。这类洋泾浜英语在产生之时就带有浓厚的商业特色、海洋文化特色和地方文化特色。笔者会以 1865 年版《英话注解》为语料对其中体现海洋文化特色的词汇加以梳理和总结。1865 年版《英话注解》篇幅并不长，正文有 92 页，总条目为 2291 项，共 39 个门类，具体见表 4-1。

表 4-1　《英话注解》（1865）门类汇总

序号	门类名称	词条数量	序号	门类名称	词条数量
1	各国镇头门	32	21	人身门	42
2	天文门	34	22	禽兽门	36
3	地理门	63	23	花草竹木门	20
4	时令门	54	24	数目门	36
5	君臣门	72	25	银数目门	10
6	人伦门	47	26	洋数目门	11
7	师友门	17	27	五金门	25
8	工匠门	32	28	颜色门	26
9	宫署门	89	29	蛇虫门	22
10	屋宇门	31	30	秤尺什件门	44
11	账房门	24	31	税捐门	25

续　表

序号	门类名称	词条数量	序号	门类名称	词条数量
12	船车门	38	32	进口货门	139
13	军器门	27	33	出口货门	71
14	器皿门	57	34	一字语门	286
15	床铺门	12	35	二字语门	272
16	筵席门	19	36	三字语门	128
17	衣服门	26	37	四字语门	143
18	五谷门	21	38	五字语门	85
19	食用门	71	39	长句语门	64
20	医道门	40		总计	2291

从表 4-1 可见，《英话注解》主要按日常生活中的一些必备物品和商业用语分类。除中国传统文化特色的分类如天文门、地理门、时令门、君臣门、人伦门和师友门等外，《英话注解》的其他门类如各国镇头门、船车门、银数目门、洋数目门、秤尺什件门、税捐门、进口货门、出口货门等都体现了当时的商贸往来、船车贸易和货物交易的繁盛局面；与贸易相关的船车货物、数目、丈量单位和进出口货物名称等词汇都作为单独的门类特别加以归总；各门类词汇基本与外贸活动有关，或者服务于商贸活动。船车门等和海洋文化相关的词汇也服务于商贸活动。相关例词可见图 4-1。

图 4-1　《英话注解》（1865）例词

《英话注解》中的很多词汇、短语都反映了宁波的海洋文化特色，以词汇门类中的"船车门"为例，这一门类共 38 个词条，反映了当时宁波海洋文化和船商往来的情况，具体见表 4-2，表格中第一行为船车门词汇，第二行为英文释义，第三行为宁波话注音。

表 4-2　船车门词汇[1]

大号兵船 large man-of-war 癫治蛮、哑夫、华	小号兵船 small man-of-war 司马蛮、哑夫、华	三枝桅船 three mast ship 的利、埋司、歇	外国驳船 foreign cargo boat 福令、楷个、扒脱
火轮船 steamer 司底茂而	明火轮 screw steamer 司哭罗、司底茂	暗火轮 paddle steamer 派特尔、司底茂	领港船 ship in harbor 昔泼、音哈扒
大舢板船 large boat 癫治扒脱	宁波钓船 Ningpo cargo boat 宁波、楷个、扒脱	广东艇船 Canton lorcha 拣东老寨	舢板 pinnace 丙难司
渡船 perry boat 否立、扒脱	大桅 large mast 癫治、埋司脱	头桅 fore mast 福鞋、埋司脱	稍桅 mizen mast 密星、埋司脱
大蓬 large sail 癫治、舍而	头蓬 fore sail 福鞋、舍而	稍蓬 mizen sail 密星、舍而	边蓬 side sail 晒衣脱、舍而
舱板 ship plank 昔泼、勃蓝克	舱位 berth 剖司	船梯 ship landder 昔泼、来豆	火轮车 steam carriage 司底姆、开雷处
轮 wheel 回而	烟囱 chimney 起姆纳	舵 reudder 而路豆	大猫 large anchor 癫治、唵口
铁链 iron chain 挨音、串吴	索 rope 而老泼	挽子 A draw 爱、独老	竹帽 bamboo cap 防蒲开泼
臟子 to contain in a ship 都、康推盈应、爱、歇泼	马车 house carriage 耗司开立处	车 carriage 开立处	水龙 fire engins 反鞋因呈
水锅 water kettle 华得、盖脱而	宁波钓船 Ningpo junk 宁波藏克		

注：宁波话注音部分，根据《英话注解》凡例所述，顿号出现要断音，小字须轻读。

---

[1]　冯泽夫，等. 英话注解 [M]. 守拙轩藏版，1865：19-20.

表 4-2 的船车门共 38 个词条，是当时日常贸易交往中频繁用到的船车相关词汇，可能限于当时的打印条件和校对条件，里面还有部分错别字和重复之处。这简短的 38 个词条内容涵盖了当时船只的类型、船的部件构成、车船的交流用语等。

第一，从《英话注解》船车门可见晚清时期宁波港口一些船的类别。当时宁波港口或是各个通商口岸主要有兵船（大小兵船）、商船（广东船艇、明暗火轮）、民用船（渡轮、宁波钓船）、港口工作船只（领港船）和信船等。一方面，鸦片战争后，兵船见于港口，社会处于不安稳的状态；另一方面，所有的中外贸易往来的货物均通过港口来进行运输，船的种类丰富。关于船的类别，上文提到的广东船艇是一种尖底船，在海上摇摆较快，不易翻沉，其舵材用铁力木，强度大，在海浪中不易折断。而关于明暗火轮的描述，1873 年《申报》连载上海广方言馆毕业生杨少坪（名勋，常州人）《别琴竹枝词百首》（"别琴"是指英文 pidgin，即"洋泾浜语"），其中一首说："司丁买与司丁巴（皆轮船），船上因成（铁鬼）似夜叉。司克罗轮明暗火，夹登船主洳堪夸。"此竹枝词必须用宁波话或上海话念，才能明白讲的是什么。"司丁买"是 steamer 的英文读音（《英话注解》船车门中读"司底茂而"），"司丁巴"是 steamer boat 的"洋泾浜语"，都指"轮船"；"因成"用宁波话念作"yin-jing"，就是 engine 的"洋泾浜语"，今写作"引擎"；"司克罗"是 screw 的读音，即船上的螺旋桨，当时有两种，一种装在船上两舷，叫"明火轮"，一种装在水下船尾，叫"暗火轮"。[1]

第二，船车门部分词汇体现了浓郁的南方海洋文化特色，如宁波钓船、舢板船和渡轮等。宁波钓船是典型的浙船型海船，艏艉两头翘，适合海上穿浪航行，艉楼虽高，但体量较小，可减少受风面积，艉部出虚艄，前桅更靠前，主桅在中偏前，有前帆、前桅、主帆、主桅等部件。在明代就已有宁波钓船赴日贸易的记载，在清代有浙江弹船和三不像船与沙船在北洋航线联远漕根的历史记载。渡轮是宁波、上海和舟山等地区之间往来必不可少的交通工具。舢板船又名舢舨，"舨"为通假字，

〔1〕 薛理勇. 老轨和老鬼 [N/OL]. 新民晚报，[2015-10-22]. http://zj. people. com. cn/n/2015/1022/c186936-26883293. html.

通"板",是一种小船,也叫"三板",原意是用三块板制成。它是一种木结构船,一般较小,民用舢板常乘坐 2～3 人,军用则为 10 人左右。舢板至今仍在一些地方使用。由这些词汇可见当时社会生活对船只的依赖程度和宁波、上海等港口城市的海洋文化发展程度。

第三,船车门中有一些关于船构件的词汇,如烟囱、轮、锚、索、大桅、头桅、稍桅、大蓬、头蓬、稍蓬、边蓬等。通过船的构件描述,我们可大致了解当时船只的式样和大小,大概知道船体的构成。船只的样子也在这些船部件的描述中呼之欲出。

第四,在《英话注解》(1865)的其他门类,如一字语门至长句语门中也有很多关于车船的短语和句子表达,如三字语门中的船上去(P70)、船搁浅(P70)、船反转(P70)、船坏了(P70)、船沉了(P70)、无水脚(P70);四字语门中的放在船内(P82)、船费多少(P76);五字语门中的几时货下船(P84)、搭火轮船去(P86)、你要装头船(P87)、信船没有到(P88)、送到船上去(P88)等等,具体可见表 4-3。从中可动态地了解到当时与贸易有关的车船用语以及车船的一些用途和重要性。学习者在学习这些词汇的同时,也在潜移默化地学习承传着中国的传统海洋文化,外国人在学习诸如《英话注解》式的洋泾浜英语时,也能熟悉其中体现的一些中国传统海洋文化。洋泾浜英语在中外贸易交流中的地位以及洋泾浜英语在传播和发展中国传统海洋文化中的作用也就不言自明了。

表 4-3　一字语门至长句语门中关于车船的相关短语[1]

中文	英文	出处及页码
开舱单。	To open the hold.	税捐门 P46
封舱单。	To close the hold.	税捐门 P46
船上去。	Go on ship.	三字语门 P70
船搁浅。	Ship strand.	三字语门 P70
船反转。	Ship turn down.	三字语门 P70
船坏了。	Ship break.	三字语门 P70

[1] 冯泽夫,等. 英话注解 [M]. 守拙轩藏版,1865:46-91.

续　表

中文	英文	出处及页码
船沉了。	Ship sink down.	三字语门 P70
无水脚。	No freight.	三字语门 P70
船费多少?	Freight how much?	四字语门 P76
放在船内。	Put in ship.	四字语门 P82
几时货下船?	What time cargo down ship?	五字语门 P84
搭火轮船去。	Go with steam boat.	五字语门 P86
你要装头船。	You want stow first ship.	五字语门 P87
信船没有到。	Letter ship no come.	五字语门 P88
送到船上去。	Send to ship board.	五字语门 P88
我想你有货船到。	I think you have cargo ship come.	长句语门 P91
你这个货几时装船?	What time this cargo put in ship?	长句语门 P91
你船内有什么货色?	You have what cargo in ship?	长句语门 P91

　　船舶是人类征服海洋的工具,船舶是海洋文化的灵气所在。海洋文化源于船文化,没有船作为交通工具,人们无法认识大海大洋,不能进行海洋贸易,无法到达海洋的彼岸,也就无所谓海洋文化了。宁波是一座舟船文化、海洋文化的城市。《英话注解》用具体的词汇和短语生动原本地反映了当时当地的船车文化、船车细节和船车交流用语,为我们具体了解当时的船只、商业交流和宁波、上海等沿海城市概况提供了细节和佐证。我们可以从这些词条中感受东南沿海海洋文化的发展情况,也可以感受宁波商人顺应潮流,以开放积极奋进的姿态应对各种挑战,以及在商海中勇立涛头、搏击奋斗、积极弄潮的精神和勇气。《英话注解》关于船舶的内容及中国沿海的各类考古发现无可辩驳地证明了中国人不但习于航海,而且善于航海,海洋文化也是中华民族古老文明的组成部分。在几千年的历史中,中国人不仅创造了辉煌灿烂的农耕文明,而且同时创造了博大精深的海洋文化和舟船文明。与联合国教科文组织"海上丝绸之路"调查的结论相同,我们可以说"中国也是海洋文化的发源地之一"。这一结论对我们更为全面地认识中华古老文明传统不无启迪意义。

二、宁波海洋文明概况

中国有着绵长的海岸线，沿海一带特别是江浙沪周边的海洋气候与资源条件又有利于海上活动，中国的航海历史极为悠久。从公元前 3 世纪至公元 15 世纪，中国古代的航海业和航海技术，一直处于世界领先水平。不过，中国海洋文明的基调以渔盐之利为主，不是贸易殖民扩张。

考古表明，早在旧石器时代，中国沿海地区就已有人类活动的足迹。先民们主要在海滩上捡拾小型水生动物为生，其生活的遗迹被称之为"贝丘遗址"，从事原始海洋渔猎的原始人也被称为"贝丘人"。新石器时代，先民们已懂得了"木浮于水上"的道理，并制造出了最早的船舶——独木舟，为海上航行创造条件。考古证明，宁波余姚井头山就有一处"贝丘遗址"；宁波河姆渡遗址则出土了舟和楫；2004 年，宁波余姚发现田螺山遗址，出土了用粗壮木柱堆起的码头和三支完整的木桨。史前贝丘遗址、河姆渡遗址和田螺山遗址的考古发现同时意味着，中国海洋文化正是由丘贝人和河姆渡人肇始，宁波是中国海洋文化的发源地。[1]

西周时期，宁波工匠已能制造木板船，并从宁波古港出发，沿海岸北航，然后溯河而上，抵达周都镐京。据《周书》记载："周成王时（前 1024—前 1005 年）于越献舟。"《竹书纪年》也说，战国时，即 312 年，越王派人至魏国献舟。专家认为，当时所献之舟系属贡物，又要经过漫长海程，才能到达周、魏的政治中心，因此，当是构造较为完备的大海船。宁波也出土了有"羽人竞渡"纹饰的战国铜器，更是当地人民以超凡的勇气和船只征服海洋的珍贵物证，甚至可以看作当时海洋文化的结晶。

秦时的徐福东渡，堪称中国古代远洋航行活动中的光辉序幕。《史记·秦始皇本纪》载："齐人徐福等上书，言海中有三神山，名曰蓬莱、方丈、瀛洲，仙人居之。请得斋戒，与童男女求之。于是遣徐福发童男

---

〔1〕 戴光中. 宁波帮与海洋文化［J］. 宁波大学学报（人文版），2007（5）：31.

女数千人，入海求仙人。"徐福东渡，在宁波留下了慈溪达蓬山遗迹。

唐代，中国与西方的海上丝绸之路的贸易量迅速增长，并逐渐超过了传统的陆上"丝绸之路"。宋元时期，民间航海获得了更多的自由，海上商贸活动达到了鼎盛。唐开元二十六年（738 年）明州（宁波）港，凭借得天独厚的地理环境，成为中日"海上丝绸之路"的始发港。宁波海商驾驶着自己制造的大船，从明州（望海镇）放洋，用三昼夜时间横渡东海，到日本的值嘉岛那留浦，再进入博多津。这在一千两百年前绝非易事，指南针尚未发明，完全"听天由命"，任凭大洋环流和季候风带往目的港。在这样的生死搏斗中，宁波涌现出一大批优秀的航海家、造船家，代表人物李邻德、张支信、李延孝等人，其业绩甚至记载于正统史书。被称为"唐商团"的李邻德家族，曾在明州港与博多津之间往返百余次。张支信则是中国航运史上公认的大航海家、造船家，以日本肥前松浦郡港为基地经营海运业，参与其事的有 37 人。而李延孝商团更是多达 43～63 人，活动于明州港和值嘉岛。[1]唐时鉴真东渡曾多次失败，最终在宁波东渡日本成功。

北宋时期，宣和五年（1123 年），宁波工匠奉宋徽宗旨意，建造了两艘"神舟"，与六艘客舟一起从镇海起碇出使高丽。徐兢在《宣和奉使高丽图经》中称："客舟长十余丈、深三丈、阔二丈五尺"，"大樯高十丈、头樯高八丈"，"可载二千斛粟"。而神舟的长、阔、高、大、人数及器用什物，"皆三倍于客舟也"；在海上航行时，"巍如山岳，浮动波上，锦帆鹢首，屈服蛟螭，所以晕赫皇华，震慑夷狄，超冠今古"。书中还明确提到，神舟航行时使用了指南浮针。这是目前世界上用指南针航海的最早记录之一，比 1180 年英国的奈开姆记载要早数十年。由此可见，当时宁波人的航海能力与造船水平足以傲视世界。[2]

明初，最为有名的事迹为郑和下西洋，明中叶至清鸦片战争是我国航海的中衰期。1840 年鸦片战争以后，西方殖民者用坚船利炮打开了中国的大门，中国从此沦入半封建半殖民地的境地。随着列强的入侵、内政的腐败，中国航海事业和海洋文化陷入全面萧条之中。但是宁波作

---

〔1〕 陈守义. 宁波帮研究 [M]. 北京：中国文史出版社，2004：54.

〔2〕 戴光中. 宁波帮与海洋文化 [J]. 宁波大学学报（人文科学版），2007（5）：31-34.

为当时中国主要的沿海港口城市,其日常生活和商贸交往中体现的船车、航海和海洋文化还是底蕴非常深厚。宁波早期的航海文化和海洋文化从《英话注解》中也可管窥一斑。

三、小结

本节主要对《英话注解》文本词条中体现的船车文化和海洋文化进行了解析,由此感受宁波作为早期五口通商口岸之一,在对外贸易中体现的一些港口文化特色。海上航运是当时中西贸易的主要途径,《英话注解》文本中的词汇是对当时贸易货运、船车往来和海上贸易流行用语的一些书面记录,很好地反映了当时贸易兴盛、车船繁华的情境。同时,本节也对宁波的海洋文明发展进行了历史回顾,作为海上丝路的重要城市,宁波有着深厚古远的海洋文化积累。宁波的海洋文化是在宁波海商们日积月累的港口贸易往来中逐步确立的,也是在宁波商人几百年来,以积极开放的态度面对海外文化的过程中逐步成形的。我们要继承发扬这些有形无形的海洋文化,从历史的角度更好地理解和宣传"港通天下"的宁波。

第三节　宁波商帮文化特色

宁波是东海之滨的一颗明珠,背靠郁郁苍苍的四明山,面临浩瀚无际的太平洋,海岸线长达 800 公里。河姆渡遗址的考古证明,早在七千年前,宁波先民就已懂得刳木为舟,剡木为楫,开始水上航行。宁波是我国海上文化交流的先驱,有着悠久的商贸历史。早在西汉初年,宁波就被称为"鄞县",这也许是我国唯一一个与商贸直接相关的古地名。两千多年来,甬商的足迹已遍布五湖四海。大约在明晚清初,宁波帮渐见雏形。1840 年,英国用炮火轰开了闭关自守的清政府大门,宁波与广州、福州、厦门和上海一起五口通商。口岸开放,欧风东渐,西方文明也在宁波登陆,与中国传统文化相碰撞、相融汇、潜移默化地陶冶宁波人的思想观念和宁波的社会文化。唐宋时宁波的和义路与江厦街,清代时宁波的江北岸都见证了宁波的港口时代和海洋文化。宁波商帮主要指旧时的宁波府曾下辖鄞县、镇海、慈溪、奉化、象山、定海等六县的商人们。

在宁波帮作为一个商帮产生之前，宁波海商早已存在，并且颇为活跃。早期的宁波商人一方面利用宁波港及宁波所辖岛屿和港口的有利条件从事海上贸易活动，另一方面利用宁波独特的渔业资源，贩卖鱼盐等海产品。上海和宁波只有一苇之航。早在宋代，宁波人就开始到上海经商。清代中叶以后，去上海经商的宁波人日渐增多，其商业活动涉及运输、丝茶贩运、钱庄、票号等诸多领域，这些活动也为日后宁波商帮在上海的大规模发展奠定了基础。清末民初，宁波帮大致形成。中国沿海地区的商帮文化随着海洋文化的发展，也慢慢崛起并逐渐成熟。宁波商人对西方文化所持的积极而现实的态度，宁波浓厚的海洋文化氛围和港口贸易推动了宁波商人编著《英话注解》并促进了上海洋泾浜英语的产生。反过来，《英话注解》和后期的上海洋泾浜英语又推动了江浙沪地区外来贸易的繁荣和海洋文化的昌盛，商人们则是洋泾浜英语的最大受益者。近代江浙沪地区的贸易和发展与洋泾浜英语密不可分。以下将以《英话注解》为语料，来洞悉沿海地区特别是宁波地区商帮文化的特点。

一、《英话注解》与宁波商帮

从《英话注解》"序"中，我们知道编者共六人，他们是冯泽夫、张宝楚、冯对山、尹紫芳、郑久也和姜敦五。这六人中，冯泽夫，名祖宪，是"第一编者"，慈城望族冯氏后人。冯氏为慈城千年望族，冯氏一门出了五十六个进士，而且亦儒亦商，人财两旺，有"冯半城"之说。冯泽夫是晚清上海钱业界领袖。光绪十五年，在一帮宁绍人士发起下，集资建造上海的北市钱业会馆作为北市钱业集会的场所，冯泽夫参与其中并担任北市钱业会馆的董事。[1] 金融为百业之首，冯泽夫在宁

---

〔1〕 王耀成. 石库门的主人：一个商帮的文化背影［M］. 北京：作家出版社，2005：66-67.

波商帮中的地位也可想而知。据中华书局所出的《宁波金融志》记载，至光绪二十九年（1903 年），上海南北市钱庄共 82 家，其中宁波籍 22 家，占 26.8%。[1] 此时，宁波籍人士赵朴斋、张宝楚、庄尔萝、冯泽夫、袁联清、李墨君等人，都可谓上海钱业中之宁帮领袖。[2] 在秦润卿的《五十年来上海钱庄业之回顾》中，除了冯泽夫的名字，还有张宝楚的名字，他和冯泽夫都担任过北市钱业会馆的董事。至于尹紫芳、郑久也和姜敦五三人，冯泽夫的"序"中写道："初通之际，通事者仍系粤人居多，迩年以来，两江所属府县亦不乏人，而吾邑惟尹紫芳、郑久也、姜敦五诸君而已。"据此，可以确知他们是宁波帮商人中仅有的几个通事，而且可能是仅次于穆炳元、杨坊之后的早期通事，可惜时代久远，具体情况无从知晓。六个人中只有冯对山的信息最为缺失，但可推断，他也必定是一个宁波帮商人。

　　另据《英话注解》序言记载："五口通商，贸易日盛，而以上海为大宗。……会商宝楚张君、对山冯君、紫芳尹君、久也郑君、敦五姜君等，汇资著《英话注解》一书，注以勾章乡音，分门别类，使初学者便于记诵。"从序言可知，《英话注解》的编纂目的即为商用。19世纪中期，最开始与外商接触的是广东人，所以当时的通事和翻译以广东人居多。随着五口通商和上海成为主要港口，宁波商人大批地来到上海，并凭着对江浙沪地区物产、商情、民情风俗等比广东人熟悉的优势，很快赢得外商的信任，由宁波人充当的买办很快取代广东买办而遍布英、美、法等各大洋行。但是，语言不通却成为棘手问题。所以冯泽夫联合其他几位宁波籍人士出资出版了《英话注解》以备商用。《英话注解》是宁波人为了做生意而编著出版的用宁波话标注英语发音的贸易用词集。其产生本身就是海洋文化和商帮文化发展的结果。可以说宁波帮创造了洋泾浜英语，而洋泾浜英语又成就了宁波帮。

　　当时，宁波帮中有影响的人物有叶澄衷、朱佩珍、严信厚、虞洽卿、

---

〔1〕　宁波金融志编纂委员会. 宁波金融志［M］. 北京：中华书局，1996：6.
〔2〕　秦润卿. 五十年来上海钱庄业之回顾［G］//中国通商银行. 五十年来之中国经济（1896—1947）. 上海：六联印刷股份有限公司，1947：71.

吴锦堂等人。1860 年《英话注解》出版之时，严信厚（1828—1906，宁波慈溪人）23 岁，叶澄衷（1840—1899，宁波庄市人）20 岁，张尊三（1845—1918，宁波鄞州人）15 岁，朱佩珍（葆三）（1848—1926，浙江定海人）12 岁，吴锦堂（1855—1926，宁波慈溪人）5 岁，虞洽卿（1867—1945，宁波慈溪人）则更晚一些。严信厚和叶澄衷应该和《英话注解》的作者属于同一时代的人，在没有正规英语学习的条件下（同文馆 1862 年成立），他们都是通过广东英语和后来的《英话注解》来粗通英语，和外商贸易。如叶澄衷原籍浙江慈溪，生于镇海，家贫辍学，做油坊学徒。咸丰四年（1854 年）到上海，在杂货店工作，后来辞职，驾舢板往来黄浦江面，供应外轮所需物品，粗通英语，认识了一些外商，后获利于商贩。同治元年（1862 年）在虹口开设老顺记商号，经销五金零件、洋烛、美孚煤油灯等，经营有方，遍设分号，遂成巨富。朱佩珍（葆三）为宁波定海人，早年在上海当学徒，抽空学习英语和商业知识，后在外滩开办了慎裕五金号，兼营进口贸易，生意兴旺。此外他还充任英商平和洋行的买办，投资诸多实业，成为上海工商界颇有影响的宁波帮巨子。虞洽卿（和德）为宁波慈溪人，少年时在上海某颜料行当学徒。由于聪明善学，很快当上了跑街。虞洽卿通过自学英语，与外商接触，熟悉和了解商情，不久便成为德商鲁麟洋行的买办，后来还担任华俄道胜银行、荷兰银行的买办，上海市总商会负责人，是清末民初上海宁波帮的领袖人物。穆炳元，宁波定海人，上海的第一个浙江籍买办。在鸦片战争中，穆炳元受伤被俘，被英军征集到一艘舰艇上做仆役。他聪明灵活，在英军的地盘掌握了一些日常英语，还学到了英国人的一些贸易技巧。后来，英方常让他担任翻译，对他信任有加。在英军进驻上海之后，对华贸易越来越多，穆炳元既熟悉国情又懂英语，自然而然地发展成为职业买办。

除以上这些有名的大买办外，外国人商行中还有很多宁波人当学徒和跑街，积累商业知识。据《老上海的同乡团体》记载，"各洋行及西人机关中之充任大写、小写、翻译、跑街亦实繁有徒"[1]。《定海县志》也有记载，当时"充任各洋行之买办所谓康白度者，当以邑人

[1] 郭绪印. 老上海的同乡团体 [M]. 上海：文汇出版社，2002：484.

为首屈一指"[1]。穆炳元（宁波定海人）不仅自己会说英语，而且还广收宁波人做学徒，教会他们商业规则以及如何和外商做生意。众多宁波人充当买办，为宁波人同外商广泛建立经贸联系提供了方便，也为宁波人拓展海外业务提供了条件。

类似叶澄衷、朱佩珍、虞洽卿式的通过与外商开展商贸往来致富的宁波商人不胜枚举，而洋泾浜英语则是他们的制胜武器之一。他们在成为巨商的同时，也推动了江浙沪地区的经济发展和近代化进程。据查，20世纪之前出生的宁波帮著名人物，除了刘鸿生在圣约翰大学学过一年外，没有一个受过中等以上教育；20世纪20年代之前出生的宁波帮中，也只有李达三、金如新等极少数从圣约翰、沪江等大学毕业，其余均靠自学或在同乡会、基督教青年会办的夜校学习英语。[2]因此，宁波帮主要是靠《英话注解》洋泾浜英语文本进行英语学习是很有理据的。对于当时未受过良好教育的宁波帮商人来说，用于贸易和外国人打交道的最有利有效的途径就是洋泾浜英语。

二、《英话注解》的门类与商帮文化

海洋文化与商帮文化紧密相连，休戚相关。如本章第一节介绍的，洋泾浜英语是西方海洋文明入侵中国之时，为了中外贸易的顺利进行，民间自发产生的中西混合语。《英话注解》产生的目的是商用，所以文本的分类、词汇和短句都和商贸有关。39个门类涉及贸易的方方面面：财务结算（银数目门、账房门、洋数目门、秤尺什件门）、进出口贸易（税捐门、进口货门、出口货门）、贸易运输（船车门）、贸易商品（衣服门、五谷门）、商贸职业（师友门、工匠门）。各门类又包含了大量涉及产品名称、交易方式、产品属性、运输、价格、支付等与商贸内容和日常交流内容紧密相关的词汇和口语短句。表4-4主要通过二字语门至五字语门中的例词和短语来探究《英话注解》中的商帮文化。由于篇幅

---

〔1〕 陈训正，马瀛. 民国定海县志·方俗 [G] //中国地方志集成（38）. 上海：上海书店出版社，1993.

〔2〕 王耀成. 石库门的主人：一个商帮的文化背影 [M]. 北京：作家出版社，2005：69.

关系，表中内容主要截取了所选门类的 10 个词条或短语，以点及面，反映当时的贸易交流状况和交流内容，主要涉及店铺，牌子，装货，货物的内容、品种、好坏、价格、行情、保险、称重、款式，以及具体的交流用语，包括如何购货、售货，如何讨价还价的一些日常口语用语。当时的商贸状态即栩栩如生，跃然纸上。

表 4-4 《英话注解》（1865）二字语门至五字语门中的贸易相关例词和短语

序号	二字语门 P60—68	三字语门 P69—73	四字语门 P74—82	五字语门 P83—88
1	生意 trade 脱来脱	已买进。 Have buy. 哈夫、爿以	什么字号？ What chop? 划脱、鹊浦	长久不见你。 Long time no see you. 浪、坍姆、挪西尤
2	财主 rich man 而立处蛮	现银买。 Sell ready money. 衰而、而来兑麦南	什么牌子？ What mark? 划脱、买克	初次做生意。 First to do business. 否、司都、度别集纳司
3	上货 unloading cargo 恨罗亭卡个	什么货？ What cargo? 划脱、卡个	不要陈货。 No want old cargo. 挪王脱、倭而脱、卡个	我货在栈房。 My cargo at godown. 买以、卡个、押脱、果堂
4	拿货 bring cargo 别令卡个	货换货。 Cargo change cargo. 卡个、川治、卡个	我要此货。 I want this cargo. 唵以、王脱、笛司卡个	几时货下船？ What time cargo down ships? 划坍姆、卡个、堂失浦
5	粗货 coarse cargo 考司卡个	好样式。 Good fashion. 果脱反申	货真价实。 Cargo true price true. 卡个托罗、泼癫司、托罗	起货拿了去。 Landing cargo bring away. 蓝亭、卡个别令、爱回
6	细货 fine cargo 反音、卡个	保洋险。 Insure danger. 音沙、淡轴	几时银期？ What time money date? 划坍姆、麦南、兑脱	你要新丝否？ Do you want new silk? 度尤、王脱、牛、昔而蛤
7	割价 cut price 割的泼癫司	无面孔。 No face, lose face. 挪、啡司 路司、啡司	什么颜色？ What color? 划脱、揩辣	我现在不要。 Just now no want. 者司、脑挪、王脱
8	赚钱 get cash 蛤的开输	好机会。 Good opportunity. 果脱恶巴祖业的	不论多少。 No matter how much. 挪、蔑偷、好买处	是顶好的货。 Is very good cargo. 一司、物立果脱、卡个

续　表

序号	二字语门 P60—68	三字语门 P69—73	四字语门 P74—82	五字语门 P83—88
9	太贵。 Too dear. 都笛爷	我实价。 My true price. 买以托罗泼癫司	我说实价。 I talk true price. 唵以、他克、托罗、泼癫司	此货真便宜。 This cargo very cheap. 笛司、卡个、物立、起泼
10	太贱。 Too cheap. 都起泼	要过磅。 Want make weigh. 王脱、美克、回	费钱多少? How much expense? 好、买处、爱克司本司	不可割行情。 No can cutting price. 挪嵌、克丁、泼癫司

注：宁波话注音部分，根据《英话注解》凡例所述，顿号出现要断音，小字须轻读。

　　除表 4-4 所列的部分词条和短语，细细阅读《英话注解》（1865）各语门中的词条和句子，我们还可从中窥见当时商贸的一些重要细节。

　　第一，当时的进出口货物名录。从本章第一节的表 4-1 可见，《英话注解》中所列的进口货物词条共 139 个，出口货物词条共 71 个，也就是说《英话注解》中罗列了 139 种进口货物和 71 种出口货物。我们可列举其中的部分词汇或货物，如进口货门中就有象牙、玻璃、胡椒、红木、鲨鱼皮、帆布、印花布、西洋参、东洋参等；出口货门中有红茶、绿茶、白毫、湖丝、青碗、硃砂、蚕子、土茯苓等等。当时进出口的货物类别和细目在《英话注解》中具体而生动。

　　第二，当时交易的热门货物。一些热门货物词汇表达除在进出口货物中有体现，在三字语门至长句语门中也更是有所体现，如茶叶，相关表达就有茶走味（P70）、茶走火（P70）、要焙过（P70）、此茶不要（P77）、此茶无味（P77）、这茶叶换布（P84）、明日茶过磅（P86）等；如丝绸，相关表达就有你要新丝否（P84）、这个丝不好（P84）、我这样丝最多（P90）等。可见茶叶和丝绸在当时货物交易中是热销的大宗商品，很受外国人欢迎。

　　第三，商人利义并重的品质。除了分门别类的词汇汇总外，在一字语门至长句语门中还有一些生意经的传授，从中可领会当时商人的商业道德、正直品质和他们恪守的"诚信为本，义中求利"的经营之道，以及他们对于信誉的重视。如货真价实（P75）、我说实价（P75）、我肯吃亏（P76）、彼此相让（P78）、也要勤慎（P80）、也要体面（P80）、不可误事（P80）、不可骗人（P80）、不可欺人（P80）、说一是一

（P80）、信实的朋友（P88）、失信的朋友（P88）等。

第四，当时社会银贵钱贱的经济现象。持续半个世纪以上的罪恶的鸦片贸易给中国带来了深重的灾难，造成了中国白银大量外流。所以，五口通商期间，中国的白银严重缺乏，突出表现就是商人喜欢用银子来作为商贸媒介的手段或者是以货换货，而不是用现钱来进行交易。《英话注解》中相关的词汇表达就有现银买（P69）、货换货（P69）、银子要付我（P85）、无现银不卖（P86）、几时还我银（P86）、你货或者要换货亦可（P90）、今日可有银子（P92）等。

第五，当时的商务英语和对话已具雏形。《英话注解》中有很多与价格和算价有关的词汇，如讲价、市价、涨价、跌价、实价、无价、平价、加价、基价、估价（以上出自《英话注解》二字语门 P61），加倍算、二分息（以上出自《英话注解》三字语门 P70）等等。与商务英语对话相关的短语则有：没有新货到（P85）、几时可清付（P86）、后首再交易（P86）、如货不对样（P86）、可否退还我（P86）、你要贱向别人去买（P90）、别人要买我不肯（P90）、你拿货先付我（P91）、还有什么新货否（P91）、你货与我看一看（P91）、如今你栈中有什么货（P91）等等，商业气息极其浓厚。尽管《英话注解》中所列词条的前后句并没有明显的上下句逻辑关系，但是商务英语口语常用句型已初具规模，并且商务英语对话模式已具雏形。

从《英话注解》的各项词条和短句可以强烈地感受到五口通商后，中国沿海城市与远道而来的外国商船之间的交往与贸易。商人们通过学习洋泾浜英语，在十里洋场直接与洋商打交道。宁波人是上海开埠后，最早到上海的，也是数量最多的移民。他们聪明能干，吃苦耐劳，而洋泾浜英语自然为他们在商场获得了更多的生意机会。很多宁波帮商人都是靠"洋泾浜英语"起家，慢慢完成资本的原始积累和从事对外贸易的知识积累，从而为宁波帮的崛起奠定了基础和条件。《英话注解》专门用宁波话注音，宁波帮商人自然是它的最大读者群和受益者。毋庸置疑，宁波商人创造了洋泾浜英语，洋泾浜英语的产生和使用促进了宁波商帮文化的发展，推动了宁波帮的产生、发展和壮大。中外贸易之际，商人们也把中国的一些传统海洋文化和价值观念通过商贸交易进行了传承，同时部分地传播到了西方。

三、宁波商帮文化特征

《英话注解》中的词汇和句子部分地反映了宁波商人或是当时在上海经商的宁波通事及买办的商业道德、正直品质和经营之道。除了分门别类的词汇汇总外，在一字语门至长句语门中还有一些生意经的传授，从中可领会当时商人的商业道德、正直品质和他们恪守的"诚信为本，义中求利"的经营之道，以及他们对于信誉的重视。如货真价实（P75）、我说实价（P75）、我肯吃亏（P76）、彼此相让（P78）、也要省俭（P79）、也要老实（P79）、也要认真（P79）、也要勤慎（P80）、也要体面（P80）、不可误事（P80）、不可骗人（P80）、不可欺人（P80）、说一是一（P80）、信实的朋友（P88）、失信的朋友（P88）、行善能致富贵易（P92）等（例词均源自《英话注解》1865年版）。

本部分将着重探究宁波商帮的精神和商帮文化特征，及他们在上海立足并成为大买办的本质所在。宁波商帮，指宁波市（旧宁波府所辖鄞县、镇海县、慈溪县、奉化县、象山县、定海县六县）在外经营商贸的商人集团，是近代中国十大商帮中的后起之秀。宁波优越的地理位置、便利的海陆交通，以及自新石器时代就已形成的经商传统、浙东学派在思想和文化观念上的影响，这些有利条件造就了宁波特有的海洋文化特色和宁波商帮文化。关于宁波商帮文化特征的研究，已有很多著述，如顾海兵、余翔、嵇俊杰的《宁波帮的发展及宁波人文特点研究》把宁波帮人文内涵诠释为黏性、搏争、仁厚、务实[1]，李雪阳的《海商文化、海商精神与宁波城市发展》则把宁波海商精神总结为明智求新、明利重商、明勇至信、明义兼济[2]，戴光中在《宁波帮与海洋文化》中则将宁波帮的海洋文化特点总结为四海为家、敢于弄潮、风雨同舟和守信如潮[3]。以下笔者将基于前贤，突出要点，将宁波商帮的文化特征加以复述。

〔1〕 顾海兵，余翔，嵇俊杰. 宁波帮的发展及宁波人文特点研究 [J]. 宁波职业技术学院学报，2008（1）：43.

〔2〕 李雪阳. 海商文化、海商精神与宁波城市发展 [J]. 浙江海洋学院学报（人文科学版），2015（4）：26-27.

〔3〕 戴光中. 宁波帮与海洋文化 [J]. 宁波大学学报（人文版），2007（5）：31-34.

1. 创新开放

创新开放主要反映在宁波人不故步自封、墨守成规，而是开拓创新，睿智进取。宁波商帮积极参与了近代中外重大的经济活动和晚清的洋务新政。以上海为例，19 世纪中叶以后，宁波人参与的经济领域包括五金百货、机器制造、电信、航运、纺织、金融，乃至城市公用事业和房地产等。宁波商帮经营这些行业，不但在上海设立行号，而且在其他城市设立分号，不少人成为某一行业的巨头或者是大股东。[1] 清末，很多宁波巨商成了上海的风云人物。近代宁波商人善于开拓市场，占领市场。上海的很多第一都是宁波人创造的，如第一家银行、第一家证券交易所、第一家绸布店、第一家五金店、第一家印刷厂、第一家化学制品厂等。中国经济史上的很多第一也是宁波人创造的，如严信厚、朱葆三、叶澄衷等人参与创办的中国第一家华人自办银行——中国通商银行，王启宇创办的中国第一家民族机器印染企业——达丰染织厂，方液仙创办的中国第一家日用化学品制造厂——中国化学工业社，等等。同时，在江浙沪地区，宁波商帮首先用宁波话来标注英语发音，出版了《英话注解》。正是这种善于抓住历史机遇的能力和敏锐的商业嗅觉，使宁波帮拓展创新，并在中国近代化的过程中发挥了重要的作用。宁波人开放创新的精神也可从各地方志寻得。《鄞县通志》写道："甬俗轻，夙称善商，行贩坐贾，遍于海内。"[2] 《定海县志》称："国内北至蒙古，南至粤桂，西至巴蜀；国外日本、南洋，以及欧美，几无不有邑足迹。"[3] 宁波商帮的活动地域在海外分布甚广。《慈溪县志》称，邑人"四出营生，商旅遍于天下"[4]。19 世纪末一批宁波商人闯荡海外，开拓市场，依靠智慧和勤劳，在日本和南洋等创造了不凡业绩。

---

〔1〕 谢俊美. 西方开埠宁波的历史回顾和宁波帮的形成 [J]. 华东师范大学学报（哲学社会科学版），2005（1）：11.

〔2〕 陈训正，马瀛. 民国鄞县通志·食货志丁编 [G] //中国地方志集成（17）. 上海：上海书店出版社，1993：966.

〔3〕 陈训正，马瀛. 民国定海县志·方俗 [G] //中国地方志集成（38）. 上海：上海书店出版社，1993：588.

〔4〕 杨泰亨，冯可镛. 光绪慈溪县志·风俗 [G] //中国地方志集成（36）. 上海：上海书店出版社，1993：237.

2. 义利并重

义利并重在《英话注解》中就已有了很好的表述和体现，如总要公道（P78）、彼此相让（P78）、请你商量（P78）、不可骗人（P80）、不可欺人（P80）等。"利"反映在宁波人正确认识利的价值。宁波人明利，主张通过诚实劳动追求利益最大化。历史上著名的浙东学派，开风气之先提出"义利并重""工商皆本"等"治生思想"。"利"要通过贸易实现，因此宁波人通过海上贸易创造了悠久的海商文化。吴光曾将浙江人文精神概括为五点：一是"天人合一、万物一体"的整体和谐精神；二是"实事求是、破除迷信"的批判求实精神；三是"经世致用"的实学精神；四是"工商为本"的人文精神；五是"教育优先、人才第一"的文化精神。其中，特别提到"经世致用"和"工商为本"。这些认识是宁波人"明利重商"思想生成的丰厚土壤。"义"反映在宁波人奉行"重然诺、尚信义"的诚信原则。对于诚信，浙东学派著名代表人物、"心学"集大成者王阳明就提出"致良知"论，主张在心上下功夫，正心、诚意把良知推而广之。他指出："道心者，率性之谓，而未杂于人。无声无臭，至微而显，诚之源也。"[1] 受此影响的宁波人秉承"非诚信不得食于贾"的古训，在沪上经营钱庄业、民信业时注重诚实经营，以信义为本。

3. 冒险开拓

勇敢冒险的精神是一种海商精神。大海变幻莫测、吉凶难卜，对于向海而生的人，做大事，一定要敢于冒大险。民谣说："三寸板内是娘房，三寸板外见阎王。"大海被人们视为畏途，如平安无事则可发财致富，一遇风浪或海盗则倾家荡产，性命难保。凭借智慧和勇气，宁波商人履险不惊。早在秦代以前，宁波近海岛屿上已有鱼贩盐商。唐宋时期，宁波商船远航海外。北宋，开往南亚、中东、非洲以及日本、高丽的商船也大多从明州出发。南宋时期，明州是"市廛所会、万商之渊"。但是明朝厉行海禁，宁波商人为了寻找商业资本的出路，走私海上贸易。清康熙开放海禁，宁波商船驶往南洋群岛等地经商。宁波商人还经

---

〔1〕 王阳明. 王阳明全集［M］. 上海：上海古籍出版社，1992：256.

营沿海埠际贩运贸易，每年来往海船有 1000 多艘。在 19 世纪末和 20 世纪 40 年代，宁波商人经历了两次风险较大的大规模海外创业。他们从下层劳动者做起，慢慢创业，开拓发展。如慈溪的吴锦堂，1882 年在上海一烛店当佣工，1885 年东渡日本经商并成为巨商。在上海经商的王宽诚（鄞县人），1947 年迁居香港，当时香港社会经济萧条衰落，不少人离港而去，王宽诚则目光敏锐，果断地把资金投向房地产，并创办维大洋行等数十家企业，经营地产、建筑、船务、国际贸易等等，获得了成功。

4. 同舟共济

"济"反映在宁波人团结互助、济危扶困。宁波人所到之处，必集合同乡，组织帮口会社，以谋互助发展。和衷共济使宁波商帮在激烈的商业竞争中得以立足和发展。如宁波帮的很多买办都是互相举荐担保，重视乡情和团体的力量。朱葆三举荐宁波商人为买办，所以朱葆三又被称为买办中的买办，并且朱葆三还为很多宁波帮商人做担保，互担风险，保障宁波商帮的信誉。在某个商帮成员遇到困难的时候，其他的人一定会通过各种方式施以援手。市场竞争的残酷和当时政治、社会环境的恶劣，使这种共同竞争意识显得尤为重要，宁波帮内部所具有的巨大的团体力量和强烈的互助精神，在联合对外竞争、保障企业发展的过程中起了很大的作用。他们通过组织各种不同形式的同乡会、行业联合协会，保障各个企业的发展，分化经营风险。上海开埠后，大批宁波人涌入，许多人是通过"四明公所"找到工作的，同乡会组织成为宁波人进入上海商界的一个主要途径。宁波旅沪同乡会对团结同乡、协调商务、共同对外进行商业竞争，起了很大的作用。一遇风险则风雨同舟、和衷共济是宁波商帮的文化特征之一。民国《鄞县通志》也提到，市人"团结自治之力，素著闻于寰宇"。

四、小结

本节主要对《英话注解》文本词条中体现的商帮文化进行了解析。《英话注解》整本主要为商贸用语，编纂者也是宁波商人，商业文化特色明显。《英话注解》促进了宁波商人与外商的贸易，对于宁波商帮以及宁波商帮巨子的形成起了很好的助推作用。通过对《英话注解》门类和词条的分析，可见当时进出口贸易的主要货物内容、品种、价格、行情、称重等的一些英语表达方式，可见当时商务英语口语的发展情况和当时社会的中外贸易状况以及宁波商帮的一些特点。本节最后部分内容则基于前贤的研究，对宁波商帮的文化特征进行了简述，希望能借此加深读者对宁波帮和宁波帮精神的了解。

第四节　跨文化交际特色

跨文化交际（cross-cultural communication 或 inter-cultural communication）指本族语者与非本族语者之间的交际，也指任何在语言和文化背景方面有差异的人们之间的交际。每个群体或民族都有其特定的文化，都有其为人处世和解决问题的惯有方式，这些方式是该群体成员的共同特征，是区别于其他群体的标志。人们的思想道德、信仰、价值观、思维方式和行为模式，无不受其所处文化的影响和制约。而当人们身处异族文化环境中或与异族文化背景的人们交往时，本族文化刻在他们思想、行为上的烙印就会凸现，并成为跨文化交际中的主要障碍。很多情况下，文化的差异会直接导致跨文化交际受阻或失败。在中西跨文化交际之初，语言文化等首次直面碰撞，在交流中有着很多的问题和阻滞。以《英话注解》为代表的洋泾浜英语的出现是中西跨文化交际中直面语言交流问题的一种解决途径。这种解决方式是在不了解西方语言文化的基础上，为了交流的进行而"生硬"地形成的一种解决方式，但却在一定程度上体现了早期跨文化交际意识的萌芽。

一、近代中西交流与洋泾浜英语

文化的形成和发展不是孤立和封闭的，而是在不断的经济交流、贸易往来、文化科技交流，甚至是战争中取长补短，向更高的文化层次发展。自秦汉以来，中国和外来文化之间的接触交流一直没有间断过。鸦片战争前，中国文化是强势文化，跨文化交际中以中国文化输出为主，外来文化输入极为有限，而且很快被本地文化所同化。到了清代，由于封建制度的桎梏，加上文化上的妄自尊大和对西方科技文化采取抵制态度，中国没有及时与西方新发展起来的科技文化进行有益的交流，中国文化渐趋落后。尤其是鸦片战争后，西方文化的强烈冲击使得中国文化在近代发展和科技面前呈现弱势姿态，在跨文化交际中以输入西方文化为主。《英话注解》是西方文化输入过程中，文化在语言方面的一种呈现。语言和文化的关系最为密切。当两种全然不同的文化相遇时，首先发生语言文字上的同化过程。反过来说，任何形式的中西交往都是以语言文字沟通为前提，而中西语言文字上和文化心理上的巨大差异和隔阂必然导致中西交往的曲解和误会。

从跨文化交际的角度来说，在跨文化的情景下，交际双方会受到两种不同文化的刺激，一种是自己的本族文化，另一种则是交际方所处的异族文化。由于文化的不同，交际双方的思想、价值观、思维方式、行为准则以及认知图式都有所不同，因此常会出现认知偏差，无法实现双方传递的信息与理解力对等，最终导致跨文化交际的失败。这种跨文化障碍的出现是双方的认知系统中处于弱势的文化与处于强势的文化之间不对等抗衡的结果。在跨文化交际过程中，强势一方往往习惯于或不自觉地用本族文化去衡量、要求，甚至是批判相对弱势的异族文化，导致后者处于不利地位，从而影响双方对异族文化的正确认识和理解[1]。近代中西方交往之初，西方人一开始便以"民族中心主义"的傲慢和殖民主义的手段来看待和对付中国；而中国长期的闭关锁国使得本来就自视清高的中华帝国也极为鄙视"番鬼""番话"及相关文化，上至王公大臣下至乡绅百姓起初都瞧不起西洋人及其文化，于是自觉不自觉地曲解或误会西文和西学。所以，近代中西文化交流之初，中西跨文化交际存在着极大的阻碍。

1840 年前后至 1919 年间，是中国历史上国人与西方人真正有意识地相互接触和交流的时期，也是近代国人被迫睁眼看世界到主动向西方

---

〔1〕 邵萍，仲红实. 模因理论视角下的跨文化意识培养研究［J］. 山东社会科学，2012（6）：160-162.

讨教的时期。其间，英语作为国际语言起了举足轻重的作用。熊月之指出对待以英语为主的外语的态度，在一定程度上可以说是人们对西方文化态度的晴雨表。[1] 一般来说，具有跨文化敏感性和跨文化知识结构的人，其思想更为开放和灵活，对异质文化有着较好的接受能力和包容度，在跨文化交际中更善于观察和发现问题，并能够采取适应异质文化的方式来解决问题，从而使跨文化沟通和交际更为有效。在与西方人接触的过程中，江浙沪地区商人的意识和世界观念发生了从传统向近代的转变。19 世纪六七十年代，当绝大多数广东人和内地人叫西方人为"夷人"和"洋鬼子"，称西方人的居住之地为"夷场"时，唯独上海、宁波等江浙沪地区的妇孺老少称外人为"外国人"和"洋人"，称上海的租界为"沪北"和"十里洋场"，"瀛寰""万国""政府""公民"等成为非常活跃的近代字眼，用以代替"天下""王土""朝廷""臣民"等封建字眼。所以，19 世纪的中国江浙沪地区，特别是上海，是最早善意地接受和认可西方文化的地方。在西方文化和中国文化的不断影响下，无论是外侨还是华人，他们对文化冲突、融合问题采取的态度，在兼收并蓄之外，也接受文化混杂、似中似西、似古似今、似雅似俗、似新似旧、异类共存的局面。这也是江浙沪地区特别是上海、宁波等城市面对外来文化和语言的一种态度和所具有的跨文化交际的敏感性。江浙沪地区引领着当时的中国从一开始的抵制、蔑视西方文化到慢慢接受、学习西方文化，取其精华、弃其糟粕，这样一个文化接受的过程。

从语言的角度来说，与西方接触、沟通和通商的第一和必要的条件便是语言上的沟通。晚清时期，中西交往初始，在语言和文化的接触过程中，产生了洋泾浜英语和洋泾浜英语读本，洋泾浜英语是处在交际鸿沟（communication gap）两边的语言集团共同去弥合这一鸿沟而创造出来的特殊语言，是两种语言相互融合的产物。更确切地说，它是强势群体（外来西方人）的语言和从属群体（当地中国人）的语言相互融合的产物。洋泾浜英语读本如同一张灵敏的试纸，敏感鲜明地体现着近代中国文化和思想的变迁和结构，反映着清末民初人们思想的不

---

〔1〕 熊月之. 上海租界与文化融合 [J]. 学术月刊，2002 (5)：56-59.

断变化和语言文化面貌的改观。晚清时期的洋泾浜英语读本，从实用性的角度来说，目前已不再使用。但是从历史和文化的角度来说，却意义重大。透过这些读本，我们可以感受中西贸易和语言接触早期的文化和历史。字词的变化包含了非常丰富的文化历史内容。从这个意义上说，晚清洋泾浜英语读本不仅是一种学习英语的特殊方式，还参与了近代文化思想的演变过程，体现了最早期的跨文化交际形式和跨文化交际意识。

二、《英话注解》中跨文化交际意识的微现

语言是文化的载体，《英话注解》的文本内容也同样承载着一定的文化信息，体现着一定的跨文化交际意识。晚清早期以汉字标注英语发音的洋泾浜英语读本"以一种文化内交际的编码形式来表达文化间交往的信息内涵"[1]。读本包含了相当丰富的文化内容，反映了中西早期商贸语言接触和跨文化交际的历史。

受早期的社会、教育和文化等条件的限制，洋泾浜英语读本完全是汉化的读本，从语音、词汇到短句都是用汉语来标注，给英语学习完整又完全地套上了汉语的外套。《英话注解》的短语词汇发音全用汉语标注，主要是用宁波本地方言来标注，汉文化的强大现实语境，使得英语不得已为了存在而适应现实的语境。从中也体现了"中学为体""中体西用"和"以中制夷"的思想。当时的中国处于"睁眼看世界"的前期阶段，还处于"闭眼时期"，妄自尊大和唯我是尊的想法极为严重。在这样的文化状态下，尽管江浙沪沿海城市受西方文化冲击很大，但是跨文化交际还是被严重压制，西方文化的正统传播几乎不可能。《英话注解》文本词条中所传达的跨文化交际意识淡薄，有关文化的内容也相对较少。但从另一方面来讲，学习者从《英话注解》中所学英语虽仅是只言片语，是支离破碎的洋泾浜英语，但是通过学习《英话注解》，还是可以部分感受两种语言的差别。商人们通过学习到

---

〔1〕 邹振环. 19 世纪早期广州版商贸英语读本的编刊及其影响〔J〕. 学术研究，2006 (8)：93.

的洋泾浜英语和西方商人接触，在交流和贸易时所获得的经验，感受到的实际知识也有助于逐步了解西方的文化和商业、风俗和习惯等，从而形成正确的文化认识，促进贸易往来，使跨文化交际意识得以萌芽。

在《英话注解》开篇，有一篇"武林高阳不才子"所写的箴言。里面包含了一定的跨文化交际意识。具体内容如下（此部分内容也可参考引论的第一部分，为方便读者阅读，此处再作引用）：

> 是书之作，原为学习英话，与外国贸易之便，特以开导吾邑之后学也。切思洋商进出较大，入其门者，得亦易，失亦易，吾不敢谓读是书者尽皆得利也，亦不敢谓读是书者尽皆失利也。要之，眼界既宽，挥霍不免。我乡风气向崇节俭，恐一与洋商交易，顿易其节俭之操，饮食之旨甘，服御之华美，犹其小焉者也，甚且呼卢喝雉，一掷千金也。问柳评花，一笑千金也，始则夸长夜之欢，继遂擅专房之宠，初则不过倾囊之戏，终则赔荡产之悲。习俗移人，贤者所惑，况其下者乎？犹有甚者，莫如鸦片之害，吸之精神渐衰，志气旋颓，一日只为半日之人，无病常带有病之容，费虽有限，祸实无穷，全不思作客为商，父母倚间而望，妻子孤帏而守，背井离乡，所为何事。不在得意之时，成家立业，乃在失意之时徒然悔叹也哉。书成恐无以益后人，而反以误后人也，复志数言于篇末云。武林高阳不才子书。[1]

这篇箴言很有劝诫的意味。大概内容为学习英语能帮助商人在上海的洋场获得丰厚的利益。说明在当时的上海，一个熟练掌握英语知识的人可以容易地获得经济利益。英语水平对一个人的发展有着非常大的作用。箴言指出"入其门者，得亦易，失亦易"，"我乡风气向崇节俭，恐一与洋商交易，顿易其节俭之操"。指学习英语在帮助商人们得到经济利益的同时，也会使人失去节俭之风。然后段落的后半部分提出了一些

---

〔1〕 冯泽夫. 英话注解 ［M］. 守拙轩藏版重刻本，1865：5.

堕落风气。指出利益来得太快太容易，会使人堕落，陷入不堪之境。从中可见，当时社会对于学习洋泾浜英语以及和洋人做生意持有一定的想法和偏见。其实箴言通篇在劝诫人们，经商有钱后，不应做的一些事，要保持节俭之风、健康之气。可见彼时用洋泾浜英语与洋人通商在某种程度上被打上了"得钱过易，花钱无度"的标记。这也是晚清时期人们对于跨文化交际的一种粗浅片面的认识。从中也可以知道，晚清时期洋泾浜英语是经商挣钱必不可少的语言工具。这种工具在带给人们巨大利益的同时，对人们的生活风气和状态会造成一定的影响。《英话注解》中早期跨文化交际的意识的萌芽和发端隐约可见。

三、文化交流的双向性和跨文化交际意识的培养

　　成功的跨文化交际需要交际双方有一定的跨文化交际意识。跨文化交际意识是指交际方对与本族文化有差异或冲突的异族文化现象、社会礼仪、习惯风俗等有充分的认识，并以宽容的态度接受和适应，充分融入所处的异族社会文化中。可以说，对文化的学习和认知，有意识地培养跨文化意识，是跨文化交际的前提。无论是语言或是非语言的沟通形式，都是文化传播的工具。在跨文化交际中，人们对这些工具的驾驭无法做到与处在本族文化中的成员那样自如，因为参与交际的成员来自非同质的文化背景，这些文化又有着不同的深层结构，直接影响了成员间的信息交流和传递。在跨文化交际的过程中，只有对交际对象所处的异族文化有所感知和理解，才能够促成交际的实现，而在这个过程中，参与者的主动认知则起到重要的桥梁作用。为了在跨文化交际过程中避免由这种不对等关系造成的冲击和影响而引起的跨文化障碍，交际双方都须把视线和注意力更多地投向异族文化一方。

　　美国语言学家汉威（Hanvey）将跨文化意识分为四个层次。第一层次，认知者对异质文化中表面的明显文化特征有所感知，感觉奇特但不能理解；第二层次，认知者通过文化冲突的某些场合，了解到某些与本族文化明显不同而有意义的文化特征，但反应仍为不理解；第三层次，认知者通过理性分析，可以理解那些微妙而有意义的文化特征；第四层次，认知者通过深入体会目的语所处的异族文化，已能设身处地站

在对方立场来感受其文化，达到感其所感的理解。[1] 可以说，《英话注解》时代的中西跨文化交际意识是处于以上跨文化交际意识的第一和第二层次，也就是最初的层次，而第四层次是跨文化认知的最高层次，也是培养跨文化意识所要达到的目标。

文化交流是平等、双向的，在西方文化逐步传入中国的同时，中国的思想文化也在影响着西方。早期传入西方的中国文化主要是物态文化，比如丝绸、瓷器、漆器、茶叶、稻米及四大发明等。文化的交融与语言的借用是同步发生的。语言的交流和融合，一般都是与文化的交流和融合相伴随的，文化的差异及文明程度也影响着语言融合的方式和进程。文化输出的过程可以从语言中得到考证，如英语单词"tea"就取自中国福建厦门话"茶"的口音 [te]，后来演变成为"tea"。而西方也有很多词汇进入中国，如咖啡（coffee）、芝士（cheese）、色拉（salad）、摩登（modern）等等。同样，在文化词汇上，如 Taoism（道家思想）是从中国传入西方的，如果没有对中国道家文化的理解和背景知识，西方人是无法理解这一中国传统文化思想的；同样，Jesus（耶稣）是从西方传入中国的一位宗教人物，现在在中国耳熟能详，但是如果没有西方宗教思想的传入，我们也无法理解这一西方的宗教人物。跨文化交际是一种双向交流，跨文化交际承认文化间存在差异，因此不同文化群体的成员要更积极主动地寻找彼此的共性与个性。在此基础上，尊重差异、认识差异并进行适当的调适和变通，是跨文化交际顺利实现的基本要旨。

《英话注解》等洋泾浜英语及文本是为了满足中国人和外国人进行信息交流而产生的，而且这两个言语社团使用了全然不同的语言，文化背景方面也存在很大差异。所以，如前所述，跨文化交际初期，交际双方在语言文化上存在着很大的差异和交流问题，而且无法理解这些差异和问题的根源，存在着交流上的障碍。历史上，中国文化输出甚少，许多中国民间文化无法对外输出，导致外国人不了解中国文化。同时，因

---

〔1〕 HANVEY R G. Cross-Cultural Awareness［M］. //SMITH E C, LUCE L F. Toward Internationalism Reading in Cross-Cultural Communications. Mass.：Newbury House，1979：72-87.

为闭关锁国的原因，中国人对西方文化也知之甚少。这是桎梏早期文化双向交流的原因。同时，经济基础与语言文化也是息息相关的，经济基础在一定程度上决定语言文化的地位。经济实力的提升也会有利于语言文化的发展与向外传播。随着中国的对外开放，中国的经济、政治在国际上的影响力也逐步加强，中国的文化也在不断地输出到西方国家。在现今的中西文化交流中，我们要增强文化意识，丰富文化知识，培养文化比较能力，并意识到在跨文化交际中传播中国文化的重要性。在语言学习的同时，要培养文化意识和跨文化交际能力，达成有效的跨文化交际，让更多的外国人认识中国文化，理解中国文化，在世界范围内传播中国文化。

四、小结

本节主要对《英话注解》中体现的跨文化交际特色进行了阐析。主要从《英话注解》产生时中西文化交流的背景入手，对早期跨文化交际在语言上的体现加以分析。在中西跨文化交际之初，语言文化等首次直面碰撞，在交际中产生很多的问题和阻滞，以《英话注解》为代表的洋泾浜英语的出现是中西跨文化交际中解决语言交流问题的一种有效途径。其在解决语言交流问题的同时，也在一定程度上体现了早期跨文化交际意识的萌芽。洋泾浜英语盛行的江浙沪地区是中国最早积极正面地接受西方语言文化的地区，走在了中西文化交流的前列。文化的交流是双向的，在跨文化交际过程中，不同的文化群体要积极主动地寻找彼此的共性与个性，尊重差异、认识差异并进行适当的调适和变通。

第五节　《英话注解》与 21 世纪
海上丝绸之路建设

在全球化语境下，研究中华传统海洋文化如何"走出去"，在世界范围内进行有效传播，继而重塑中国作为海洋强国的文化形象，意义非凡。当前，海洋文化研究在世界范围内被提上日程，研究海洋文化的传播与传承也意义重大。海洋在人类社会发展过程中具有非常重要的作用，是人类文明的发祥地。社会经济的发展使得陆地资源有限性的问题日趋严重，各国开始大力在海洋发展上寻求出路，海洋资源、海洋经济和海权的竞争日益激烈。21世纪是"海洋世纪"。2013年10月，习近平主席在访问印度尼西亚时提出了"一带一路"倡议。"21世纪海上丝绸之路"是"一带一路"的海上路段，东起亚太，西抵发达的欧洲经济圈，跨越亚非欧，横穿数十个国家，是世界上跨度最长的文化线路。在海上新丝路建设过程中，语言会是一个非常大的瓶颈。如何解决语言文化交流问题，是一个重大的现实问题。回看中国的近代发展史，当中国遭遇西方海洋文化入侵时，我国特别是江浙沪地区学习西方，变劣势为优势，创设了一条独特的发展路径：通过创造洋泾浜英语，变通别国语言，来实现发展和贸易。这条路径也为现阶段21世纪海上丝绸之路的建设和海洋文化"走出去"提供了一些启示。以史为镜，可以知兴替、明得失。本节将回看近代史上中国洋泾浜英语的产生与功用，以《英话注解》为例，对中外贸易中的洋泾浜语进行分析，探究洋泾浜语言的魅力和作用，体味其中的海洋文化和商帮文化，以及它们在促进近代化发展、经济发展和海洋文化发展中的作用，以期为21世纪海上丝绸之路建设提供借鉴。

一、西方海洋文明的侵略和贸易本质

西方海洋文明的本质为海外贸易和侵略扩张。在西方，海洋文化的发源地是希腊。这是由于希腊为半岛国家，岛屿分散，农业落后，土地贫瘠，自然条件恶劣，一些重要必需品依赖于进口。但希腊海岸线很长，海岛密布，多良港，在陆地交通极其困难的情况下，海洋成为主要运输线。这些因素综合起来就推动了希腊海洋文化的形成、发展和繁荣。海上联系是海洋文化发展的基础条件。希腊所在的地中海是欧洲海洋文化的最早发源地，其是处于欧、亚、非大陆之间的陆间海，陆海交错、港湾纵横，再加上直布罗陀海峡将地中海与大西洋相隔，使大西洋汹涌的波涛无法传递过来，因此地中海海面大多是波平浪静，为地中海人从事海上商贸活动创造了极其有利的地理条件。在这种条件下，地中海人的航海业和海上贸易十分发达，而且形成了一种向外拓展的文化类型。地中海是人类海洋文明的摇篮。[1] 从某种程度上说，古希腊文明史就是一部浓缩的西方文明史。从西方各国后来在亚、非、美洲的劫掠可知，吸收古希腊文明精华的西方文明，也一样保留着海盗民族的文明基因。希腊人的海盗传统，催生出西方人骨子深处的海盗精神。人类最初的海洋文明就是通过这种劫掠和贸易的方式建立起来的。西方海洋文明的开放性决定其本质是海上扩张和海外贸易。16世纪新航路开通后，西方资本主义国家把对外贸易的触角延伸至东方，导致了中国历史上的鸦片战争，清政府被迫签订了《中英南京条约》，使宁波和上海等沿海城市被纳入西方海洋文明的势力范围。由于中外贸易的需要，一种特殊语言——《英话注解》式的洋泾浜英语被创造出来，这种由中国人发明出来的，以汉英两种语言为基础，极不标准但又为双方所明白的"混合语言"，成为近代中国商人、通事等与外国人沟通的重要媒介，为我国特别是江浙沪地区的近代化发展立下汗马功劳。

二、中西海上贸易的媒介

中国洋泾浜英语是指约1720年至1950年，汉语与外语接触过程中形成的以汉语和英语为主要来源的有限混合口语，也称别琴、番话等。是西方海洋文明入侵中国，对外贸易发展过程中出现的一种语言现象，在近代中西贸易沟通中发挥过重要作用。它的出现与17世纪后期资本主义国家对外贸易触角不断延伸和殖民主义扩张紧密相连。中国洋泾浜英语包括广东英语和上海洋泾浜英语。因为葡萄牙人比英国人早到中国近百年，因此在产生洋泾浜英语以前就有了洋泾浜葡萄牙语（澳门葡语）。鸦片战争后，广州逐渐取代香港成为国际大商港，广东英语取代了洋泾浜葡语，广东英语是中国洋泾浜英语的雏形，也可称为广东洋泾浜英语。1842年8月，《中英南京条约》签订，中国开放广州、厦门、宁波、上海、福州五处为通商口岸。1843年，上海开埠。上海凭借其

---

〔1〕刘家沂，肖献献. 中西方海洋文化比较［J］. 浙江海洋学院学报（人文科学版），2012（5）：1-6.

诸多优势，在对外贸易中的地位很快超过了广州。西洋人将其视为"冒险家的乐园"，原开设在广州、香港、澳门、南洋等地的洋行，以及在本土的外国公司纷纷转迁上海或在上海设立分支机构。上海逐渐取代广州成为远东著名的国际大城市。上海洋泾浜英语成为主导。所以，中国洋泾浜英语的摇篮是广州，但其充分发展并达到鼎盛时期却是在上海。洋泾浜英语的最大特点是它具有非规范性和混合性，与混合性相伴相生的是它的地区性。洋泾浜英语主要在近代通商口岸城市流行，因此染上了不同的方言特色，呈现不同的种类。但是它们的共通点就是在沿海开放城市，即海洋文化相对发达的粤闽吴地区，主要用于贸易中的语言文化交流。由于交流的最主要需求出自贸易，所以洋泾浜语多半是贸易语言。语言特点则一般采用中英文对照及方言汉字注音的形式，语序以汉语语法为基础，语句以单词组合为特点，发音以方言为主。

以宁波话标注英语发音的《英话注解》标志着上海洋泾浜英语的诞生。[1] 关于《英话注解》的简介，以及其与海洋文化、商帮文化和跨文化交际之间的关系，本章的前三节以 1865 年版《英话注解》为语料，对中外贸易中的洋泾浜英语进行了分析，从中可以感受洋泾浜英语中体现的中华传统海洋文化和海洋文化中体现的商帮文化，感受洋泾浜语言的魅力和作用以及其在促进近代化发展和现代海洋文化发展中的地位。具体可参考本章第一、二节，本节不再赘述。

三、洋泾浜英语推动了江浙沪乃至中国的近代化发展进程

中西经济与贸易的交往，不可避免地带来中西语言文化的接触与交流、碰撞与融汇。在中西语言文化交流中，弱势的一方要向强势的一方学习，只有掌握了强势语言，才有可能去与强势语言文化的种族进行对话。洋泾浜英语是近代中国对外贸易的产物，也是西方殖民主义渗透中

---

〔1〕 吴义雄. "广州英语"与 19 世纪中叶以前的中西交往 [J]. 近代史研究，2001（3）：190-196.

国的副产品。它在晚清中国的兴起和传播对近代中西贸易、思想文化交流和我国近代化发展起了非常重要的作用。晚清时期，西学东渐势不可挡，面对西方强势经济、军事及文化的入侵，一些思维敏锐的中国人在与西方进行交流、贸易、外交等活动中认识到了语言学习对提高中国实力的重要性。这种对语言学习认识的敏锐性和开放性促成了洋泾浜英语的形成，同时推动了经济文化的发展和近代化的进程。而这种思想上的敏锐性和开放性以及对待西方文化开放积极的态度在江浙沪地区尤为突出。19世纪八九十年代，"当学习外语在北京等地还被士大夫普遍嗤之以鼻的时候，江浙沪地区，特别是上海，各类外语培训班已经多到可以与当铺相比，到19世纪末20世纪初，已经出现进外语学校要送钱开后门的状况"[1]。清末，上海的南京路上不少商店招牌都已用英文书写。想在上海租界谋一份差事必须会讲英语，懂英语的雇员还有专门的语言津贴，可见其受青睐的程度。

对于外国人来说，尽管他们的母语是英语，他们也不得不根据实际情况主动改变以适应这种语言。相比花费大量时间和精力学习正规的中文，他们更愿意快速熟悉这种杂交语言。洋泾浜英语的学习是双向的，不仅中国人要学，外国人也要学。如果只有中国人使用，而外国人一点儿也不会，那么洋泾浜英语就不复存在了。也正是这个缘故，外国人在中国居住，为了克服语言障碍，就必须过"洋泾浜英语关"。英美人到了广东、上海，要"从师"学上几个月"洋泾浜话"，才能与中国人"讲英语"。否则就无法在中国生活和做生意。但是，外国人对洋泾浜英语的印象很差，如德国传教士卫礼贤认为洋泾浜英语是恶俗俚语和汉语句法结合的一个可怕的畸形儿[2]。但是，洋泾浜英语的地位依旧，中外巨额贸易的十分之九，都是通过这"畸形"的洋泾浜英语去完成的，离了它，交流无法进行。虽说"洋泾浜英语"极不规范，具有非规范性、口语性、混合性和地方性的特点，甚至粗制滥造，但它在促成近代中国人认识、学习西方及西方语言，减少早期中外交流的语言文化障碍以及促进稍后的五口通商发展和繁荣，进而推动近代中国的近代化进程

---

〔1〕 熊月之. 上海租界与文化融合 [J]. 学术月刊，2002 (5)：57-58.

〔2〕 卫礼贤. 中国心灵 [M]. 王宇洁，等译. 北京：国际文化出版公司，1998：1.

等方面，起到了不可替代的作用。

洋泾浜英语的普及和使用对于正规英语在近代中国的普及以及中西交往的正规化也是功不可没。19世纪30年代至鸦片战争前后，西方传教士也在中国普及正规英语学习，在中国创办的西式学校主要有广州的贝满学校（Bridgman School）、澳门和香港的马礼逊学校（The Morrison School）和英华书院（The Anglo-Chinese College）、宁波的宁波女塾等。鸦片战争后，清政府连续在外交和军事上失利，逐渐意识到学习西方先进文化的必要性，因此，在1862年前后开办了京师同文馆、上海广方言馆和广州同文馆。这些正规学校的创立是对西方文明认识持续深化的过程和结果。可以说，这些新因素的产生很大程度上是洋泾浜英语推动的结果；反过来，这类新因素的产生与发展又促进了英语在晚清中国的传播，推动了社会的进步，加快了中国特别是江浙沪地区近代化的进程。两者的互动带来了深远的影响。

四、21世纪海上丝路语言文化发展路径探求

以下关于语言路径的探求不关注于语言平台建设、语言数据库资料及各类发音软件、翻译软件的开发设计、文化交流平台的建设等，而是聚焦于在中国传统海洋文化走出去的道路上，在海上丝绸之路的建设蓝图中，借鉴中国近代语言文化交流的部分经验和做法，通过商贸交往传播语言和文化，传播海洋文化和商帮文化，以史为鉴，寻求语言文化走出去的路径。从历史的分析回顾中，不同的学者可以得出不同的方法和建议，以下笔者主要提出两点建议。

1. 《英话注解》式洋泾浜语言的继续流行与使用

如前所述，洋泾浜英语在中西贸易初期对贸易的促进，对中国近代化的发展，以及对英语在中国的普及和流行都起着极大的促进作用。同时，也在无形中承袭和宣传了中国的语言文化。洋泾浜英语发展初期，《英话注解》式的洋泾浜语被认为是语言的畸形儿，是杂交的非正规语言，后期基本为正规英语所代替，但是其影响是深远的，部分洋泾浜英语词汇也进入了正规英语表达，如"Long time no see."。后期，学者

也有很多关于中国英语和中式英语的研究，如葛传椝[1]，李文中[2]，杜瑞清、姜亚军[3]等（可参考第五章）。从相关学者的定义可知，洋泾浜英语属于中式英语。虽然，在正规英语学习中，中式英语不合乎语法规则，所以不被提倡使用。但从其产生至现在，却从未消失殆尽。而且在充实英语词汇量的外来词汇中，中式英语还占有一席之地。据美国得克萨斯州全球语言监测机构（Global-Language Monitor，GLM）发布的报告，自 1994 年以来，国际英语增加的词汇中，中式英语贡献了 5%到 20%，超过任何其他来源。而现在，中国 2.5 亿名英语学习者，正在让国际英语经历前所未有的中式英语的冲击。英国《卫报》曾报道，美国社交类网站上甚至有"救救中式英语"小组，并吸引了 8000 多名成员，里面有超过 2500 条中式英语例子。GLM 认为中式英语的出现丰富了英语的词汇。《中国日报》2008 年 2 月 19 日的报道也称，中式英语为世界英语词汇加了道辛辣美味的料。根据 GLM 的数据，从 2005年开始，Chinglish 就被其评为影响全球的十大词语之一。GLM 认为，中式英语正在促使英语产生深刻的变革，大量的中文词汇进入英语，成为英语新词汇最主要的来源，比例可达 20%。[4] 他们每年都会评选出年度最受关注的中式英语，比如 2006 年最受欢迎的中式英语为"no noising"（别吵，正规英语表达为"quiet，please"）、"question authority"（问讯台，正规英语表达为"information booth"），2008 年为"deformed man toilet"（残疾人厕所，正规英语表达为"handi-capped restroom"）、"airline pulp"（航空餐，正规英语表达为"food served aboard airlines"）、"The slippery are very crafty"（小心路滑，正规英语表达为"slippery when wet"）。最后一句中文直译为"当心，滑溜的东西是非常诡计多端的"，意欲表达"小心地面潮湿"或"当心滑跤"。中文具有令人惊讶的复杂性和丰富性，其产生新词和接受外来新词的能力非常强，而中式英语是一种"可喜的混合体"或是"俏皮词"。中国文化的多元化特色，

〔1〕 葛传椝. 漫谈由汉译英问题 [J]. 翻译通讯，1980（2）.

〔2〕 李文中.《中国英语和中式英语》[J]. 外语教学与研究，1993（4）.

〔3〕 姜亚军，杜瑞清. 有关"中国英语"的问题 [J]. 外语教学，2003（1）.

〔4〕 No Zuo No Die：Giving Chinglish a Try [EB/OL].［2015-09-29］. http：//www. guideinchina. com/culture/detail/id/103. html.

使中式英语有机会进入所谓的标准英语,丰富英语词汇,同时让其他国家的人了解中国文化的特点。

从"畸形语言"到"可喜的混合体",洋泾浜英语在不同的时代和背景下,正慢慢为人们所容忍、接受和喜欢。今天的中式英语,已经不像逐字直接翻译的洋泾浜英文那么简单,合成的单词会衍生出一定的时代感,让人忍俊不禁,让人有所思,又传播了中国的文化、语言和中国式思维。笔者认为,在语言交流中,如果能顺利地实现交流目的,不同语言形式包括肢体语言皆不失为一种沟通方式。某种沟通方式用得多了,也自然而然地成为一种语言特色。就如鲁迅先生所言:世上本来就没有路,走的人多了,也就成了路。关于洋泾浜英语和中国英语的详细论述可参考第五章第三节。

2. 进一步扩大汉语的影响,提升汉语热

我国是一个有着五千年悠久历史的文明古国,汉语作为历史上最古老的语言之一,而且是现在唯一还在使用的古老语言,有着深厚的文化积淀。汉语正是以其独特的魅力成为了人类文明史上一颗璀璨的明珠。如今,中国在国际事务中扮演着越来越重要的角色。在国际交往中,汉语的国际地位也在日益提高,汉语成为联合国的六种工作语言之一,许多国家和地区的大学、中学都开设了汉语课。在世界的每一个角落,我们都能感受到汉语的气息。所以有人曾预言,21 世纪是中国人的世纪,是汉语的世纪。

中国人在学习英语的过程中,把中文的丰富性等特点结合到了英语学习上,形成了洋泾浜英语或是后洋泾浜英语。同时,随着中国经济的不断发展,国际地位的不断提高和对外交往的日益广泛,世界各国对汉语学习的需求也与日俱增。我们在积极主动接受外来文化、传播中国传统文化的同时,也要通过我们的本族语汉语来进一步加强与丝绸之路上各国和世界的联系,宣传中国文化。在现阶段全球化语境下,可借助"汉语热"这一有利形势,让文化以某种汉语语言形式为载体,在 21 世纪海上丝绸之路建设和传统海洋文化走出去的道路上发挥一定的作用,提升中国的国际影响力。

现今,当越来越多的中国人走出国门去留学时,也有越来越多的外

国人前来中国留学，他们对于汉语和中国文化充满了兴趣与好奇，有越来越多的外国人成了懂得中国文化和熟悉中国情况的中国通。在"21世纪海上丝绸之路"的带动下，海上丝绸之路沿线各国与中国的贸易交往和合作得到了更快速的发展，汉语学习在丝绸之路沿线正不断升温，汉语水平考试也吸引了越来越多的海外考生。"汉语热"直追"英语热"，成为继英语之后的第二大语言。我们可以通过多种策略在全球和海上丝绸之路推广汉语，宣传中国文化包括传统海洋文化，如开办孔子学院。截止到 2015 年年底，全球共有 134 个国家和地区建立了 500 所孔子学院和 1000 个孔子课堂（《人民日报》2015 年 12 月 7 日）。"一带一路"沿线覆盖数十个国家、10 亿多人口，分布着 131 所孔子学院和 119 个孔子课堂，孔子学院将在"一带一路"中扮演重要角色（《中国经济导报》2016 年 8 月 16 日）。类似"孔子学院"的语言发展策略应该成为推动各国交流、发展经济、弘扬中国文化的一种途径，让中外文明相融相生，互相促进，共同发展。

　　近代史上，在世界融合、冲突、发展的大潮面前，西方海洋文化主导天下，中国传统海洋文化处于弱势地位，沿海城市特别是江浙沪地区在逆境中求生存，摸索出适合自己的发展路径。在强势的西方海洋文化入侵中国时，通过创造洋泾浜英语，变通别国语言，来实现贸易和发展。语言是文化的载体，又是文化交流的桥梁，商人们在西方海洋文化强势入侵的形势下，对其不是消极抵制，而是抱着积极的态度，在变通中求发展，以语言为媒介，变被动为主动，变劣势为优势，将他国陌生语言融入本国熟悉语言，创造出一种混合语言，让英美人不得不接受和学习，从而达到图强的目的，且效果显著。中国的海洋文化至少可以上溯到七千年以前的河姆渡文化时期，在几千年的历史长河中，中国人创造了丰富灿烂的海洋文化，只是在近代，由于遭受西方海盗式、掠夺式、依靠洋枪洋炮殖民式海洋文化的袭击和重创，中国海洋文化才趋于衰落。在当今全球化语境下，如何在世界范围内重塑中国作为海洋强国的文化形象，让我国的传统海洋文化走出国门，进入英语世界，与西方海洋文化进行平等对话，值得我们深思。随着世界交流的拓展和中国综合国力的提高，洋泾浜英语（中式英语）也在被世界文化所接受，汉语正成为一种广受欢迎的国际化语言。我们可以某种语言形式为载体，将我国传统海洋文化推送出去，将中华民族文化瑰宝以英美人乐于接受的语言形式进行有效传播，从而顺利进入英语世界，并占有它们本应有的一席之位。这将是学术界一个亟待研究和突破的重要课题。

五、小结

本节主要根据《英话注解》出现的背景和作用，结合现今中国 21 世纪海上丝绸之路建设过程中存在的各国间语言学习和交流问题，一方面提出要鼓励民间自发的语言交流方式，要以积极的态度去面对非规范的语言交流，另一方面，希望通过《英话注解》式的洋泾浜英语来探究近代中国发展过程中，中西语言交流的独特发展路径：面对西方海洋文化的强势入侵，变劣势为优势，变被动为主动，通过创造洋泾浜英语，变通别国语言，从而实现贸易和发展。与此同时，我们也要发扬学习汉语的优势与汉语的特色，在中国与其他国家交流的同时，更多地宣传中国文化和文字，在贸易和交流中促成文化融合，使中国文化更好地走出去。

第六节　《英话注解》的文化模因

文化是一种社会和历史现象。文化是人与人之间相互维系的纽带。文化是一个动态的过程，而非一个静止的概念，具有差异性和不完整性，存在着嬗变。基于人类经验和知识的文化，不论是从历史发展的纵向角度看，还是从民族区域的横向角度看，都有着一脉相承的特征，如语言、宗教、传统习俗等。这种"一脉相承"的因子即模因。模因是一种可以复制和传播的信息单位，存在于文化的各个领域（宗教、法制、历史、艺术、饮食、科学、生活习惯、传统习俗等），对揭示文化的形成和进化具有积极的作用和意义。模因是文化的"基因"，是文化信息单位，通过模仿而传播，在文化传承中扮演着重要的角色。

一、文化模因

1976 年，道金斯提出与基因生存机制相仿的一种新的复制者——模因。为了更好地说明模因的存在及运行机制，他以类比的方式将基因与模因放在一起来讨论。基因的复制繁衍与模因的复制传承是两条并行线，两者的演化不存在任何因果关系。[1] 但不可否认，尽管在某些情况下基因与模因存在对立，但本质上两者是相互扶持的。模因是一种信息单位，不是生物因子；模因的传播是一种非遗传性质的传播，可在任何两个个体之间进行平行传播或多项传播，而基因是代与代之间的垂直传播。基因传播需要一代人的时间，模因传播只是瞬间的事，其传播力远胜于基因。模因既类似于生物基因，又不同于基因。模因既是信息的载体，又是行为的创造因素。模因从一个宿主过渡到另一个宿主，不断变化着形态，但始终保持其固有的性质或相同的模式。模因与模因之间相互支持，形成关系密切的模因集合即模因复合体。模因复合体有着巨大的威力，它能使某种思想在人的头脑中根深蒂固。模因在相互竞争中会得到重组或消失。按照布莱克摩尔的观点，人脑中有许多潜在的模因，每种模因都为抢夺在人脑中的复制机会而斗争，就像基因的遗传会受到自然选择而优胜劣汰一样，模因的复制与传播受到社会、文化、生活等多种因素的作用和影响，只有成功的模因才能获得不断被复制的机会，传播开来，成为强势模因，那些失败的模因则在文化进化中被淘汰而消失[2]。社会文化模因的传播也是一个进化的过程，有的持久，有的则稍纵即逝。关于模因论的概述可参考第二章第一节。

文化模因主要是指文化领域中人与人之间互相模仿而散播开来的思想或主意。文化模因在社会的发展过程中符合和顺应了该社会文化的需要和特点而成为该社会文化的"遗传基因"，为该社会文化所认同和接受。一种文化和理念之所以不同于其他文化和理念，是因为它具有独特

---

〔1〕 DAWKINS R. The Selfish Gene［M］. New York：OUP, 1976.

〔2〕 BLACKMORE S. Evolution and Memes：The Human Brain as a Selective Imitation Device［J］. Cybernetics and Systems, 2001：25.

的模因因子。当一种文化模因别具特点，在某个区域流行时，我们可以将其理解为某个地区特色文化的形成；当一种文化模因在全社会流行时，我们可以将其理解为民族文化特征的形成。而这种特色文化模因一般是在各类模因斗争中成功地获得更多的复制与传播机会的强势模因。强势文化模因在特定社会文化环境下形成，作为模因"更易于引起人们的注意，更真实地被人们记住，更易于被传递给别人"[1]，故能在一定的文化范围内优先得到发展并被传播。在文化传播过程中，有些文化模因尽管载体在变，但其文化内核却维持不变，如中国美食文化在传播过程中，形成了苏、鲁、粤、川四大菜系，口味各不相同，人称"东酸、西辣、南甜、北咸"，都是历经时间，沉淀下来的美食模因。而在南方的美食模因中，苏州菜和上海菜偏甜，宁波菜则是南方菜中的特例，以"咸鲜"出名。"咸"主要在于其"咸菜""臭冬瓜""咸鱼"等腌制食品，而"鲜"则主要源于东海海鲜。地方美食文化和区域美食文化，包括民族美食文化都是美食文化模因在长期的复制、传播过程中优胜劣汰、积淀下来的。文化模因的整体与部分之间呈立体交叉式的关系。从历史典籍中有关"莼鲈之思""鱼炙""吴羹"等菜肴的记载至现今热播的《舌尖上的中国》等，文化模因通过书籍、电视等不同载体对美食文化进行复制和传播。这种广泛传播的模因是一种强势的文化模因。其他商业文化模因、广告文化模因、服装文化模因或是审美标准模因、道德原则模因等文化模因也都在社会的发展过程中历经着时间的考验，进行着复制传播和发展。《英话注解》作为语言文化模因的一部分，也深刻体现、反映了当时的文化模因特色。

二、《英话注解》文化模因复合体

道金斯认为，任何一个事物要构成一种复制因子必须具备遗传、变异和选择三个特征。[2] 文化模因的遗传性指文化模因传播的过程就是

---

〔1〕 BLACKMORE S. Evolution and Memes：The Human Brain as a Selective Imitation Device〔J〕. Cybernetics and Systems，2001：25.

〔2〕 DAWKINS R. The Selfish Gene〔M〕. New York：OUP，1976.

其遗传的过程；文化模因的变异性指文化模因在传播过程中产生变异，在变异中得以发展；文化模因的选择性指文化模因的传播能力是不同的，在每种文化中，只有那些适应社会规范与文化环境的模因才得以成功地被横向、纵向、交叉传播。

《英话注解》中体现的文化模因同样遵从着遗传、变异、复制的过程。洋泾浜英语标音文化模因从 18 世纪初期产生到现在，时而强势，时而弱势，但是从未消失。这种标音文化模因在不同区域和不同时代产生了不同程度的变异，从广东英语发展到上海洋泾浜英语，再到中式英语和现当代的后洋泾浜英语，都是标音文化模因的遗传、变异和选择特征的体现，其在《英话注解》中也有着非常明确和强烈的表达。宁波商帮文化模因在模因长期的遗传、变异、选择过程中逐步沉淀，形成了一种地方文化特色模因。宁波的商帮文化主要产生于中西交往之初，宁波成为对外贸易的港口城市，与此同时，与商帮文化有关的人物、贸易、语言、生意经和商帮的精神等，随着时代、生活和贸易的进展，逐步形成特色。如《英话注解》文本中体现的商帮精神，经过长期的复制、变异和传播，最后形成了以创新开放、义利并重、冒险开拓、同舟共济为主要特色的宁波商帮文化模因。跨文化交际模因，在经过遗传、变异和选择后，发展更为成熟，更具当代特色。部分跨文化交际模因如"鄙视洋夷"模因也随着时代的进展，淡出历史舞台。然而，跨文化交际之初，通商口岸城市出现的对外来文化的"包容和亲和度"模因却随着跨文化交际模因的发展而历久弥新。现在上海、宁波等城市在中外交流中仍发挥着潮头兵的作用，遗传选择了跨文化交际初期对外来文化的"率先接受和认可"。《英话注解》中体现的海洋文化模因至今仍被复制、传播着。从河姆渡人最原始态的海洋捕捞，到唐宋时期声名远扬的"海上丝绸之路"，从郑和下西洋时的庞大船队，到世界第一跨海大桥杭州湾大桥的全线贯通，都充分展示了海洋文化模因在宁波的强大生命力。《英话注解》文本的相关词汇很好地传播、复制了 19 世纪中期宁波海洋文化的特色，同时相关的海洋文化模因至今仍在复制传播，为 21 世纪海上丝绸之路建设贡献着经验和智慧。

《英话注解》文化模因包含了标音文化模因、海洋文化模因、商帮文化模因和跨文化交际模因等，遗传、变异、选择着洋泾浜英语文本的文化模因，传播至今。有部分文化模因或者文化模因的部分已成为弱势或者消亡模因，而部分则仍为强势文化模因。这些文化模因复合体在社会的大环境中，纵横交叉传播，为中国文化的丰富和传承贡献着力量。

三、形成根源探析

传统意义上的文化烙印和文化典故，其实就是文化模因在人们头脑中的复制和传播。文化包罗万象，文化又一脉相承。社会文化世代相传，有时大同小异。文化模因在特定的范围内被不断复制和传播。文化模因的形成和传播涉及宿主（认识主体）、文化模因（客体）、语言文化接触和模因复制、传播或者定型的过程。文化模因的复制和传播过程可见图 4-2。在《英话注解》文化模因的形成过程中，首先宿主的语言思想和观念行为受到宿主本身行业、文化和态度的影响。语言文化的接触与融合相伴相生。在语言接触引起语言变化的同时，文化也随着语言接触发生着潜移默化的变化和作用，文化模因也同时形成并传播。在中西文化交流之初，双方文化存在着巨大的隔阂和差异，跨文化交际意识淡薄，跨文化交际也受到很大的阻滞，但是语言接触所带来的文化上的变化还是无法阻止地发生着。受到当时社会外部因素，如政治、经济和教育的影响，根据文化模因的传播复制时间以及语言接触时间和强度所带来的影响，《英话注解》文本的标音文化模因、海洋文化模因、商帮文化模因和跨文化交际模因等在各种模因的相互竞争中脱颖而出，在宿主头脑中复制传播、发展变异。我们可从模因论和语言接触的角度来理解《英话注解》文化模因的形成。这些以《英话注解》文本材料为载体体现出来的文化模因，有些至今仍为强势文化模因，如商帮文化模因。当宁波商人捐资助学、实业投资或者行善事时，人们就会自然而然地想到宁波帮和商帮精神。与"宁波帮"和"宁波商帮"相似的模因就会出现并复制传播。一个简单的模因，往往包含丰富的社会文化信息。每一个部分不同程度地代表了整体，而整体又折射出与它有关的各个方面。文化模因复制后，根植于宿主的大脑并进行重组，使人们在言行上有所表现。《英话注解》文化模因的形成与传播也可通过图 4-2 加以解释和表达。

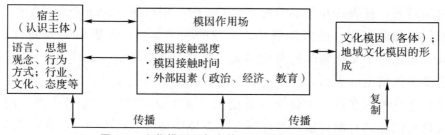

图 4-2　文化模因（复合体）的形成与传播过程

图 4-2 为文化模因（复合体）的形成与传播过程图，文化模因的形成与语言模因的形成基本一致，而且两者相互交融，无法分割。语言也是文化的载体之一。文化模因在形成过程中涉及主观因素和客观因素，主观因素主要为宿主的语言、思想、行为方式，包括宿主的社会地位、文化修养、行业职业、宗教信仰和对相关文化模因的选择和态度；客观因素包括模因作用场中的社会政治、经济、教育因素和语言文化模因的接触强度与接触时间等。主观因素和客观因素相互选择、相互作用，最后文化模因侵占宿主的大脑、进行传播复制，同时这些文化模因又通过模因作用场和宿主进行进一步的传播，感染更多的宿主，在传播复制过程中进行变异和遗传；经历时间的洗涤和宿主的选择，文化模因发生强弱的变化。《英话注解》的文化模因形成和传播过程亦是如此。

另外，从模因形成的微观角度来分析，以海利根提出的模因复制的生命周期——同化、记忆、表达和传播四个过程为基础，可将文化模因的形成划分为四个阶段，即意识唤起、保持、产出和文化融合。

意识唤起阶段——同化（assimilation）。同化是模因复制的前提，成功的模因必须能够感染宿主，以便进入人的记忆。在宿主与环境发生交互作用的过程中，信息以复制因子的形式出现，在一定条件下得到同化。首先，文化模因载体通过接触个体，或者个体通过外部观察，发现文化模因的存在；其次，文化模因必须受到个体的注意，被宿主理解和接受。《英话注解》语言文化模因在当时的社会环境和具体的语言使用过程中，因交际交流需要，引起了宿主注意，被宿主理解和接受后，用于当时的中西商贸文化交流。

文化保持阶段——记忆（retention）。模因在认知者的大脑里停留时间越长，被表达和传播的可能性就越大，记忆保留时间的长短要依赖模因的强弱程度，模因越强势、重复的频率越高，被保留的时间就越长。记忆对于文化模因的内化和提升有着重要作用，一个新的文化模因需要进入宿主的大脑，产生记忆才能成功地将其感染。《英话注解》的语言文化模因在宿主头脑中停留记忆，语言模因被宿主复制传播使用，文化模因随之复制传播，与此同时，在使用传播的过程中，文化模因的记忆得到强化，并传播到更多的宿主大脑中。

表达产出阶段——表达（expression）。模因生命周期中的表达指的是在与他人进行交流时，原宿主将模因从记忆储存模式中导出，使其成为被他人感知的形态的过程。文化模因产出最常见的表达方式是语言表达，其他方式还有肢体语言、行为方式、文本、图片等，这一阶段可称为表达产出阶段。在这一阶段中，使用者在较长时间模因记忆的基础上，通过进一步的学习和思考，已经了解到差异文化的特征和意义，并尝试将文化元素聚合后加以选择，把掌握的信息运用到实际的表达中。《英话注解》文化模因的载体即文本，其表达方式则为商人们所使用的文本中的一些商务英语表达和表达方式，以及运用这些语言表达所进行的中外商贸交流和商贸活动等。因当时的贸易所需，这些表达方式很好地传播了宿主记忆中的《英话注解》语言文化模因。

文化融合阶段——传播（transmission）。传播指模因借助一定的有形载体进行传播，这些有形载体需要具有很强的稳定性和广泛的传播性，才能防止信息的流失和变质。而有效传播的前提是正确的运用和表达，这一阶段则需要使用者深入体会文化模因，不但能够在文化交流中表达出交流者所能理解的信息，还能用恰当的方式表达并传播文化模因的正确信息。《英话注解》的文化模因从今天的视角来看，无论是其标音文化模因或是跨文化交际模因都存在着需要商榷的地方，但是在当时的社会环境下，《英话注解》语言文化模因很好地解决了中西文化交流中出现的语言问题和文化阻滞，对中西文化交流步入正轨起了一定的引领作用，其中部分文化模因也在社会发展过程中发生变异，部分已退出强势文化模因的行列。文化是一个包罗万象的概念，文化模因的同化和传播是一个动态的潜移默化的过程。

四、小结

本节主要对《英话注解》中所体现的文化特色从模因的角度来进行分析。分析《英话注解》文化模因，主要是标音文化模因、海洋文化模因、商帮文化模因和跨文化交际模因的形成过程和原因。结合第二章中阐析的语言接触理论和模因论，对文化模因的形成从宏观的角度和微观的角度加以解释，以更好地理解《英话注解》及其体现出来的文化模因因子。相关阐析对社会中存在的其他文化现象的理解也可起到一定的启发和解释作用。本研究提到的《英话注解》的文化模因在当代社会中还在传播和变异着。通过模因论，我们可对相关文化模因的遗传、复制和变异有更好的感受和理解，对《英话注解》文本有更为深入的了解和体味。

第五章 《英话注解》与中国英语学习

　　中国人是什么时候开始学习英语的？又是怎么学习英语的？这两个问题很少有人问津。在中西接触之始，两个不同国家的人，在语言完全不同的情况下，在没有任何正规教材的状况下，是如何进行沟通交流甚至贸易往来的？他们的语言学习方式有何特点，对后来的语言学习又有何影响？这些问题关乎语言学习的发端，但相关研究鲜见。本章将带着这些问题对《英话注解》及相关的早期英语读本进行解析。《英话注解》和一些早期的洋泾浜英语读本带有浓厚的民间英语学习色彩，有着浓郁的草根性、不正规性和混杂性，但却具有很强的实用性和商业贸易针对性。本章将对晚清英语学习情况进行概述，从晚清英语教科书的角度，对《英话注解》的内容特点、编写依据、编纂方法和文本特点等进行分析，展现早期自编英语教材的特色和早期英语教材演变的过程。另外，还会对洋泾浜英语及其变体如中国英语、中式英语和后洋泾浜英语等进行解析研究，以期对中国早期英语学习概况、早期英语语言状况，特别是《英话注解》式的中式英语进行追根溯源，还原中国英语学习的初始状态，了解中式英语的源起。最后，将从模因论的视角研究《英话注解》中体现的晚清英语教科书模因的复制、传播和兴衰，以更好地了解其成因和发展。

第一节　晚清英语学习概况

　　晚清英语学习可根据中国历史上具有重大意义的历史事件如鸦片战争（1840 年）和中日甲午战争（1894 年）为界限，分成三个不同的阶段。[1]中国早期英语学习，始终存在着正规英语与洋泾浜英语两种学习方式共存的特点。第一阶段为 1807—1840 年，以第一位来华的基督新教传教士马礼逊到达中国作为标志。当时，澳门、广州作为仅有的对外开放地区，最早出现中西语言接触现象，也是早期中国洋泾浜语的主要形成地区。这一阶段，英美传教士创立的学校所教授的英语是正规的、标准的英语。第二阶段为 1840—1894 年，此时正值中国社会动荡的年代，中国被迫通商，外国人可在中国通商口岸地区经商、传教。英语作为一种强势语言，成为人们竞相学习的对象。这些学习英语的人中，有些是为了现实利益，有些是为了生计，有些则是为了掌握西方的先进技术。其中以为生计而学英语的人数最多，而他们所学大多为洋泾浜英语。1862 年，自洋务派倡导的京师同文馆等建立之日起，官方层面的外语学习，尤其是英语学习，则是正规、标准的英语语言知识学习。第三阶段为 1894—1911 年，中日甲午战争中国的失败，严重打击了中国统治阶级的自信心，也极大地唤起了广大民众救亡图存的民族使命感。这一阶段，可以说从上至下掀起了学习英语的热潮，英语学习获得了极大的发展。以商务印书馆为首的各类出版机构大量出版各类英语教科书，如适合不同程度的英语学习者的启蒙类课本、中学课本、大学课本等，具有一定的专业性。本节晚清英语学习概况的内容将主要集中于甲午战争前中国的英语学习状况。此阶段，英语学习主要有三种类型：一种是教会学校的英语学习；一种是官办学校的英语学习；还有一种是民间《英话注解》式洋泾浜英语学习。《英话注解》出现在晚清英语学习的第二阶段。

---

〔1〕 孙广平. 晚清英语教科书发展考述［D］. 杭州：浙江大学，2013.

一、教会学校的英语学习

鸦片战争前，1807 年，第一位新教传教士马礼逊（Robert Morrison，1782—1834）来到中国，创办了英华书院。英华书院招收了一些中国学生，开设英语课，讲授标准英语，主要目的是宣传基督教教义。来英华书院学习的早期中国学生，人数很少。在这段时间里，英华书院所培养的优秀学生并不多，其中较为有名的是袁德辉。袁德辉[1]，小名小德，是清末的翻译工作者，曾任林则徐幕僚，担任译员。还有其他一些有名的英语人才如唐景星（唐廷枢）[2] 等。受到当时社会传统意识的限制，英华书院对当时晚清社会的影响非常小。

自马礼逊后，清政府实行传教禁令，不少传教士被驱逐；还有不少传教士冒险来到中国，开设一些小规模的学塾来获得当地中国人对西方传教士及西方宗教的接纳。1830 年秋，裨治文在广州开设了贝满学校，学生除了要学习基督教教义外，还要学习英文。传教士郭士立（Karl Freidrich August Gutzlaff，1803—1851）的夫人温施梯（Wanstall）于 1835 年在澳门开办了一所学塾。该学校一开始为女塾，后来兼收男生，并开设中、英文课程。其中除中文课程外，英文课程采用的是英国的小学课本。这些早期的教会学校规模极小，学生人数不多，且生源极不稳定，部分教会学校只有一两个传教士授课，师资力量薄弱，教学效果不佳，社会影响也不大。两次鸦片战争期间，主要的教会学校大概有 30 所，包括香港马礼逊学校（1842 年）、香港宏艺书塾（1842 年）、香港英华书院（1843 年）、上海清心书院（1850 年）、福州格致书院（1853 年）、福州文山书院（1854 年）、福州育英女书院（1859 年）等。这些

---

〔1〕 袁德辉，小名小德。清代翻译家、林则徐幕僚。原籍四川，天主教教徒，在槟榔屿一所天主教学校学了三年拉丁文后，于 1823 年转至马六甲英华书院学习英文。约在 1825 年，获英华书院的奖学金，学习成绩出众。根据《中国丛报》报道，林府主要译书者为袁德辉。1879 年 7 月，《澳门日报》还刊登了他所译的具结贸易告示（中译英）。

〔2〕 唐廷枢（1832—1892），初名唐杰，字建时，号景星，又号镜心，生于广东香山县唐家村（今广东省珠海市唐家湾镇），清代洋务运动的代表人物之一。唐廷枢读过六年教会学校，当过十年英语翻译，做过十年洋行买办，说得一口流利英文，编写《英语集全》，通晓西方文化。

教会学校开设的都是低年级段英语教学。19世纪60年代后，教会学校的英语教学虽仍以小学居多，但较以往有了很大的改善，学科程度有了提高，还在教学中介绍西方的学术科学；人们对教会学校日渐信任，学习者日益增多。中日甲午战争前，中国教会学校中等教育获得了较快的发展，出现了一些著名的中等学校，如北京汇文书院（1870年）[1]、上海中西书院（1881年）[2]、苏州博习书院（1879年）[3]、杭州育英书院（1897年）[4]等等。另外一些著名的中等教会学校逐渐发展成大学，如杭州之江大学是由宁波的崇信义塾（1845年）[5]发展而来，济南的齐鲁大学是由登州蒙养学堂（1864年）[6]发展而来，广州岭南大学则是由广州格致书院（1888年）[7]发展而来。

　　教会学校的英语教材，除了马礼逊所编的中英对译的英语语法教科书《英国文语凡例传》（1823），早期教会学校所用英语教科书，大多数是传教士们从本国带来的原版教科书。马礼逊的《英国文语凡例传》标志着中国历史上第一部中英对译的标准英语教科书的出现，具有极为重要的历史意义。随着教会学校不断发展，教科书缺乏的问题引起了广泛

---

〔1〕　汇文书院是北京最早的近代学校之一，1870年由美国基督教美以美会创办。

〔2〕　上海中西书院是19世纪后期基督教传教士林乐知创办的著名学校。1911年，上海中西书院并入苏州的东吴大学。

〔3〕　清同治十年（1871），美国基督教监理公会在苏州设立存养书院，光绪五年（1879）迁至天赐庄，改名博习书院。光绪二十七年，在博习书院基础上建立东吴大学堂，成为美国基督教在中国建立的早期教会大学之一。辛亥革命后改称东吴大学，分设文、理、法三个学院。1952年，改为江苏师范学院。1982年，改为苏州大学。

〔4〕　1845年，美国长老会的传教士在宁波创立了浙江省第一所新式学校，名为崇信义塾。1867年，崇信义塾迁往杭州，改名为育英义塾。1880年，毕业于美国汉密尔顿学院的裴德生出任校长后，育英义塾取得了长足发展，从小学升格为中学，1897年，育英义塾改称为育英书院，1914年，改名为之江大学。

〔5〕　崇信义塾，创立于1845年7月，是近代西方新教差会在中国创办的最早一批新式学校之一，同时也是民国时期著名基督教大学——之江大学的前身。

〔6〕　1864年，美国长老会传教士狄考文在山东登州（今蓬莱）创办登州蒙养学堂。1972年改名为登州文会馆，是中国境内第一所现代高等教育机构齐鲁大学的前身，中国最早的教会大学之一。

〔7〕　1888年，美国基督教长老会在广州创办格致书院，1904年改名岭南学堂，1918年改名岭南大学，设立文理科，由美国人任学校监督（校长），中国人任副监督和教务长，在美国设有董事会。

的关注。继马礼逊之后，有些传教士开始自己编译教科书，如杨威廉所编的《训蒙日课》(1835)[1]、罗存德的《英话文法小引》(1864)[2]、理雅各的《智环启蒙塾课初步》(1856)[3]、麦嘉湖的《英字源流》(1863)[4] 等等。

除了西方传教士以外，在中国进行外交工作的西方人士，也曾编有供中国人学习英语的教科书。其中，曾任英国驻宁波第一任领事的罗伯聘[5]就是一位代表人物。在他短暂的一生中，有十三年是在中国度过的。在 1843 年，他编著了《华英通用杂话》，专为中国人学习英语之用。这部《华英通用杂话》与西方传教士们所编著的其他英语教科书一样，对中国的英语学习产生了一定的影响。并且该书还曾远渡扶桑，成为日本人学习英语的启蒙教科书之一。本部分主要通过《英国文语凡例传》，对教会学校的英语教科书加以简要介绍。

《英国文语凡例传》(1823)(*A Grammar of the English Language for the Use of the Anglo-Chinese College*) 也叫《英吉利文话之凡例》，现藏于英国大英博物馆。全书共 97 页，没有目录页。由浅入深地对英

---

[1] 杨威廉 (William Young，生卒年未知)，浸礼会成员。1835 年编写《训蒙日课》(*Daily Lessons for Children*)，共 12 页，用来教中国儿童学习英语，由一系列共 28 篇课文组成，英语和汉语并排排列，石印。

[2] 罗存德 (Wilhelm Lobscheid，1822—1893)，德国理贤会传教士，于 1848 年被差会派往中国传教。1864 年编写《英话文法小引》，该书是英语语法类教科书，介绍了英语的各个语法项目。

[3] 理雅各 (James Legge，1815—1897)，近代英国著名汉学家，曾任香港英华书院校长，伦敦布道会传教士。1856 年在香港出版《智环启蒙塾课初步》(*Graduated Reading: Comprising a Circle of Knowledge*)，共 55 页，中译本，英文原文在上，中文译文在下。

[4] 麦嘉湖 (Rev. John Macgowan，1835—1922)，英国伦敦会传教士，出生于北爱尔兰，毕业于伦敦英国长老会神学院。麦嘉湖于 1860 年 3 月来到上海，1863 年移居厦门。1863 年，麦嘉湖的《英字源流》(*Spelling Book of The English Grammar*) 在上海出版，全书共 60 页。该书以汉字为媒介详细介绍了用字母组成音节和用音节组成单词的方法。麦嘉湖没有采用罗马拼音的方法标注英语的发音及汉语的发音，而是采用了汉字标注读音。

[5] 罗伯聘 (Robert Thom，1807—1846)，英国驻宁波第一任领事。1843 年 8 月，罗伯聘在广州刊印出版与商贸英语有关的《华英通用杂话·上卷》(*Chinese and English Vocabulary，Part First*)。《华英通用杂话·上卷》采用官话标注英语读音。罗伯聘在文中指出"为了促进北方港口城市的对外交往，我们认为有必要用官话标出英文的读音"。按计划，罗伯聘在《华英通用杂话·下卷》中要向中国读者介绍英语的语法知识，但他却于 1846 年在宁波去世，年仅 39 岁，未完成下卷的写作工作。

语语法拼读和使用做了详细介绍；从英文、字义、音韵、语法进行逐一解读，与当时市面上流通的"红毛番话"类民间洋泾浜英语小册读本，在内容和传播形式上有着巨大的差别。在这本书中，马礼逊从 14 个方面对英语语法进行简要介绍。这 14 个方面又被整合为四大部分：字头论、字从来论、字成句论、字音韵论。现在的语法界，将这四个术语译为拼字法、词源学、句法学、音韵学。马礼逊尽量用最简单的语言，对英语语法的主要方面做了简短介绍，所用的例词和例句浅显易懂，语法知识简单明了，适合初学者[1]。

字头论中是英语的 26 个字母和常用标点符号。为了使中国学生更好地进行英语单词的发音学习，马礼逊还特意列出了一个正音表，这说明了马礼逊对英语语音学习的重视。字从来论中是关于英语 9 种词性的知识简介，即今天我们所说的冠词、名词、代词、动词、小品词、副词、连词、介词和感叹词。在翻译这些时态及语态的术语时，马礼逊所用的译名，对今天的语法术语的形成，也有一定的启发。字成句论中是对句法的介绍。字音韵论中是英语学习中的语音知识。语音学习对于任何一门语言的学习都是非常重要的，应注重字母与发音的关系。

尽管马礼逊尽力用最简单的语言对英语语法进行简短介绍，例词和例句浅显易懂，语法知识介绍也非常明了，没有晦涩难懂的语法术语。但是，《英国文语凡例传》也必须在教师的指导下方能学习。作为新教传教士，马礼逊在编著语法教科书时，将宣教任务融入其中，该书中的一些文句，明显传达了新教的教义。书中的中英文对照标注都是以中国官方语音进行[2]。《英国文语凡例传》的受众与中国最早的洋泾浜英语"红毛番话"类读本的受众不同。《英国文语凡例传》是第一部中英文对照的英语语法书，书的读者为英华书院的学生。

教会学校的英语学习开始了中国标准英语学习的第一步。教会学校创办的主旨是在中国宣传基督教的教义。创办初期，教会学校并不受清政府欢迎，所招的学生也不多。在创办过程中，教会学校意识到，开设英语课程是吸引学生的一个有力手段，所以在中国的西方各基督教派，

〔1〕　孙广平. 晚清英语教科书发展考述［D］. 杭州：浙江大学，2013：50.

〔2〕　官濛，杨舒. 马礼逊《英国文语凡例传》考析［J］. 兰台世界，2015（1）：146-147.

为了能扩大教派在中国的影响力，纷纷开设英语学习课程，以此作为在中国传教的有效手段，在宣教的同时，也促进了中国英语教学的发展。另一方面，第二次鸦片战争后，清政府开始意识到向西方学习的重要性，同时教会学校也在各类不平等条约的庇护下不断发展，洋务运动又给他们的发展提供了契机，教会学校在中国的影响力日增。教会学校在中国发展的同时，也促进了正规英语学习在中国的发展。

二、晚清官方英语学习

鸦片战争期间，为全面了解和掌握外国在广州等地的鸦片贸易和军事动向，清政府已不得不翻译一些外国书籍和报刊，以了解商情。鸦片战争后，香港被割让给英国，广州、宁波、厦门、福州和上海等五口被迫通商，闭关自守的中国国门被迫打开。"清政府与西方交往的事件日益增多，除了商贸交往外，还出现了政治、外交方面的交涉，但清政府却一直没有认真考虑培养自己的翻译人才。"[1] 第二次鸦片战争后，外国侵略势力借机渗透到清政府的政治、经济、外交、海关、金融、文化和教育等各个领域，并逐渐由沿海而及内地。直接迫使清政府设置外语学堂的动因还在于 1858 年《中英天津条约》第五十条的规定："嗣后英国文书俱用英字书写，暂时仍以汉文配送，俟中国选派学生学习英文、英语熟习，即不用配送汉文。自今以后，遇有文词辩论之处，总以英文作为正义。此次定约，汉、英文书详细较对无讹，亦照此例。"第五十一条规定："嗣后各式公文，无论京外，内叙大英国官民，自不得提书夷字。"[2] 这种歧视性条约一方面侵害了国家的语言主权，另一方面，由于形式所迫，清政府开始洋务运动，开设外语学习的官办学堂。

两次鸦片战争以后，重创期的清政府为应付"三千年未有之大变局""数千年来未有之强敌"，朝野上下掀起了洋务运动，效仿西方的坚船利炮、声光化电，以求延续"大清帝国"的统治。文化教育方面最重要的举措便是建立第一所官方主导的外语及西学教育机构——同文馆

〔1〕 顾卫星. 晚清英语教学研究 [M]. 苏州：苏州大学出版社，2004：300.
〔2〕 张德富. 外语经济学形成背景及研究意义 [J]. 理论界，2010（5）：151.

（1862—1902），教授西方语言与科学。[1] 1862 年京师同文馆设立，1863 年上海广方言馆设立（原称为上海同文馆，1869 年改称为上海广方言馆），1864 年广州同文馆设立。中国从官方层面跨出了外语学习的第一步，正如曹骧所言"不谙西语，致受洋人之欺辱；不识西文，致受洋人之愚弄"。上层阶级逐渐认识到外语学习，尤其是英语学习在国家发展方面的重要性。中国的英语学习也逐步步入正规化。尽管进入洋务学堂学习英文的人数很少，不过至少正规英语学习已得到认可、关注和逐步普及。同文馆沿革四十年，先后开设了英、法、俄、德、日等国语言，化学、算学、格致（物理）、天文、医学以及万国公法、各国史地和富国策等技术性和社会科学方面的课程。

同文馆的学生要在馆学习八年，学习洋文和其他学科，具体可从如下课程表略知一二[2]：

首年：认字写字、浅解辞句、讲解浅书；

第二年：讲解浅书、练习文法、翻译条子；

第三年：讲各国地图、读各国史略、翻译选编；

第四年：数理启蒙、代数学、翻译公文；

第五年：讲注格物、几何原本、平三角、孤三角；练习译书；

第六年：讲求机器、微分积分、航海测算、练习译书；

第七年：讲求化学、天文测算、万国公法、练习译书；

第八年：天文测算、地理金石、富国策、练习译书。

从京师同文馆八年的课程表可以了解到，西方语言的学习贯穿始终，由最初的认字写字，逐渐过渡到练习文法、翻译句子，掌握英语学习的基本技能，并在第四年要求学生能够达到翻译公文的外语水平。从实践的角度来看，这个课程表非常理想化。在当时社会，在八年内完成这些教学目标几乎不可能。不过，从中可以看出当时的中国在短期内急需外语人才。同时出于通商和贸易需要，在这些官办外语学堂的英语教学和教材中，已出现了商务用途英语或专门用途英语教

---

〔1〕 夏红卫. 跨文化传播视野下的晚清同文馆 [M]. 北京大学学报（哲学社会科学版），2007（6）：135-142.

〔2〕 陈学洵. 中国教育史研究（近代分卷）[M]. 上海：华东师范大学出版社，2009：9-30.

学的雏形，并得到了一定的发展。当时，进入洋务学堂学习的人数很少，完成八年学时的学生更少，不过最为重要的一点是至少正规英语学习得到了认可和关注。另外，京师同文馆、上海广方言馆和广东同文馆的外语教学在目标、课程等方面有相似之处，都是"从培养外语翻译入手，先是集中学习语言课程，进而扩大到西方法律、历史、地理及科学技术知识"〔1〕。由于三馆中的英语教学由洋教习来承担，所以可推断所用的英语教材应该是原版英语教材或是洋教习自编而成的教材。然而，洋务运动期间，一些传统的知识分子还是有着强烈的文化危机意识，有着不甘做"丑夷之学子"的保守倾向，同文馆招生不同程度地遭受学子的冷眼。基于各方面原因，当时中国的英语学习还是以民间的洋泾浜英语为主。

同文三馆使用的英语类教材，则鲜被论及。关于京师同文馆使用的教材，李良佑等称，"同文馆各年级所使用的教材，尚未发现有完整之资料。不过，……可以推测，当年英文馆所用的大都是英文原版教材"〔2〕。高晓芳从京师同文馆八年课程表中"由洋文而及诸学"的教学要求和目标、课堂教学语言、教习、译书活动等方面进行分析，指出"当时的教材以原文为主，以译本为辅"。学生可依据京师同文馆翻译的《富国策》和《各国通商条约》等西方商贸书籍作为课读材料。至于上海广方言馆、广东同文馆的教材，目前几乎均未找到相关资料，"至今尚未发现上海广方言馆的外语教科书"，"目前还没有看到有关广东同文馆英文、法文、俄文教科书的记载，但根据馆中教学主要由洋教习担任的事实，或可推知其所用教材应为原文教材或为洋教习自编材料"〔3〕。

晚清官方英语学习在国内外环境迫使下，在 20 世纪 60 年代迈出了艰难的一步。同文三馆、洋务学堂的建立，对当时以儒家学说为主体的封建式教育带来了一定程度的冲击，开创了中国在政府层面上向西方世界学习的先河，具有开拓性的历史意义。同时，中国官方对于外语和西

〔1〕 高晓芳. 晚清洋务学堂的外语教育研究 [M]. 北京：商务印书馆，2007：166.

〔2〕 李良佑，张日升，刘犁. 中国英语教学史 [M]. 上海：上海外语教育出版社，1988：22.

〔3〕 高晓芳. 晚清洋务学堂的外语教育研究 [M]. 北京：商务印书馆，2007：92-107.

学译介，由蔑视、拒斥到被迫接受再到积极倡导这样一种态度上的转变，也从侧面折射出国人由华夷之辨的蒙昧走向开放、试图与世界平等对话的进取精神。同文三馆培养了一批中西学兼修的人才，尤其培养了中国当时急需的英语人才，使中国英语教学和教材的发展逐渐走上正规化、学科化的道路。同文三馆的教学中，英语学习是主要任务。不过，当时的英语教学，是在极为仓促的情况下开始的，没有契合中国人特点和水平的正规英语教材，教育管理者、教学人员都没有做好进行英语学科教学的良好准备，也没有相关经验。在同文三馆培养出一定的外语人才后，同文馆的教师和学生共同编纂了一些英语教材，如上海广方言馆的毕业生杨勋编写的《英字指南》[1]、上海广方言馆的洋教习舒高第与朱格仁合译的《英话入门》、吴嘉善的《翻译小补》[2]、京师同文馆汪凤藻编译的《英文举隅》[3]、张德彝所编的《英文话规》[4] 等等。晚清官方英语学习，尽管起步较晚，举步维艰，但还是培养了部分具有一定的西学知识与外国语言水平的社会精英人才，对晚清社会的正规化英语教育和近代化发展起到了一定的推动作用。

三、晚清民间英语学习

晚清民间英语学习和英语教科书的发展萌芽于鸦片战争前。在西方

---

〔1〕《英字指南》于 1879 年出版，作者杨勋是江苏人。他在这部英语词语教科书中采用江浙通用的吴语语音进行英语词语的发音标注。《英字指南》是六卷本，所收录的词语及短句的数量在 10000 条以上。1901 年，商务印书馆还出版了《英字指南》的增订本，名为《增广英字指南》。《英字指南》的影响很大，早期很多英语的初学者都曾把这本书看作学习英语的教科书。

〔2〕吴嘉善（1820—1885），字子登，江西建昌人。1880 年完成了英汉对照的翻译类教科书《翻译小补》。

〔3〕汪凤藻（1851—1918），字芝房、云章，江苏元和人，同文馆英文班毕业生。《英文举隅》是汪凤藻于 1879 年所著的英语语法方面的教科书，是汪凤藻根据《纳氏文法》第二十一刊本所编译，适合中国人初学英语文法，受到英语学习者的欢迎。

〔4〕张德彝（1847—1918），本名张德明，字在初，祖籍福建，后迁至辽宁铁岭，汉军正黄旗出身。张德彝的《英文话规》于 1898 年出版，相比汪凤藻的《英文举隅》，语言比较浅显易懂，因为采用了白话的形式，而汪凤藻的《英文举隅》则采用了文言的形式。周振鹤认为，《英文话规》是中国人编写的第一本英文语法书。

海洋文明入侵的背景下，中西贸易日趋紧密，沿海地区的人们为与西方商人沟通贸易，在民间自发形成了一种介于英语与汉语之间的混合杂交语言——洋泾浜英语。洋泾浜英语是指约 1720 年至 1950 年，汉语与外语接触过程中形成的以汉语和英语为主要来源成分的有限混合口语，也称别琴、番话等，英文一般称之为 Chinese Pidgin English（CPE）[1]。洋泾浜英语始于民间，用于民间，用汉语（官话或方言）标注英语发音。洋泾浜英语的学习方式是毫无章法、民间自发形成的一种方式，而用于英语学习的读本教材也是民间无意识、自发所形成，一切皆因需而产生。而学习目的就是为了中外贸易的顺利开展。洋泾浜英语的学习读本则是中国本土早期英语教科书的雏形。尽管这些不中不洋、发音怪异的洋泾浜英语在现在看来可笑粗鄙，但是它却开启了我国英语学习的最初阶段。

在中国，洋泾浜语的发展历经了澳门葡语、广东英语至上海洋泾浜英语这样一个过程。其间，洋泾浜英语的读本和教材也是层出不穷。尽管在洋泾浜英语盛行阶段，也有教会和官办的正规英语学校出现，但是民间的英语学习，即以洋泾浜英语读本为教材自学英语的方式却更为流行。一方面是因为使用者满足于用洋泾浜英语进行商业上的沟通，只要洋商听得懂他们的"英语"，能够达成贸易上的顺利合作，他们就算达到了目的。由此他们基本不会考虑花费相当长的时间去学习正规英语。另一方面，使用的另一方，洋商们经过澳门葡语、广东英语和上海洋泾浜英语的历练，也对洋泾浜英语处于接受状态。他们也同样不愿意花费更多的精力和时间去学习汉语。这也解释了晚清后期，尽管学习正规英语的渠道大大丰富，可洋泾浜英语还是大行其道，直到 20 世纪 20 年代，上海仍有不少买办使用洋泾浜英语与洋商沟通。表 5-1 罗列了主要的洋泾浜英语读本教材。从中也可见洋泾浜英语和读本盛行的时间、内容和使用状况。

---

〔1〕 张振江. 中国洋泾浜英语研究述评与探索［J］. 广西民族学院学报（哲学社会科学版），2006（2）：28-38.

表 5-1　晚清民间以汉字注音的启蒙期英语读本

序号	书名	作者	时间	备注
1	《鬼话》	佚名	1830—1840	粤音注音
2	《红毛买卖通用鬼话》《红毛通用番话》《红毛番话·贸易须知》	佚名	1830—1850	粤音注音
3	《夷音辑要》	不详	19 世纪初	粤音注音
4	《华英通语》	子卿（轶姓）	1855 年	粤音注音
5	《华番贸易言语通晓》	佚名	1858 年	粤音注音
6	《英语撮要》	佚名	1862 年以前	粤音注音
7	《英语集全》	唐廷枢	1862 年	粤音注音
8	《通商指南》	谭达轩	1876 年	粤音注音
9	《唐字调音英语》	莫文畅	1904 年	粤音注音
10	《自学英语不求人》	不详	不详	粤音注音
11	《工商英语大全》	民昌	不详	粤音注音
12	《华英类语》	郑聪甫	1893 年	粤音注音
13	《华英类语》	卓岐山	1904 年重刊	粤音注音
14	《华英贸易字汇》	卓岐山	1904 年	粤音注音
15	《华英通语问答》	卓岐山	1906 年	粤音注音
16	《英话注解》	冯泽夫等	1860 年	甬音注音
17	《英字入门》	曹骧	1874 年	沪音上海版
18	《英字指南》	杨勋	1879 年	吴方言注音
19	《无师自通英语录》	点石斋申报馆	1884 年	甬音和北京话注音

　　1860 年洋务运动兴起，洋务派们力主在中国开设西式学堂，并且在这些西式学堂中推广外语的学习，英语是大多数学堂都要开设的一门外语课。此后中国官方英语学习的大门正式开启。洋务运动前，即 19 世纪三四十年代到 60 年代，中国的英语学习以民间洋泾浜英语学习和自编英语教材为主；洋务运动开始至中日甲午战争前，即 19 世纪 60 年代到 90 年代，中国人自编的英语教材随着官方英语和教会英语的发展也随之得到了发展。这一阶段的英语教材，从单纯的英语词

语类读物渐渐发展到包括英语语法、翻译及会话等细致的分类。而中日甲午战争后，中国的英语教科书发展则主要立足于官方的教材与教学，英语教学逐步纳入学校的课程和教学之中，分类更为细化，学习阶段更为具体，内容更为丰富。英语教材主要以商务印书馆为龙头进行编印。

洋务运动前，中国英语学习和英语教材的发展处于初级的启蒙阶段，即处于洋泾浜英语的学习阶段，主要使用一些英汉对译类词语读本。这些读本沿袭了鸦片战争前广州出版的"红毛番话"类读本的编写方式，将英汉词语进行分类编纂，不过与"红毛番话"类词语集不同的是，鸦片战争后的这些英汉对译词语集不仅用中文标注英文发音，也有了英语的书写形式，并且有些词语集还简略提及英语的语法内容。这些词语集收录的英语词语多而广，且很实用。另外，学习这些词语集，不需专门的学校，也不需教师来辅导，一书在手，学习者便可自学，非常方便，因此有着广泛的读者群。洋务运动前，相对有影响力的读本主要有：《华英通语》（子卿，1855）、《英话注解》（冯泽夫等，1860）、《英语集全》（唐廷枢，1862）。部分读本则一版再版，有些至 20 世纪初期还有再版，可见其受欢迎程度。洋务运动之后的英语学习和教材发展更为细化，逐渐有英语语法、翻译和会话等细致分类。英语语法方面的教科书有《文法初阶》（郭赞生，1878）（《文法初阶》的英语语法原著是 Allen 和 Comwell 合著的 *English School Grammar*《英语学校语法》）、《英文举隅》（汪凤藻，1879）；翻译方面的教科书有《翻译小补》（吴嘉善，1881）；会话方面的教科书有洋务学堂教习舒高第、洋务学堂学生朱格仁合著的《英话入门》，还有上海外语培训班的教师李芳春大约于 1876 年前完成的《英学初阶》。不过洋务运动前，第一阶段的英语读本，因其方便自学、规则简单，在洋务运动后相当长一段时间内还很广泛地流传使用。《英话注解》则是属于第一阶段很受欢迎的英语学习读本之一，在 20 世纪初还有再版发行。

从表 5-1 罗列的民间英语自编教材可见，晚清民间英语教材的种类和数量繁多，这也足以说明当时中国人的英语学习热情高涨。晚清民间英语学习的需求是自发形成的，主要是为了和西方人的贸易往来，有着强烈的实用主义倾向，但并没有把英语当作一门学科来进行系统学习。

晚清后期，受国际环境及国内环境的影响，自发编写的读本教材也获得了渐进的发展和不断的完善，自《华英通语》开始，英语词语集的收词量不断增加，从最初的一两千条词语，发展到上万条的收词量，如《英语集全》和《英字指南》。在内容上，实现了由洋泾浜英语表达到正规英语的逐渐蜕变，《英话注解》不同版本英语表达的变化也是明显的例证（参考第六章）。分类也更加细化，从单一的词语集，发展到语法、写作、翻译等高阶段英语学习项目。同时，准确发音也成了英语学习的重要部分，如《华英通语》中只用粤音标注英语发音，无英语语音的任何说明，《英话注解》的凡例对英语的发音有简要的说明，而《英语集全》《英字入门》和《英字指南》则对如何正确地用所标注的中文准确发音给出了非常详细的方法及要领。一旦掌握，英语发音就会相对准确，切实解决了长期以来中国人英语发音不准的大难题。晚清民间英语学习在发展过程中正逐步向标准英语靠拢，内容上也在不断地丰富和细化。

四、晚清英语学习的意义与不足

第一，晚清时期的英语学习反映了当时中西语言接触的历史和文化，同时见证了当时语言接触和商贸语言发展的兴衰，实录了中国英语教材和洋泾浜英语的大量语料。晚清时期的民间、官方或是教会学校的英语教材或读本是我国英语教材建设的滥觞，反映了当时社会英语教材的启蒙诉求，满足了当时社会学习英语知识和掌握英语交际技能的需要。对民国及以后的英语教材建设产生了重要影响，也为当代英语教科书的发展提供了历史借鉴。

第二，英语教学的兴起并非偶然，它不是一时的骚动和不安，而是社会、经济、教育发展的产物，有着深刻的历史与社会根源。晚清英语教材也是我国商务英语教材编写的滥觞，开启了我国源远流长的商务英语教材建设历程，也见证了我国源远流长的商务英语教学历史。

第三，晚清的英语学校及民间英语学习培养了大批社会急需的英语人才，具有较强的需求导向性，很大程度上直接满足了当时各类学习者学习英语知识、掌握商务英语交际技能的需要，见证并在一定程度上推动了中国近代化进程；同时，晚清英语教学也折射出独特的社会文化意义和文化心态，相关的教学活动是晚清社会心态日趋开放的晴雨表和风向标。

第四，晚清英语教材的文本研究也为近代中西文化交流的研究提供了新视角。文化交流的研究是中西关系史研究的一个重要领域。晚清英语教材读本在传递英语语言的同时，也承载了传递中西方文化的使命。晚清时期，正是中国社会大变动时期，是中西文化相碰撞的重要时期。晚清英语教材，作为当时民众接受西方语言文化的重要载体，必然会反映出当时中西方文化交流的重要内容及文化交流的领域。晚清英语教材中关于中西文化的传播内容、传播方式等传递着中西方文化交流的内容，不仅可以为我们了解当时中西方文化的交流情形提供真实的参照，也可为我们了解当时中西方文化交流的动态提供新视角。

但由于历史的局限性，晚清英语教学存在着诸多不足：一、官办外语学校中的英语教学，是在极为仓促的情况下开展的，没有契合中国人特点和水平的正规英语教材，也没有英语教学的良好准备，也并未形成有规模的普遍现象；二、晚清教会学校的英语教学始终是教会教育传教的一种世俗化和功利化的选择，在内容的选择上，教会学校为了吸引学习者会增加日常英语或是商务英语知识的内容，但是以传教为主导内容；三、民间英语学习具有很强的自发性和盲目性，其纯粹工具性动机使英语教学内容往往仅满足于一定的语言技能和商贸知识的层面，无文化教育和背景知识教育；四、晚清英语教学处于中国英语学习的发端阶段，基本未深入西学内涵，文化教育意识严重缺失，大多数学习者仅能从实践层面参与中西文化交流与近代化进程，难以从思想层面引领近代化进程。

五、小结

晚清时期的英语学习主要分为教会学校的英语学习、民间英语学习和官方英语学习。由于当时的历史和教育背景，中国人对于西学，还不能够完全接纳，还存在着一定的误解和歧视。在社会上，作为知识分子群体，绝大多数人对于英语学习，抑或是西学知识的学习，都还处于较为蒙昧的状态。当时致力于英语学习的群体，不外乎分为两大部分。一部分是在通商口岸为洋行工作的中国人，或是与外商有业务往来的中国人，还有依靠为外国人提供劳动力服务的仆役等，他们因生计需要，学习英语。可以说，这些愿意学习英语的中国人，在当时的社会上，社会地位都相对较低。他们的英语学习，并没给当时的主流社会带来何种影响。另一部分英语学习者是当时社会的精英阶层，他们就读于清政府所创办的各类洋务学堂。他们英语学习的成效，则会影响当时中国的上层社会。洋务运动使中国培养了一批懂外语、会西学的士大夫阶层。但是，当时社会并未摆脱封建思想的束缚，认为西学和洋文并非正途，并未给予足够重视。由着两个不同的学习路径，这个时期中国的英语教材，也体现了两种不同的风格。一种是正统的、适合学堂学习使用的英语教材，如洋务学堂学生汪凤藻所编译的《英文举隅》等，另一种是适合口岸民众学习的、能够在英语学习中取得立竿见影效果的英语教材，如冯泽夫等的《英话注解》。还有一些生活或留学在海外的中国人，有机会接受西方语言文化的正统教育。他们遵循西方教材的编写理念，编写了适合中国人学习的英语教材，如邝其照的《英语汇腋》[1]。这种吸收了西方近代教育理论成果的教材编写体系，为甲午战争后的英语教材的进一步发展，提供了借鉴。此外，则是教会学校和官办学校的英文学习原版书以及教会学校由外国人编写的一些英语学习读本教材，如马礼逊的《英国文语凡例传》（文本介绍可参考本节第一部分）、罗伯聘的《华英通用杂话》也为英语学习教材和英语学习的正规化做出了不可磨灭的贡献。对晚清英语学习概况及教材的了解和熟知，可以让读者对《英话注解》在晚清英语学习和教材中的类别、作用和地位有更为全面和立体的了解。

---

〔1〕邝其照，1843 年生，广东新宁人，字容阶，是早期受清政府选派赴美留学的一员。他将英语学习的过程分成循序渐进的不同级别，即《英语汇腋》（*The First Conversation-Book*）初集至三集。《英语汇腋》，由邝其照著于 1885 年，这是中国人自编英语教科书中最早的具有分级教学特点的教科书。

第二节 《英话注解》与晚清英语教材

如本章第一节所述，晚清时期的英语学习主要分为教会学校的英语学习、民间英语学习和官方英语学习。18 世纪末至 20 世纪中期是洋泾浜英语的发展和使用阶段，19 世纪中后期则是洋泾浜英语的使用高峰期。与同时期的教会学校和官办学校的英语学习相比，民间英语学习即洋泾浜英语学习更接地气，拥有更广泛的读者群和使用者。《英话注解》产生于 19 世纪中期，是上海洋泾浜英语诞生的标志，属于用"汉字注音""词汇型""句子型"的"洋泾浜英语"，同时处于中国的英语学习由"中国洋泾浜英语"向"标准英语"发展的转折期，比早期的广东英语有进步，《英话注解》英语教材的内容和编写等很具特色和代表性。本节将以《英话注解》（1865）为例，对晚清民间英语教材的内容、编写、编纂法、教学理论和语言功能体现等进行分析，尝试总结此类英语读本教材的相关特点，以更好地了解晚清民间英语教材的特色。

一、《英话注解》的编写依据

晚清时期，各通商口岸掀起英语学习的热潮。不懂英语的商人，在与外商的贸易交往中往往会因语言问题，不能及时获得商机或是不通商情。自然而然，商人们就会意识到学习英语的重要性。对英语重要性的认识，特别是对商贸英语重要性的认识是《英话注解》编写的重要实践依据。这种认识其实也是对通商口岸英语人才客观需求以及对学习者学习需求的认识和回应，是编写《英话注解》的原动力。其编写依据和对英语重要性的认识可以从《英话注解》序言（可参考第一章第一节）中加以领会。

从冯泽夫所作的序可知，五口通商之后，上海成为贸易中心。新的通商口岸缺乏本地通事，以广东人居多，无法应付日益发展的中外贸易之需。宁波人学习英语无门可入，而序中所提《英话》（至今未见，也未有考证论及，尚待发掘）用广东话注音英语发音，为宁波人学习英语带来不便。由此，冯泽夫联合其他五位宁波商人共同出资出版《英话注解》，用宁波话标注英语发音，目的在于"懋迁之一助"，即希望《英话注解》能在中西商贸交流中发挥作用。

尽管晚清时期对英语学习的认识尚处于一种朦胧的、无意识的混沌和萌芽状态，对于英语教材的类型与定位、内容的多样性与覆盖面、日常英语与商务英语的关系、商贸专业知识以及英语语言本身等问题并没有系统完整的认识。但具体而言，教材编写理论和知识在英语教材中已有朦胧的体现。这也就成了《英话注解》教材编写的重要理论依据，即对英语学习的萌芽性认识。同时，洋泾浜英语文本的独特编写方法也值得一提。这种非中非洋的编写方法，主要是通过与英语谐音的汉语或方言来标注英语发音；口头表达为主；具体学习过程中也要通过死记硬背来记住单词；内容局限于货物贸易、讨价还价和日常寒暄等一些最基本的交际口语；有些还会编写一些洋泾浜歌谣，以便易于背诵和广泛使用。这种编写方法在当时的情境下，一定程度上解决了贸易中存在的语言交流问题。

二、《英话注解》的内容特点

1. 商贸为主的内容

《英话注解》（1865）的教材内容以商务为主，39 个门类中具有多样化的商贸内容，其不单单是中国早期英语教材的萌芽，更是商务英语的前身。文本教材内容有较强的商务实用性和针对性。商贸相关门类有：银数目门、账房门、洋数目门、秤尺什件门、税捐门、进口货门、出口货门、船车门、衣服门、五谷门、师友门等（可参见表 5-2）。词条和短句的内容则涉及商业领域的方方面面：（1）商品名称：五金类、器皿类、丝布类、五谷类、茶叶类、食用类、蔬果类、杂货类等。（2）产品属性：产品数量与质量、货物规格、数目、权量、货物等级、产品样式等。（3）贸易运输：贸易埠头类、车船类、船上部件等。（4）商贸相关的职业：士农工商各业从业人员名称等。（5）贸易机构名称：商行、店铺、行店、商户等名称。（6）财务结算：价格、货币、支付结算、账目等。以商务为主的内容，印证了《英话注解》的编写出版是应当时社会中外通商所需。这个也可从其序言中得到印证。为了把握商机，甬商们通过模仿广东英语的标音方式，用宁波话标注英语发音，以直接和外商对话，更好地进行商贸交易。

表 5-2　《英话注解》(1865) 的门类及词条数

序号	分类目录	词条数量	序号	分类目录	词条数量
1	各国镇头门	32	21	人身门	42
2	天文门	34	22	禽兽门	36
3	地理门	63	23	花草竹木门	20
4	时令门	54	24	数目门	36
5	君臣门	72	25	银数目门	10
6	人伦门	47	26	洋数目门	11
7	师友门	17	27	五金门	25
8	工匠门	32	28	颜色门	26
9	宫署门	89	29	蛇虫门	22
10	屋宇门	31	30	秤尺什件门	44
11	账房门	24	31	税捐门	25
12	船车门	38	32	进口货门	139
13	军器门	27	33	出口货门	71
14	器皿门	57	34	一字语门	286
15	床铺门	12	35	二字语门	272
16	筵席门	19	36	三字语门	128
17	衣服门	26	37	四字语门	143
18	五谷门	21	38	五字语门	85
19	食用门	71	39	长句语门	64
20	医道门	40		共计	2291

2. 商务英语教材的萌芽

从《英话注解》的内容和编写目的可知，它是一种以需求为导向的非正规英语教材，更确切地说，可以谓之为"商务英语"教材，内容具有很强的商业实用性和针对性。关于洋泾浜英语与商务英语的关系，国内学者进行过一些研究，如戴年认为"中国式的商务英语——洋泾浜英语，是商务英语在中国的起源"[1]。在中国，CPE（Chinese Pidgin English）是作为一种贸易语言而产生的。周振鹤认为，pidgin 一词的词源，至今没有完全定论，一般认为就是从洋泾浜英语对 business 的蹩脚发音而来的[2]。维基百科关于 pidgin 的词源解释是："*Pidgin* derives from Chinese pronunciation of the English word *business*, and all attestations from the first half of the nineteenth century given in the third edition of the *Oxford English Dictionary* mean 'business; an action, occupation, or affair'."。意思是 pidgin 一词来源于 19 世纪末期中国人（主要是广东人）对于 business 的蹩脚发音。根据学者们的研究和其商务为主的内容，《英话注解》可以被定位为早期民间自发形成的商务英语。同时也是专门用途英语（ESP）商务类的早期萌芽形式。从现今的角度来看，《英话注解》体现了以需求为导向的教学内容，也培养了一批英语人士，一定程度上推动了中国近代化的进程，体现了晚清社会心态的日趋开放。萌芽期的英语教学具有很强的自发性、盲目性和纯粹工具性，也没有形成规模教学；同时，在教学过程中未触及西学内涵，文化教育意识严重缺失，大多数学习者不会从思想层面来认识英语和西方文化，从而引领近代化进程。总体而言，处于晚清商务英语萌芽阶段的《英话注解》笼统、早期地展现了商务英语的因子。

3. 自学式英语教材

《英话注解》可无师自通，也可作为字典和读本使用。晚清自编英语教材开创了自学式教材编写的先河。教材的编写和特点也能满足无英语基础的学习者自学，由此，《英话注解》式的洋泾浜英语读本拥有广大的读者群体。尽管 19 世纪 60 年代，官办英语学习机构同文馆也已出现，有正规的英语学习途径，但《英话注解》因其内容实用、方便自学而经久不衰，出版后，多次重版，使用时间前后持续了半个多世纪，深

---

〔1〕 戴年. 商务英语的起源与发展史简述 [J]. 理论月刊，2010（6）：88-91.

〔2〕 周振鹤. 中国洋泾浜英语最早的语词集 [J]. 广东社会科学，2003（1）：77.

受学习者欢迎。《英话注解》目前已知的就有八个版本，20 世纪初还有重版。周振鹤教授也提到，1860 年出版的《英话注解》在社会上具有广泛的影响力，多次重印，是"有志译学者之良友也"[1]。

4. 跨文化交际意识的微现

语言是文化的载体，《英话注解》也承载着一定的文化信息。尽管所学的仅是只言片语、支离破碎的洋泾浜英语，通过《英话注解》，学习者还是可以部分感受到两种语言的差别。同时，和西方商人贸易接触时所获得的经验、感受和知识也有助于甬商们逐步了解西方的文化、风俗和习惯等，从而形成正确的文化认识，促进贸易往来。《英话注解》中跨文化交际意识初现，读本的开篇就有"武林高阳不才子"所写的一篇箴言（具体可参考第一章第一节）。箴言对西方商业文化可能产生的负面影响有所觉察，认为读《英话注解》，学习英语，与西方商人贸易，可以获利丰厚，但是在学习西方语言的同时，也会带来一些弊端，使人堕落，沉迷享受作乐。箴言劝诫学习者要提防西方商业文化的负面影响，做到"习俗不移"。

三、《英话注解》的编纂法

1. 《英话注解》的义类编纂法

义类编纂法是中国传统编纂法中最多也是最常见的一种，如将词汇根据天文、地理、职业、动物、植物、颜色等类别进行归类。这类归类也经常根据同义、反义或是情感、搭配等语义系统，"分门别类"地进行编排。

中国古代传统的编纂法有类书编纂法，即"以类相从"的分类方法来编排内容。类书可分为义系、形系和音系三类。义系类书即义类编纂法，是按材料的义类分部编排（如相关类别有天文、地理、人伦等），以便查找。《英话注解》就是按照词汇义类分部编排，对 2000 余条词条和短语进行归类，其中的门类有天文门、地理门、时令门、君臣门、人

---

〔1〕 周振鹤. 晚清营业书目 [M]. 上海：上海书店出版社，2005.

伦门、师友门、工匠门、宫署门、屋宇门、账房门、五谷门、食用门、医道门等 39 个门类，具体可参考表 5-2。《英话注解》的义类编纂法反映了中国传统文化对英语教材编写的影响。同时，《英话注解》的编纂法也直接地受影响于广东英语读本的编纂方式，沿袭了其编纂方法。

中国传统的类书编纂法在洋泾浜英语读本中的应用反映了当时英语教材的编写是以汉文化为西学的外壳与载体的，足见当时汉文化和汉语对西学和英语的影响，以及汉文化的强大影响力（用汉语方言标注英语发音的方式也是当时汉语强势影响力的一种体现）。相关影响在民国时期的部分英语教材中还依稀可见。随着时间的推移，随着人们对英语学习的进一步认识和对西学的逐渐认可与接受，"以类相从"的编纂法逐渐被音类编纂法所取代，即以字母为序进行编排的编纂方式。

2. 《英话注解》的散点式编纂法

《英话注解》是初具话题型英语教材模式的读本。说它是"初具"，主要是因为该读本的话题虽然突出了一定的商务交际功能，但其编写过程中未能根据一定的逻辑结构或词汇、语法、句型的难易程度来安排内容及顺序。知识点的设置是平面的，没有由浅入深的一个渐进过程。尽管以交际会话为中心内容，但部分内容散漫，部分游离于话题之外。这种编写结构属"散点式编纂体例"。

晚清英语教材的编写体例采用的基本都是"散点式编纂体例"[1]。《英话注解》散点式编纂法主要体现在三个方面：（1）词句类英语交际内容未按话题进行编写，而是按字数多寡分类编排，《英话注解》第34—39 项门类，一字语门、二字语门、三字语门、四字语门、五字语门和长句语门就是按照字数多寡进行的分类（可参考表 5-2）。（2）英语句子虽以某话题为中心且有一定语境性，但并未按照一定的话题逻辑顺序加以编写，而是将各类主题的对话混编在一起。图 5-1 是《英话注解》四字语门中的其中一页，是多字语门中的典型例页。从该例页可见，其中的话题涉及称重、收费、船费、交易、货物运送等；我们也可

---

〔1〕 闫峰. 日本明治时期商用汉语教科书研究 [D]. 长春：吉林大学，2007：32-34.

通过该页例句感受货物过秤、送货等大概语境，尽管内容都和贸易有关，但具体的句子编排逻辑则混杂笼统，总体感觉较为杂乱。（3）口语化特征明显，对话特征不明显，也缺乏完整的话题语境。《英话注解》的语句具有明显的口语特征，但具体的口语化特征并未在会话语境下进行，少有对话特征。从图 5-1 可见，尽管有部分语句前后稍有关系，但总体逻辑性不强，相关语句只是被笼统地辑录在一起。图 5-1 中逻辑最为紧密的两句为：几时过磅，明日过磅。其他则基本无前后句逻辑关系。

图 5-1　《英话注解》（1865）例页[1]

　　《英话注解》的编写基本围绕各种与贸易活动有关的商务英语话题"点"而展开，因此可以被看作为商务英语常用口语。但由于上述三种类型的编写方式导致会话内容所涉及的话题"点"呈现出一种分散甚至是支离破碎的状态，学习者在学习过程中难以有效地对某一话题进行针对性的系统训练，存在着明显的缺陷。同时，这些英语会话话题在一定程度上也体现了语言交际中的某些功能、意念和态度，涵盖了赛尔（Searle）所阐述的指令、表达和承诺等行事行为[2]。《英话注解》不但

---

〔1〕　冯泽夫，等. 英话注解 ［M］. 守拙轩藏版，1865：76.

〔2〕　SEARLE J. Speech Acts ［M］. Cambridge：Cambridge University Press，1969.

包含了日常英语口语内容，同时也体现了现代社会特殊用途英语（ESP）和商务英语的萌芽形式。

3.《英话注解》隐含的教学理论和语言功能体现

《英话注解》的编写体现了一定的结构主义和行为主义语言教学理论，符合功能派语言教学的原则。尽管《英话注解》用于会话的语句材料需要学习者反复操练或者死记硬背，许多语句的编排是分散的甚至是缺乏足够语境的，但由于单个的语句都是与活生生的商务话题或情境有关，且采用的又是口语化语言材料，具有较强的实际语言交际性，学习者在教材中学到的语句可较快应用于现实交际中，具有一定的适合性和得体性。因此，《英话注解》英语口语材料具有结构功能型教材的特点，即将语言教学通过以交际内容为中心的各种活动去进行，把语言教学归入交际语言教学的大框架中。

《英话注解》也体现了较明显的功能派语言教学的原则。功能派教材的最大特点就是针对性强，强调学以致用和实效，实用主义色彩浓厚。功能派教学理念与《英话注解》的编写目的不谋而合，两者皆重视学习者的学习需求。因此，《英话注解》以一种自发的方式体现了功能派的教学理念，强调学习者实际交际能力的培养。

四、《英话注解》的文本特点

《英话注解》作为晚清英语读本和教材，比同一时期的其他读本教材更具特色。它产生于广东英语向上海洋泾浜英语转变的过渡阶段，标志着上海洋泾浜英语的诞生；同时，它又处于中国的英语学习由"中国洋泾浜英语"向"标准英语"学习发展的转折期；也处于洋泾浜英语读本从"词汇型"向"句子型"转变的阶段。

早期的广东英语读本，如《鬼话》，文本中只有中文词汇及用中文标注的英语发音，无英语单词，仅有词汇而无短句（参考图 5-2）。《英话注解》文本中既有中文词汇、中文标注英语发音和英语词汇，同时也有词汇和短句（短句可参考图 5-3、图 5-4 和图 5-5）。与《英话注解》同时期的英语读本，如在其之后出版的《英字指南》《英字入门》和

《英语集全》等则都沿袭了《英话注解》的文本特色，即均为词汇和会话短语集。在洋泾浜英语后期的发展过程中，出现了"句子型"的读本，如《无师自通英语录》(1884)[1]。《无师自通英语录》于1884年由上海点石斋印刷，是中国最早的英语会话文本，收录了900个句子，里面的英语是标准英语，而英语发音则是用宁波话和北京话来进行标注，如图5-6。这种转变体现了英语学习由"词汇型"向"词汇、句子型"以及"句子型"发展的一种趋势以及中国英语学习走向标准化和深入化的趋势。《英话注解》则体现和预告了这些趋势。

《英话注解》文本中的词汇和短语也印证了中国的英语学习由"洋泾浜英语"向"标准英语"转变的一个过程。《英话注解》读本中既有洋泾浜英语的短语结构，又有标准英语的短语结构。体现了汉语语法和英语语法的双重影响。图5-3、图5-4、图5-5均出自《英话注解》。图5-3的中文短语"你从哪里来？"，英文表达为"Where do you come from?"，是非常标准的英语表达。图5-4的中文短语"我现在不要。"，英文表达为"Just now no want."，则是典型的洋泾浜英语，根据汉语语法结构逐字翻译而成。图5-5的中文短语"你到何处去？"，英文表达为"Where you go?"，其结构遵循英语语法，但是却又存在着语法问题，无助动词do，准确的表达应为"Where do you go?"。通过这三个例子，我们可以大概了解《英话注解》文本中短句的翻译情况：各种情况和问题并存，同时又有标准英语的表达。这些情况和问题则很明确地说明了《英话注解》处于洋泾浜英语向标准英语过渡的这样一个特殊时期。这也是《英话注解》教材读本的一大特色。

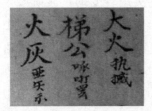

图5-2　早期广东英语读本截图

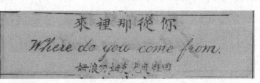

图5-3　《英话注解》第83页句子截图

〔1〕《无师自通英语录》最早可能成书于1880年，作者为绿竹山房。标准英语表达，宁波话和北京话注音。主要版本有：点石斋1884年版、著易堂1887年版、上洋美华书馆1897年版等。

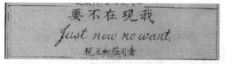

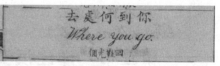

图 5-4 《英话注解》第 84 页句子截图　　图 5-5 《英话注解》第 83 页句子截图

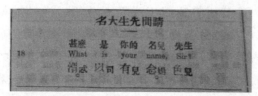

图 5-6 《无师自通英语录》例句（相见问答类第 18 条）

五、小结

《英话注解》很大程度上直接满足了当时英语学习者学习英语知识、掌握英语交际技能的需要，也满足了当时社会对英语学习材料及英语人才的需求，一定程度上反映了当时的社会及文化心态的变化，对民国及后来的英语教材建设产生了一定的影响。如民国初期的一些英语教材仍旧延续晚清时期自编英语教材的实用性和针对性。"观今必鉴古，无古不成今。"《英话注解》像是一架时光机，带着我们穿越时空隧道，让我们"切身"感受那个时期英语教材留给我们的记忆。尽管它带给世人的记忆渐去渐远，但它却始终承载着历史的空间，诉说着中国英语教学百余年的沧桑。从《英话注解》的相关研究，可以洞悉晚清英语教材从以中文注音、只言片语式的洋泾浜英语蹒跚起步，经过漫长而跟跄的发展过程，逐步发展到摆脱中文注音方式的正规英语教材，以及将英语作为一个笼统甚至是模糊的整体，逐渐发展到一个稍具清晰轮廓和概念的英语教材的演变过程。《英话注解》作为中国早期英语教材，存在着诸多不足。萌芽期的英语教材内容安排缺乏科学合理的逻辑思路，教材内容不正规且散乱，缺乏深层次处理，很少涉及中西文化差异及跨文化交际的内容，更无语言学理论或外语教学理论的指导。但这类民间自发形成的晚清英语教材却对中国英语学习的发端和发展起了非常重要的作用。

第三节　洋泾浜英语与中国英语学习

《英话注解》的英语表达属于洋泾浜英语，洋泾浜英语是特殊历史时期形成的特殊产物，是一种混合语，有人把它形象地称为语言的"混血儿"。在一般人的印象中，洋泾浜英语是不规范英语的指称，也经常被称为中式英语。本节将首先对洋泾浜英语、中国英语和中式英语这三类英语变体进行阐述，在此基础上，对中国洋泾浜英语进行概述，并对中国洋泾浜英语向标准英语过渡的阶段和过渡阶段的特点等进行描述，对过渡过程中的洋泾浜英语读本从汉语注音向国际音标注音的演进过程进行解读，感受《英话注解》在整个演进过程中所处的阶段，以便更加立体地了解《英话注解》文本和与《英话注解》类似的中国洋泾浜英语读本，乃至中国洋泾浜英语。最后，本节将对标准英语普及以后，新出现的洋泾浜英语语言现象，本研究称之为"后洋泾浜英语"进行解释和例证，并对洋泾浜英语的各类变体在语言发展过程中的利弊和不同观点加以陈述，以更好地了解中国洋泾浜英语、中式英语、中国英语乃至后洋泾浜英语这些英语语言变体在中国的发展。

一、洋泾浜英语、中式英语与中国英语

洋泾浜英语（Pidgin English）是一种交际用语，其既不是第一语言，也不是母语[1]，是由于不同的语言群体之间的言语交际需要（如贸易交往需要）而形成的简化语言[2]。中国洋泾浜英语（Chinese Pidgin English，简称 CPE）起源于 18 世纪的广州，是早期来华的外国人和在广州的中国人为了生活和生意的需要，在贸易交往中为解决语言障碍而逐步发明的一种混杂语言，在广州叫作广东英语；到了 19 世纪，

---

〔1〕　WARDHAUGH R. An Introduction to Sociolinguistics〔M〕. Beijing：Foreign Language Teaching and Research Press & Blackwell Publishers Ltd.，2000.

〔2〕　HOLM J. Pidgins and Creoles〔M〕. Cambridge：Cambridge University Press，1988.

上海成为对外贸易的中心，洋泾浜英语开始在上海流行。洋泾浜是旧上海的一条河流，靠近今天的外滩，是 19 世纪中国涉外贸易的中心，洋泾浜英语则因这个使用地点而得名[1]。中国洋泾浜英语起源于广州，盛行于上海。洋泾浜英语的词汇源于英语，但结构和语法却追随汉语；语音上则用各地方言模仿英语原词汇的发音，有很大的随机性和变异性。洋泾浜英语没有句法、逻辑不清、词汇量有限、读音不准，但它却是鸦片战争前一百多年间中外交往的主要语言媒介。洋泾浜英语因其混杂性和不规范性，带有一定的贬义色彩，而且容易让人想起近代中国沦为半殖民地的耻辱，让人有不满的暗示或联想意义。

　　随着中国彻底告别了半殖民地半封建的历史，随着英语正规化教学在中国的逐步推广和普及，特别是随着新中国的成立，在中国近代历史舞台上盛行一时的洋泾浜英语也逐渐走向衰亡。但是在跨文化交际过程中，洋泾浜式的英语还是不可避免地存在着，现在提到比较多的是"中式英语"或者"中国英语"。不管是洋泾浜英语、中式英语还是中国英语，都受汉语的影响和干扰；在近代或近代以前"洋泾浜英语"的说法比较普遍，而在近代以后，中国英语和中式英语的说法比较普遍。

　　中国英语（China English）受学者们的关注由来已久，对其认识也在不断深化和发展。中国英语的概念最早由葛传椝提出，因为"讲英语或写英语时都有些我国特有的东西需要表达"[2]。此后，很多学者也纷纷给出了中国英语的定义，主要有汪榕培[3]，李文中[4]，谢之君[5]，贾冠杰、向明发[6]和罗运芝[7]，等等。观点概括如下：（1）中国英语是汉语为母语的人在中国本土使用的英语；（2）中国英语以标准或规范英语为共核；（3）中国英语用来表达中国特有的事物和概念；（4）中国英语有益于中国文化的传播。简而言之，学者们的看法基本一致，唯一

　　[1] 石定栩. 洋泾浜语及克里奥语研究的历史和现状 [J]. 国外语言学，1995（4）：1-8.

　　[2] 葛传椝. 漫谈由汉译英问题 [J]. 翻译通讯，1980（2）.

　　[3] 汪榕培. 中国英语是客观存在 [J]. 解放军外语学院学报，1991（1）.

　　[4] 李文中. 中国英语和中式英语 [J]. 外语教学与研究，1993（4）.

　　[5] 谢之君. 中国英语：跨文化语言交际中的干扰性变体 [J]. 现代外语，1995（4）.

　　[6] 贾冠杰，向明发. 为中国英语一辩 [J]. 外语与外语教学，1997（5）.

　　[7] 罗运芝. 中国英语前景观 [J]. 外语与外语教学，1998（5）.

的分歧是中国英语是否受到汉语母语的干扰。李文中认为中国英语不受母语干扰，通过音译、译借及语义再生诸手段进入英语交际，是具有中国特点的词汇、句式和语篇。[1] 谢之君则认为中国英语受母语干扰，是跨文化交际中的干扰性变体。[2] 笔者认为根据有序异质语言观，中国人在使用英语时，由于具有汉语和英语两种语言子系统，必然会产生来自汉语母语的干扰，而且正是这种干扰才产生了语言的变异，即中国英语变体。我们可以说中国英语是一种英语变体，语法规范以母语国家的英语语法为标准，擅长表达有中国特色的经济、文化等概念和事物，特别是当"标准英语"找不到对等词汇，无能为力的时候，中国英语更是发挥了相当的作用。同时，中国英语在句式和语篇诸多层面还是会受到汉语思维的影响，具有一定的中国特色。

中式英语（Chinese English 或 Chinglish）则带有贬义性质，是指受汉语发音和思维影响，语音和语法等有偏差的非规范英语。中国英语（China English）则主要是表达"具有中国特色的规范英语"。其实中式英语和中国英语这两个概念或术语既有区别又有联系。由于交际目的不同，同样一种非规范英语的变异表达，无论是单词（包括发音和意义）、短语、句子，还是语篇结构，其可接受性是不一样的。如果会话以国际交流为目的，这些变异形式常会被看作是"不合规范英语或不合英语文化习惯的畸形英语"，这是由听说双方完全不同的语言与文化背景所致。而如果会话以国内交流为目的，听说双方的语言文化背景相同或相似，这些变异则会被看作是可理解的和可接受的。从这个意义上来讲，中国英语与中式英语同为英语变体但是形式不同，如何看待它们取决于我们看问题的角度。[3] 根据可接受的程度，中国英语中可接受性强者更接近于标准英语，可接受性弱者更接近于中式英语。英语水平的提高会减少可接受性弱的中国英语。中国英语与中式英语密切相关，可以看作是英语变体在中国发展过程中的两个环节。

---

〔1〕 李文中. 中国英语和中式英语 [J]. 外语教学与研究，1993 (4)：18.

〔2〕 谢之君. 中国英语：跨文化语言交际中的干扰性变体 [J]. 现代外语，1995 (4)：7-11.

〔3〕 张培成. 使用目的与国别变体：也谈中国英语 [J]. 现代外语，1995 (3)：16-21.

中式英语可以转化为中国英语[1]，如"Long time no see.（好久不见。）"。实际上，英语学习是循序渐进的过程，可以从洋泾浜英语发展到接近母语英语水平（native English）[2]。根据语言变异理论，我们可以说英语在中国的发展是一个连续体，即洋泾浜英语—中式英语—中国英语—标准英语这样一个发展趋势。

由上可见，不管是中式英语还是中国英语，都或强或弱地受汉语发音或思维的影响。而中式英语或中国英语最早的发端则是洋泾浜英语。

二、洋泾浜英语读本与中国英语学习的标准化

1. 汉字注音向国际音标演进

语音是语言的物质外壳，是语言系统最外在的形式特征。晚清阶段，《英话注解》类英语词语会话集，采用的都是汉字注音的方式。复旦大学周振鹤教授提到晚清启蒙期的英语读本"不管是单词还是句子，都用汉字注明其读音，再翻译成相应的中文意思。这样的编写法是当时所有英语词汇会话集的通例"[3]。用汉字为英语注音，"这种方法当然十分原始，但在语言接触初期，所有教材皆不脱此窠臼"[4]。中国的英语注音主要经历了从汉字注音至国际音标这样一个发展过程，其中汉字注音主要分为粤音汉字注音、官话注音和甬音或沪音汉字注音三个阶段，而官话注音在当时未能成为主流。

（1）粤音汉字注音

洋泾浜英语发展初期是用粤音汉字标注英语发音。从史载最早的《鬼话》（约 1830—1840）、现存最早的商务英语词汇集《红毛买卖通用鬼话》（约 1830—1850），到最早用词规范且造句地道的《华英通语》（1855）、重印版本最多且刊印时间最长的《英语撮要》（1862 年前），到第一部词典性的英语教材《英语集全》（1862），均"以汉语的某一南

〔1〕 姜亚军，杜瑞清. 有关"中国英语"的问题 [J]. 外语教学，2003（1）：23-27.
〔2〕 胡晓丽. 中国英语变体的功能研究 [M]. 北京：中国社会科学出版社，2012.
〔3〕 周振鹤. 随无涯之旅 [M]. 北京：生活·读书·新知三联书店，1996.
〔4〕 周振鹤. 知者不言 [M]. 北京：生活·读书·新知三联书店，2008.

方方言来为英语注音，无疑最早学习英语的主要都是南方人"[1]。形式为单字、双音节词和句子的粤音汉字注音。有些早期的读本，虽名为英语教材，但实际上整本读本只有汉字而无英文，如广州以文堂书肆刊印的《红毛番话·贸易须知》，因当时社会一般人并不懂英文，只要有汉字注音，便可死记硬背，达到学习英语的目的。这种学习方法，在当时还比较普遍。而后，《华英类语》（郑聪甫，1893）、《华英类语》（卓岐山，1904）、《华英贸易字汇》（卓岐山，1904）、《华英通语问答》（卓岐山，1906）等标志着广东英语向国外传播的英语读本也均采用粤音汉字注音法。《华英贸易字汇》和《华英通语问答》分别以"切音论"和"凡例读法"详细介绍了注音和发音方法。

（2）官话注音

鸦片战争后，五口通商，贸易中心北移，具有浓厚地方特色的广东英语并不适合江浙沪等地的商人。广州以北的通商口岸城市"畅晓英语者，不过洋务中百十人而已，此外南北各省竟无一人能略知者，未免有意难通，殊觉束手"，"为了促进北方港口城市的对外交往，有必要用官话标出英文的读音"[2]。为了迅速培养北方口岸城市对外贸易的通事，一种直接用官话标读的英语逐渐取代广东英语。1844 年的《中国丛报》（The Chinese Repository）介绍了一本由罗伯聘于 1843 年编写出版的《华英通用杂话·上卷》，比较详细地介绍了这种新的英语学习方法。它将英文、中文翻译、英文的谐音汉语，以及需要连读的内容等一起编排，以便学习。且这种学习不一定要面授。如"二十二（twenty-two）"读成"敦地都"，"请（please）"读成"必里士"，"一件东西（one thing）"读成"温叮"，"拿来（bring it）"读成"必岭衣的"，等等。但是官话注音并不十分成功，因为大量的仆役、买办和商人从南方涌向北方，他们已经习惯于说广东英语，而且以此为傲，于是这种中英混合语的潮流遏制不住地向北涌去。当然，罗伯聘的努力也没有白费。其后，中国人模仿其著作编写了五六种正规英语教材。[3]

---

〔1〕 周振鹤. 随无涯之旅 [M]. 2 版. 北京：生活·读书·新知三联书店，2007：198.

〔2〕 THOM R. Chinese and English Vocabulary, Part First [M]. 1843.

〔3〕 周振鹤. 中国洋泾浜英语的形成 [J]. 复旦学报（社会科学版），2013（5）：9.

（3）甬音或者沪音注音

洋泾浜英语发展到上海洋泾浜英语阶段，主要是用甬音或者沪音标注英语发音。无论是作为最早预告上海洋泾浜英语产生的《英话注解》（1860，甬音注音）、赋予上海洋泾浜英语以书面形式的《英字入门》（1874，沪音注音），抑或是标志着上海洋泾浜英语地位得以确立的《英字指南》（1879，吴方言注音），还是作为最早收录上海洋泾浜英语900句的《无师自通英语录》（1884，甬音注音为主），均采用甬音或沪音标注英语发音。其中，《英话注解》用甬音标注英语发音，只有极简的发音说明，带有明显的洋泾浜英语痕迹；《英字入门》用沪音标注英语发音，其特点是"讲究拼法，虽以汉字标音，但不像此前诸书是以汉字谐音死记，再长的句子都只能死背。此书先教音节的拼法，音节既熟，单词即可自行拼出，单词既熟，则句子稍易，已接近于现代教学法，只差注音符号而已"[1]。《英字指南》采用吴方言标注英文发音，由音得字，由字得义，务以得其正音，不致高低舛错。《无师自通英语录》的每个英文句子上面是对应每个英文单词的中文含义，下面则是对应的汉语注音（基本以宁波话为主，部分北京话注音）。

以方言标注英语发音的方式解决了语言交流上的问题，促进了中西贸易和文化交流。鉴于当时的社会文化情况，尚无标准汉语之说，同时也不存在普通话，所以，方言注音也是情理之中。但是其同时也存在许多问题，譬如：汉字注音首先会导致英语单词发音不准确，即使都是以粤音、沪音或是甬音汉字注音，也会因作者不同而采用不同的汉字来注音；同时，对于不熟悉粤音、甬音或沪音的读者来说，学习极为不便。启蒙期的英语读本也是在万般无奈的情况下采用了以汉字为英语注音的原始方式，但这种注音方式也反映了编者朦胧的英语语音意识。应该说，当时以汉字为英语注音的方式是可行、合理和有效的。尽管其注音方式很不科学，在后来的英语学习中被摒弃，但仍有着一定的"市场"，对我国的英语教学史影响深远。

（4）音标注音

清末民初，大多数英文教材都没有注意并使用"国际音标"这一工

---

〔1〕周振鹤. 随无涯之旅［M］. 2版. 北京：生活·读书·新知三联书店，2007：194.

具，周越然[1]是第一个把国际音标编入英语教材的人。民国初年，教育部审查周越然的《初级英语读音教科书》（1918）的批文称：编辑人于西文字母之外，改头换面，另设奇形之新字母，显系杜撰，实属荒谬绝伦。作为制定国际音标的国际语音学协会会员的周越然上书教育部，说明国际音标的作用和来历，力陈国际音标已通行欧美各国，有字典，有教材，是外语学习的有效工具，并同时附上国际语音学会的宣言书。教育部只得就《初级英语读音教科书》再发一文："遵示复审商务印书馆呈请审查之《初级英语读音教科书》一册，该书采用万国语音学会之读音字母，以为英语拼音之助，用意甚善。惟中西语文，形态迥异，初学外国语时，即于寻常之外，加授读音字母，难免烦累淆混之虞……查该书以读音字母，防检英语读音之讹误，分课演进，尚便练习，应准中学、师范各校酌量采用为英语读音教科书……并将此种字母逐渐推广，以符实事求是之意……"[2]后来，该书畅销风行数十年，国际音标也随着这本教材的推广而普及。《初级英语读音教科书》一书具有重大和深远的影响。另外，中国第一本详细介绍英语语音的书是周由廑编写的《英语语音学纲要》（1922），该书是民国时期第一部汉语版的现代英语语音学著作，在英语语音学和中国英语语音学教学史等层面上，具有重要的学术价值和重大意义。

国际音标是在琼斯音标体系[3]和亨利·斯威特（Henry Sweet）宽

---

〔1〕 周越然（1885—1962），原名之彦，字月船，20岁时改字为越然，浙江吴兴（今湖州市）人。周越然是20世纪初期有名的收藏家、自学成才的英语专家、民国著名编译家、国际语音学协会会员，曾就读于教会学校——华英学堂、上海广方言馆，曾任上海田华书局英文总编辑、商务印书馆主编，曾大量编译各种英文书籍，如《英文启蒙读本》《国民英语入门》《英文造句法》等。

〔2〕 杨建民. 周越然"致富"教科书 [N]. 中华读书报，2011-03-09.

〔3〕 琼斯音标体系：历史比较语言学的开创者威廉·琼斯在印度翻译东方国家的经典著作时，为了解决用罗马字母转写亚洲语言不统一问题，深入研究了亚洲几种重要语言的书写系统，于1786年撰写了《论亚洲词汇的罗马字母正写法》。文中分析了当时的一些转写方法的优缺点，提出了用罗马字母转写的原则，制定了持续影响达一个多世纪的"琼斯音标体系"。该体系是国际音标出现以前载记亚洲语言发音、转写亚洲拼音文字影响最大的音标兼书写体系，对我国的方言罗马字注音的制定也产生了一定的影响，是音标界的鼻祖。

式罗密克音标体系[1]的影响下，随着语音学教师协会（后改名为国际语音学协会）的成立而形成的。语音学教师协会是法国一些语言教师在教学实践过程中发现运用语音学理论和符号记音对教学工作的价值后，于1886年成立的，同时出版了内容完全用音标印刷的刊物《语音学教师》。该协会于1888年8月在《语音学教师》上公布了一套"国际语音字母（International Phonetic Alphabet，IPA）"方案，从此以国际音标为代表的词外标音法诞生了。这是历史上第一个国际音标表，它以英国南部一些贵族私立学校和上层阶级的发音为基本标准，以"一音一符"的准确性和简洁性逐步统一了欧洲各地五花八门的标音体系，成为真正有国际影响力的一套标音符号体系。

随着中西商贸交往的日益深入和人们对标准英语的推崇，英语读本和教材从启蒙阶段以汉字为英语注音逐渐向国际音标注音演进。很多英语教材，如《增广袖珍分类英语》（1905）、《华英商业会话》（1906）、《华英会话文件辞典》（1910）和《英文书札指南》（1910）等都不再采用汉字注音的方式，说明这些教材的编者意识到汉字注音所存在的问题，而采用音标注音。初步发展期的晚清英语教材在语音上已不再采用汉字为英语注音了。从以汉字为英语注音到以国际音标注音经历了一个很长的过程，这一过程是随着国人对标准英语的认识、认可和追求而逐步推进的。

2. 从中国洋泾浜英语向标准英语演进

首先，中国洋泾浜英语读本经历了从启蒙期的"词汇型"向初步发展期的"句子型"转变的过程。词汇型读本主要有三种类型：（1）英语词汇集，如《红毛买卖通用鬼话》，读本里面只有词汇，没有句子，"收

---

〔1〕 亨利·斯威特宽式罗密克音标体系：18世纪后，英语的地位虽已确立，但英国人仍偏重于拉丁语的教学与研究，而英语研究却是德国学者擅长的领域。直到19世纪后期，英国人亨利·斯威特才开始专注于英语自身的教学与研究。他不仅主张在外语教学上首先从语音入手，重视对英语现状及实用方面的研究，还创制了宽式罗密克音标体系，该体系成为后来的国际音标的直接来源。亨利·斯威特所著的 *A Primer of Spoken English* 被人称作是"首次对伦敦有教养者的发音做了科学的描述"。描述的是"伦敦及周围地区有教养的口语，这是标准英语口语和书面形式的发源地"。他强调语音并开始用外标符号对英语进行宽式的词外标音，是对以前各种标音方法的突破，对文字的标音更加准确，在欧洲语言学界具有广泛的影响，为后来国际音标的诞生打下了坚实的基础。

录的都是与外国人接触时最需要的日常生活和商贸词汇"[1]。（2）英语词汇会话集，以英语词汇为主，兼及短语和简单会话（句子），以字词为中心，这类读本比较多，如《华英通语》《英语撮要》《英语集全》《英话注解》《英字入门》《英字指南》等。（3）词汇型英语会话集的一种极端情况——只有汉字及英文的粤语读音，而没有英文原文，如《红毛番话·贸易须知》《华番贸易言语通晓》等。词汇型英语会话集之所以只重词语而不重句子，是因为对于英语学习者来说，他们只要掌握词语，便可以依照汉语的方法说出英语来。"早期中国式的 pidgin 教材是使用汉字来编写的"，"……pidgin 是用来说话的，不是用来书写的"，"……当听非母语者说话时，最重要的是关键词，而不是语法，这也正是 pidgin 的最大特点"[2]。随着晚清英语教育逐渐普及，随着标准英语学习者的逐渐增加，晚清英语教学进入以句子型为特征的英语学习阶段，开始强调语法的准确性，开始注重英语词与词之间的结构关系，注重句子的完整性及意义结构，逐渐出现以句子型为特征的英语教材。《无师自通英语录》可以称作是最早的"商务英语 900 句"，突破了《鬼话》等词汇型英语教材只以单词为核心的编排方式，代之以英文句子为核心的编排方式，同时向理解型读本转变。只是部分读本仍未摆脱以汉语为英语注音的局限。民国及民国以后的英语教学和教材则开始全方位从语音、语法、写作、会话等各方面全面标准化。尽管在标准化的过程中，洋泾浜英语还大行其道，不过，至少中国的英语教学正在迈向正规、标准的轨道。

其次，晚清和民国时期是中国洋泾浜英语转向标准英语的重要阶段，是英语学习中国化和标准化的转折时期。晚清英语教学涉及早期民间洋泾浜英语教学、官办学堂和教会学校标准英语教学。启蒙期的英语读本多属中国洋泾浜英语类读本，初步发展期的则基本属标准英语教材。以下，笔者根据中国英语学习读本和教材的具体情况，结合中国英语学习和发展的情况，将洋泾浜英语转向标准英语的过程分为三个阶段。

第一阶段：18 世纪中期至 19 世纪中晚期是洋泾浜英语读本的启蒙

〔1〕 莫再树，肖云南. 我国早期商务英语的产生及语言属性 [J]. 湖南大学学报（社会科学版），2012（2）：86-89.

〔2〕 周振鹤. 如何认定 Pidgin English [J]. 或问（Wakumon），2005（10）：169-170.

期。启蒙期的洋泾浜英语读本以词汇型为主。英语词汇集类型的英语读本，以汉字标注英语发音，词汇结构为汉语语法结构，如以粤音汉字注音的《广东英语语词集》《红毛买卖通用鬼话》等；而词汇会话型英语读本，则在词汇集英语读本的基础上，由简单的词汇集合向简单的英语口语短句扩充，汉字注音的同时，英语口语短句的句子结构很多是依照汉语语法结构而来，也有部分标准英语的语法结构，如《英话注解》。第一阶段中国的英语学习以洋泾浜英语学习为主。

第二阶段：19 世纪末 20 世纪初的晚清英语读本则更进一步地向标准英语靠拢，除了有汉字注音外，其语法结构基本为准确的标准英语语法结构。这一时期的英语教材已经打破了长期以来形成的中国洋泾浜英语占主流地位的局面，摆脱了洋泾浜英语的束缚和影响，开始以标准英语编写英语读本（尽管仍以汉字为英语注音），艰难地，然而却坚定地迈向标准和规范英语的征程。如：《华英通语》"用词规范，句子也极标准"[1]；《英语集全》"英文表达正确，语法规范，兼具口语和书面语，绝非广东英语或上海洋泾浜英语。在注音和句子的准确性方面，与盛极一时的广州英语几同霄壤"[2]，被公认为中国的第一部汉英辞典兼教材，是"供与学习者使用的规范的英语工具书"；《英字指南》讲究拼法，所收录的句子是规范的英语，而不是洋泾浜英语。这种用标准、规范英语编写的英语教材的早期探索与实践为晚清初步发展期的标准英语会话及写作教材的编写奠定了基础。

第三阶段：20 世纪初，民国阶段，随着国际音标在中国英语学习中的引入和普及，中国的英语读本和教材编写结束了用汉字注音的历史阶段，开始在语音、语法结构等各方面向标准英语看齐。尽管在英语学习的过程中，还会出现用汉字标注英语发音、中式句子结构等洋泾浜英语语言现象，但类似的语言现象全世界都有，如印度英语、日本英语等。在中国，我们则称之为"中式英语"和"中国英语"。总体而言，通过三个阶段的演进，中国的英语学习逐步从洋泾浜英语转入标准英语

〔1〕 季压西，陈伟民. 中国近代通事［M］. 北京：学苑出版社，2007：282.

〔2〕 吴义雄. "广州英语"与 19 世纪中叶以前的中西交往［J］. 近代史研究，2001（3）：172-202.

的轨道。

三、后洋泾浜英语

洋泾浜英语的产生有着特殊的政治、经济和文化背景。晚清和民国时期是洋泾浜英语使用的高峰时期。新中国成立后，随着时代的变迁，社会的发展和文化的进步，洋泾浜英语已弱化，乃至销声匿迹。但是近二十年，公共媒体和社会生活中产生了新的洋泾浜语言现象。新洋泾浜英语是新世纪的产物，它既带有 20 世纪初洋泾浜英语的痕迹，又有着浓郁的现代特点，使用人群广泛，而且使用人受教育程度较高，这里称之为后洋泾浜英语。关于新洋泾浜英语的特点和分类，已有部分学者做过相关研究，如赵湘将此类洋泾浜英语分为以下五类：（1）使用英语缩略词；（2）直接使用英语单词；（3）大量使用英语意译词；（4）使用英语的音译词；（5）英语和汉语夹杂使用等。[1] 笔者则根据其表现形式，将后洋泾浜英语分为两种形式：全英形式和汉英混合形式。以下主要用日常生活中接触到的例子对两类形式进行说明。

1. 全英形式

1）We two who and who! 咱俩谁跟谁啊！

2）Know is know, no know is no know. 知之为知之，不知为不知。

3）No zuo no die. 不作不会死。

4）You can you up. 你行你上啊。

5）Add oil. 加油！

6）Follow your heart. 怂。

7）Holy high. 好厉害！

8）Where's your haha point? 你的笑点在哪？

9）I'm your cai. 我是你的菜。

10）I momoda you. 我喜欢你。

2. 汉英混合形式

1）这件衣服颜色太红了，你能不能 hold（掌握）住啊！

---

[1] 赵湘. 新洋泾浜英语探析［J］. 疯狂英语（教师版），2007（2）.

2）IT 行业（IT＝Information Technology，信息技术）

3）她的 fans（粉丝）给了她一个意外的惊喜。

4）我没有 feeling（感觉）。

5）明天可以去看个 show（秀）。

6）摆 pose（造型）

7）我 call（打电话）你。

8）好 fashion（时髦）啊！

9）一个 case（项目）

10）蹦 D（迪斯科）

我们可以通过比较以上 20 个后洋泾浜英语例子以及洋泾浜英语的先例，探究洋泾浜英语与后洋泾浜英语的区别所在：（1）使用时间上，洋泾浜英语主要产生于清末和民国初期的 19 世纪末 20 世纪初，而后洋泾浜英语则产生于全球化的 21 世纪；（2）使用主体上，洋泾浜英语的使用者主要为没有受过正规英语教育的一些水手、商贩和三轮车夫，而后洋泾浜英语的使用者较为复杂，且一般都是受过正规英语教育的年轻人（不会出现发音问题、方言注音问题等）；（3）使用对象上，洋泾浜英语的使用对象是外国人，是为了与外国人进行贸易而产生，后洋泾浜英语的使用对象是中国人，主要是在中国人之间进行交际与沟通；（4）使用目的上，洋泾浜英语是当时一些特定人群的一种谋生手段，而后洋泾浜英语是现在青年人中的一种流行语或幽默表达；（5）结构上，洋泾浜英语的结构较为简单，主要由几个英语单词拼凑在一起，而后洋泾浜英语有几个英语单词拼凑在一起的，也有英汉两种语言混合在一起的；（6）覆盖面上，洋泾浜英语所传递的信息较窄，主要集中在商业和贸易领域，而后洋泾浜英语的覆盖面较为宽泛；（7）洋泾浜英语的使用在当时是一种无奈之举，而后洋泾浜英语是年轻人的一种调侃和游戏。综上，19 世纪末 20 世纪初的洋泾浜英语对中国早期的商业进步、经济繁荣和国际交流是有积极意义的；而 21 世纪出现的后洋泾浜英语则是青年人在全球化背景下，在自由交际中，广泛传播的流行语，是出于表达洒脱、活泼、幽默情调的需要，在传播到一定的范围和程度后，也可能被标准英语所吸收。随着英语的普及与发展，后洋泾浜英语也会随之发展，后洋泾浜英语一般具有形式简洁、话语幽默、范围宽泛的特点。

至于后洋泾浜英语形成的原因，大致概括如下：首先，后洋泾浜英语是改革开放和经济、文化全球化的必然产物。全球化背景下，国外的新概念、新产品、新技术大量涌入，而汉译不能及时出现，所以后洋泾浜有时也算是一种不得不出现的语言现象，这是客观原因之一。其次，初学英语者有时不能用外语完整地表述一个句子的意思，往往会在使用中不自觉地中外混杂。同时，年轻人出于对英语的喜好，在对话时受英语语言的影响，时不时地冒出来的英语词汇，也是后洋泾浜英语形成的原因之一。再者，新媒体和网络的发展也使得后洋泾浜英语的产生途径更为多元化，传播和使用也更为广泛，调侃型的后洋泾浜英语经常风靡网络。后洋泾浜英语主要在洋泾浜语言区，如江浙沪、广东、香港等地传播更为普遍；就人群来说，在青年人，特别是受过正规英语教育的中青年人群中传播更多。最后，英语文化的强势入侵和国人文化素质的普遍提高，也是后洋泾浜英语出现的原因之一。

从洋泾浜英语发展到后洋泾浜英语，尽管两者有着千丝万缕的联系，但从使用角度、传播主体等方面来看，两者却天差地别。后洋泾浜英语作为网络调侃语和幽默话语的同时，甚至还有一定的文学化倾向，为很多年轻人所推崇。有一部分学者认为后洋泾浜英语现象有一定的危害性，有卖弄之嫌，不正确的表达可能会产生误会与隔阂，影响沟通与交流，影响我国在国际上的形象；有一部学者则认为，这是语言文字自身发展的规律，是发展过程中出现的不可避免的一种语言变体，不会对汉语体系以及民族身份特征造成实质改变[1]。随着社会经济生活的进步和教育的发展，人们对待洋泾浜英语的态度也在不断变化着。

四、洋泾浜英语、中式英语、中国英语的扬弃与发展

德国语言学家、哲学家洪堡特认为，语言是"一个民族进行思维和感知的工具"，每一种语言都包含了一种独特的世界观。语言习得的完成，是某种思维方式形成的标志。一个人一旦首先习得了汉语，形成了

---

[1] 李萍，赵凤玉. 关于中国新现洋泾浜语定性与定位问题的研究 [J]. 语文学刊（外语教育教学），2015（12）：14-16.

中国式的思维方式，他将不可避免地在语言使用中夹带中国特点。洋泾浜英语就带有明显的中国特点，不管是发音，还是句式结构。我们可以以近代这个时间段为划分点，近代以前的此类英语我们称为洋泾浜英语，近代以后的此类英语我们多称为中式英语和中国英语，还有后期衍生出来的后洋泾浜英语。中国洋泾浜英语在中国存在三个世纪之久，其发展历经百年，上下沉浮。尽管对洋泾浜英语的评价，褒贬不一，甚至贬大于褒，但是在这百余年的历史中，洋泾浜英语还是体现了其不可替代性、发展必然性和一定的价值。我们要用包容和开放的态度去对待它。

　　"洋泾浜英语"或"中式英语"两个词条的本身就带有贬义，主要是指受到母语即汉语的发音和思维影响，在语音、语法等方面有偏差的非规范英语。洋泾浜英语无论在发音还是语法方面，都先天不足；逻辑混乱、言不及义、生造硬搬、残缺病句等词经常被用来形容洋泾浜英语。早期的洋泾浜英语还被称为杂种语言和混合语言。还有人认为洋泾浜英语是对民族语言的污染。在中国待过一段时间的外国人大都对洋泾浜英语留下深刻印象，在对中国经历的回忆中他们很少不提及洋泾浜英语以及它给他们留下的极恶劣的印象，他们对它深恶痛绝，甚至说它是恶俗俚语和汉语句法结合的一个可怕的畸形儿[1]。在中国，因为社会、教育、文化、政治环境等的影响，早期的英语也被称作"番话"，是被国人所不齿的，使用洋泾浜英语的人群主要是社会中低阶层，知识水平也较低，如商贩、通事、跑街、三轮车夫等。洋泾浜英语作为民间自发形成的不同文化群体之间交流的语言，不合英语规范，也不合英语文化习惯，夹杂着汉语的发音、结构以及英语的词汇，没有章法；不伦不类，不受推崇。在新中国成立后的很长一段时间里，洋泾浜英语一度被排斥和清除。但是，在消除洋泾浜英语不利影响的同时，其作用也不可忽视。因此对洋泾浜英语的历史和现状须进行严肃认真的客观评判。关于洋泾浜英语在现代社会的发展，笔者在第四章第五节也有提到，可参考。

　　首先，且不说洋泾浜英语或是别琴英语对中国历史的发展进程有什

---

〔1〕　卫贤礼. 中国心灵［M］. 王宇洁，等译. 北京：国际文化出版公司，1998：1.

么负面影响，但任何事物都有存在的理据，它们存在的理由就是使用价值。尽管洋泾浜英语不中不西，但它的出现有它的历史背景和文化内涵。从另一个角度来说，洋泾浜英语又中又西，中西结合，解决了中国近代对外贸易的语言交流需求，有小部分词汇也被归入了标准英语，丰富了英语的词汇和表达；在某种程度上，它还直接或间接地促进了正规学校英语教学的开展，并促使清政府自己办学培养人才，造就了邓世昌、冯如、詹天佑等一批时代英杰；洋泾浜英语的产生深刻反映着正规英语教学落后于社会实际需求的现实，其历史和地域文化局限性也显而易见，但它之所以能在我国流行相当长的时间，是因为它将当时社会的英语教学条件、教学目的和教学对象有机地联系了起来，这一点对当今英语教学也不乏指导意义。

其次，从洋泾浜英语一路走来的中式英语，也是语言学习中被取缔的对象，被认为难登大雅之堂。就在国内忙着取缔中式英语的时候，国外却开始发起了"拯救中式英语"的活动。在这些拥护中式英语的外国人眼中，英语字词邂逅中国语法，中式英语错得"韵味十足"。这种"不规范"的英语表达形式受到了越来越多的讨论和关注，甚至得到了越来越多的认可。据统计，1994 年以来加入国际英语行列的词汇中，中式英语贡献了 5％至 20％，超过任何其他来源。[1] 部分认可度较高的中式英语不断走入常用英语的行列。一些风靡网络的中式英语让人不得不感叹网民的智慧，如："smilence" 意为 "笑而不语"，是 "smile（微笑）" 和 "silence（沉默）" 的合成词，神情兼备，一时成为流行语；有的单词紧跟时事，如动车被称为 "don't train"，由 "don't" 和 "train" 相加，意指动车不是普通的火车。这些词语表达与翻译中 "信达雅" 的准则天然契合。而对于这些中式英语的具体应用，各家的观点各不相同。部分人认为在泛娱乐时代，有些中式英语的表达简洁有力，又有一定的幽默感和创意性，也带有一定的中国文化特色，在日常表达中可以使用；部分人则认为，这种合成的中式英语，理解和记忆起来都很容易，但会对学习标准英语产生影响，不应提倡。

---

〔1〕 No Zuo No Die：Giving Chinglish a Try［EB/OL］．［2015-09-29］．http：//www.guideinchina.com/culture/detail/id/103.html.

再次，中国英语一般是以具有一定英语基础的中国人为认知主体，受汉语思维模式影响，承载着中华民族文化的介质，具有汉语的词汇、句式、语篇等语言体系特点。中国英语是英语全球化与本土化相结合的产物，是社会发展的必然结果。中国英语与中式英语密切相关，可以看作是中国英语变体发展过程中的两个环节。中国英语比中式英语更接近母语国家英语水平，中式英语可以转化为中国英语。[1] 在当代社会，由于汉英文化的差异，在用英语表示中国社会文化中某些特有的事物与现象时，经常发现词汇空缺或是表达真空，这时人们常通过译借、逐词对译、混合语等手段，使汉语的词汇进入英语交际，如有时直接用汉语拼音来翻译，中国英语就此产生，其是语言文化发展到一定阶段的必然产物。

最后，从中式英语一路走来的后洋泾浜英语则以更加网络化和开放的形态来发展洋泾浜英语和中式英语。具体的例子我们可参考本节的前一部分。网络上经常会有"新鲜出炉"的充满时代气息的各式中国特色英语词汇，这些词汇和短句往往发音规范且含义多元，成为英语爱好者和网民的新宠。它们在流传过程中会经历一个自然选择和淘汰的过程。

洋泾浜英语、中式英语、中国英语及后洋泾浜英语都是英语在中国使用和发展后的不同变体，不同学者对待这些语言变体有着不同的观点。有些学者认为，这些英语会对外语教学现状的改善不利，会进一步刺激中介语的流行与石化，也会影响我国对外政治、经济、文化的交流，我们有责任保持英语的可理解性、统一性和纯洁性；有些学者对这类英语持更加积极和开放的态度，认为这是中国特色的社会现象，是中西语义和社会语境的融合；有些学者则认为偶尔用在朋友间的谈笑或在网络聊天时用这类语言无伤大雅，但在正式场合则不宜使用，因为这会给初学英语的人造成误导。笔者认为，不同语言变体的产生总有其产生的理据和存在的价值，在不同的政治、经济、文化、教育等背景下，我们对待语言会有不同的态度，而且随着社会历史的发展，语言也在不断发展进步中，应该会有一个自然的优胜劣汰和选择使用的规律及过程。

---

〔1〕 战菊，李菲，等. 中国英语的本质、根源及发展：基于语言变异理论的解读［J］. 吉林大学社会科学学报，2015（3）：166.

五、洋泾浜英语语言模因的传播与变异

洋泾浜英语语言模因主要为汉语结构模因和省简模因。汉语结构模因和省简模因是洋泾浜英语词汇、句法和语音特征中复制传播最为普遍的模因；这两类语言模因在洋泾浜英语的词汇、句法和语音中则细化为合成词模因、汉语句式模因、词义扩展模因、语法省略模因、语法共生模因、极简发音模因和方言注音模因等（具体可参考第二章第二节）。在洋泾浜英语模因的发展、变异过程中，省简模因和汉语结构模因继续为强势语言模因，但随着时代的变迁和环境的改变，有了一定的变异，同时洋泾浜英语语言模因又有了新的特色。从洋泾浜英语发展到中式英语和中国英语，再发展到后洋泾浜英语，省简模因和汉语结构模因一直在复制、传播着，继续影响中式英语和后洋泾浜英语，为强势模因。

1. 省简模因和汉语结构模因的继续流行

在后洋泾浜英语中，省简模因和汉语结构模因表现非常突出。以下五例为后洋泾浜英语中的部分例句，例句完全按照汉语结构而来，且句式从简。对于有双语背景的网民来说，这些后洋泾浜英语很有"喜感"，所以转发频繁，广为流传。但正如本节第三部分所述，与19世纪初的洋泾浜英语相比，后洋泾浜英语的产生背景、目的和使用人群等都有了很大的变化。

1) We two who and who! 咱俩谁跟谁啊！

2) Know is know, no know is no know. 知之为知之，不知为不知。

3) No zuo no die. 不作不会死。

4) You can you up. 你行你上啊。

5) Add oil. 加油！

2. 汉语思维模因

除了省简模因和汉语结构模因，中式英语表达中的很多词汇和句子受中国文化和汉语思维的影响。汉语思维模因和汉语结构模因有一定的重合，汉语结构模因偏重结构即"形"，汉语思维模因偏"义"。如表5-3中："黑啤酒"，中式英语会表达成"black beer"，而正确的英文表达

为 "dark beer"；"红茶"，中式英语表达为 "red tea"，正确英文表达为 "black tea"。其他例子也同样受汉语思维和文化的影响，相关译文有很强的中国特色，而非正规英文表达。

表 5-3 中式英语例词、例句

中文	中式英语	正规英语
温馨提示	warm prompt	please note
不知名的演员	infamous actor	unknown actor
猜出	guess out	guess
大雨	big rain	heavy rain
肤浅	skin shallow	skin deep
黑啤酒	black beer	dark beer
眼红	be red-eyed	be green-eyed
领导水平	leadership level	art of leadership
交际花	social flower	social butterfly
红茶	red tea	black tea
这是我的书。	The book is my book.	The book is mine.

3. 中英混合表达模因

现代社会汉英混合表达的形式也较为流行，掌握双语或是多语的语言学习者经常会在日常表达中使用中英混合表达的方式，很多电视广告（如下面的例 1）也有类似现象出现，足以说明现代社会对语言的包容和语言的多样化和多元化表达。但从语言的正规性表达来说，笔者也将这类"语码混用现象"归类为后洋泾浜英语。具体也可参考本节第四部分的阐析。

1）激情购物，high 翻天！（某超市广告）

2）这件衣服颜色太红了，你能不能 hold（掌握）住啊！

3）她的 fans（粉丝）给了她一个意外的惊喜。

4）我没有 feeling（感觉）。

5）明天可以去看个 show（秀）。

4. 洋泾浜模因（谐音谐义模因）

除了以上三类比较常见的洋泾浜英语模因，在网络上流传的还有其他类别的洋泾浜模因，此处我们省去了"英语"两字，称其为洋泾浜模因，原因是它体现的是网民们自发形成的网络调侃之作，在中外语言交流中基本不会使用，仅用于网络调侃和表达幽默感，或者在有双语知识背景的网民之间使用。如下面1—3例主要是汉语网红词的拼音加入到英语表达之中，而4—6例则是完全扭曲了英文表达原本的意思，将英文逐字译出，以达到某种"幽默"的效果。7—10例同样扭曲了英语原本的意思，通过谐音和谐义的方式，用汉语表达出来，以达到网络传播时"吸睛"和"笑点"的效果。在网络用语极其丰富的今天，这些洋泾浜式的表达也是各有利弊。在正规场合，应该杜绝此类现象，但是在网络媒体中，这些表达确能提升气氛和效果。这些"洋泾浜模因"，从细化的角度来看，可以理解为谐音谐义模因。

1）I'm your cai. 我是你的菜。

2）I momoda you. 我喜欢你。

3）Where's your haha point? 你的笑点在哪？

4）Follow your heart. 跟随你心。——怂

5）How are you？你好吗？——怎么是你？

6）How old are you？你几岁了？——怎么老是你？

7）Holy high. 神圣——好厉害！

8）We found love. 我们发现爱。——潍坊的爱

9）diamond mine 钻石矿——呆萌的我

10）You share rose get fun. 赠人玫瑰，手有余香。——鱼香肉丝盖饭

六、小结

通过对英语学习中国化的过程和对洋泾浜英语文本过渡到正规英语教材的过程进行全面展示和分析，我们可以了解和感受中国早期的英语学习概况，同时对《英话注解》和类似的洋泾浜英语文本有更好、更全面的了解。在相关分析的基础上，本节对洋泾浜英语、中式英语、中国

英语和后洋泾浜英语等几个概念及其来源等做了详细分析，以便读者区分。语言也有成长的过程，洋泾浜英语经过长期的发展，也已被部分学者认可。语言没有优劣之分，要以包容和开放的态度来对待。语言服务于社会，推动了社会的发展。社会的变化必然引起语言功能和体系的矛盾，从而促进语言的发展。研究语言需要把它放在社会环境中。语言因说话人不同的社会特征、交谈双方的关系及交际目的、场合的不同而形成各种变体。各种变体纵横交错相互联系，在复杂的社会中有条不紊地发挥着各自的功能。对洋泾浜英语及其变体和洋泾浜英语模因，须进行全面、系统、客观的规范与研究，这些还有待语言学家们的共同努力。

第四节 《英话注解》的教材模因

模因论可以用于社会学、心理学、文化学等各个领域。前两章我们在对《英话注解》的语言文化特色进行描述的同时，也用模因论对语言文化的形成和发展进行了研究。本节将根据模因复制传播的四阶段和成功模因的三个特点，对《英话注解》从晚清英语教材的角度进行剖析，感受其中的语言和教材编写特色模因。语言学习其实是语言模因传播的过程。语言教材可以帮助学习者学习语言，语言模因的编排要利于学习者对相关知识进行同化、记忆、表达和传播，促使它们向长久、多产和保真的方向发展。模因论为语言习得和传播提供了新视角，也为教材的研究及编写提供了新视角。《英话注解》的语言文化模因第三、四章已有论述，具体可参考前两章。

一、模因传播的四阶段和成功模因的三特点

模因的生命周期，分为同化、记忆、表达和传播四个阶段[1]。同

---

〔1〕 HEYLIGHEN F. What makes a meme successful? [C]. Proceedings of the15th International Congress on Cybernetics（Association Internat. de Cybernétique, Namur），1998：423-418.

化阶段：主要是有效模因感染新宿主，被宿主注意、理解并接受。记忆阶段：模因在宿主记忆中保留的时间越长，越有可能传播并影响其他宿主。记忆保留时间的长短要看内容的重要性、必要性和重复率。所有学习经验都表明反复使用对记忆的重要性，这也说明了背诵法在语言教学中无法被取代的原因。表达阶段：模因主要通过话语等表达手段，从宿主记忆储存中释放，被其他宿主感知，这个阶段既可以巩固同化记忆阶段的内容，又可以促成语言模因的传播。传播阶段：模因利用各种有形载体，如声音、书籍、网络等，防止信息流失或变形，拓宽传播范围，传播也是表达阶段的延伸。传播是模因的最终目的，也是其生存、发展的必经途径。

成功的模因有三个特点：（1）长久性（longevity），模因存在时间越长，被人们复制传播的可能性就越大。（2）多产性（fecundity），成功的模因必须保证能够不断被复制传播，模因越受欢迎，被复制传播的次数就越多。（3）保真性（copy-fidelity），复制得越忠实，原版模因就越能得以保留，但这并不意味着要和原版一模一样，而是原版模因的核心或精髓得到保留。[1] 长久性和多产性是模因本身的特点，保真性是模因复制的特点。通常只有那些顺利经过模因传播四阶段，在保真性、多产性和长久性三方面表现好的模因才能获胜。而这些获胜的模因就是成功模因和强势模因。我们也可用逆向思维来审视成功模因的特点，在教材编写过程中，模因被大脑记忆得越长久，被复制和传播得越多，模因及其核心被保留得越精准，就越能成为成功模因。

二、《英话注解》自发教材模因特点

《英话注解》教材模因和语言文化模因在同化、记忆、表达和传播过程中，自发复制传播了当时流行的强势模因，紧跟当时语言学习和民间自编英语教材的风潮，为相关商贸人才的培养和近代化发展做出了贡献。作为晚清自编英语教材的一种，《英话注解》的编写特点在于其复制模仿前期广东英语读本的同时，也形成、传播了一定的教材特色模

---

[1] DAWKIN R. The Selfish Gene [M]. New York: OUP, 1976.

因，是早期英语教材的雏形。其中体现的一些教材模因在现代社会也在传播、使用着，也为现今英语教材的编写提供了借鉴。

（1）根据汉语和英语的特点，自发遴选《英话注解》洋泾浜英语的基础模因。《英话注解》教材的文本内容主要为洋泾浜英语。洋泾浜英语的基础模因和关键模因是在汉语和英语两种语言的基础上自发遴选而成。根据笔者总结，主要为汉语结构模因和省简模因以及两种基础模因在词汇、句法和语音上的体现。《英话注解》教材内容的编写都是基于这两种基础模因而形成。这两种基础模因在词汇上主要体现为合成词模因和词义扩展模因；句法上主要为汉语句式模因、语法省略模因和语法共生模因；语音上则主要为方言注音模因和极简发音模因（具体可参考第三章第一节）。在当时的语言环境下，汉语结构模因、省简模因和标音模因是洋泾浜英语和《英话注解》教材内容编写的基础模因，是《英话注解》的灵魂和精华所在。

（2）《英话注解》教材内容的呈现方式便于相关模因被同化。成功的模因如要感染宿主，进入宿主的记忆，须得到宿主的接纳。一个新的模因呈现在宿主面前，要想被接纳和同化就必须得到宿主的注意、理解和接受。《英话注解》的教材内容模仿于广东英语文本。广东英语文本在使用过程中引起了宁波商人（宿主）的注意。在与外商交流的过程中，宁波商人发现，很多会英语的广州商人先占商机，得到更多与外商贸易的机会，由此宁波商人模仿广东英语读本的编写方式，用宁波话来标注英语发音，以更好地获得商机。同时也以文本为载体加以呈现，使相关语言模因固定化，易于传播。《英话注解》教材内容以商贸英语为主，具有很强的实用性和针对性。其商贸英语的实用性、方言标注英语发音的亲和性以及文本呈现的固定性很易引起宿主的注意，便于被宿主接受，使《英话注解》模因更容易被同化。在后期上海洋泾浜英语普及的基础上，洋泾浜英语也通过生动形象的洋泾浜英语歌谣进行传播，这种传播方式也同样获得了很好的传播效果。

（3）《英话注解》教材词条的实用性和编纂法利于读者记忆与索引。《英话注解》的内容按需产生，以商贸为主，是甬商们所需的商务交际口语内容，体例上模仿复制了广东英语文本《英话》的编排体例。因为存在一定的熟悉度和实用性，所以《英话注解》的教材内容很易被同化和记忆。《英话注解》的编排方式则沿袭了中国古代传统的类书编纂法，即"以类相从"的分类方法来编排内容。其中的 2000 余个词条根据类别进行归整，方便查找，同时最大限度地反映了常用词语。义类分类是中国传统编纂法中最多也是最常见的一种，如将词汇根据天文、地理、职业、动物、植物、颜色等类别进行归类；也可根据词汇的同义、反义或是情感、搭配等语义系统来进行。《英话注解》的常用词分类有天文门、地理门、时令门、君臣门、人伦门、师友门、工匠门等二十余个门类；与商贸相关的门类则有数目门、银数目门、洋数目门、秤尺什件门、税捐门、进口货门、出口货门等七个门类。同时，《英话注解》的编排方式，还根据字数的多少进行排列，主要是一字语门、二字语门、三字语门、四字语门、五字语门和长句语门这几个门类。传统编纂法的使用，可以让当时的读者根据熟悉的典籍词汇分类模因，结合《英话注解》商务类相关内容进行同化和记忆，便于读者索引。

（4）《英话注解》体现了英语学习方法——死记硬背法和模仿法。

首先，死记硬背法。《英话注解》的词条内容，以宁波话标注英语发音，用汉语结构模因来改造英语句子，在语法和发音等语言要素上根本无规则可言，其习得使用的唯一途径为死记硬背。早期《英话注解》类英语读本的编写并不是让人举一反三，而是教人死记硬背。死记硬背的学习方法在中国教育界提倡了几千年，存在即理据，这种学习方法模因为语言学习提供了最为基本的学习方法。死记硬背从今天的角度来看，我们可以称其为背诵法，两者共享"熟读和记忆"的模因。背诵法与其他学习方法结合，可以达到理想的学习效果。"书读而记，记而解，解而通，通而作。"从模因论来看，使用背诵法，语言模因可以成功同化，学习者对相关熟诵的内容既可以以完全保真的基因型模因方式直接搬用，也可以以表现型的方式加以改装（基因型模因和表现型模因的介绍可参考第二章）。熟诵有很强的使用辐射面积，能让学习者触类旁通，以点成片。运用背诵教学法可以很明显地提高同化和记忆量，起到事半功倍的教学效果。

其次，模仿法。《英话注解》教材体现的另一个英语学习方法是模仿法，《英话注解》中英语词汇或短句由宁波话标注英语发音，模仿英语发音而成。《英话注解》读本的教材编写形式和方法也是模仿广东英语读本而成。模仿是人类的天性，我们从婴幼儿时期就具有这种本能了。模仿法能高效率地传达内容，提高模因在仿造复制阶段的存活率。《英话注解》通过原始的模仿法，将模仿的对象通过以书本为载体的形式固定下来，或者以歌谣的方式加以流传，很好地解决了中西交流初期的语言问题。模因的模仿、复制不总是原版的复印，它允许我们以相同形式去套用不同的内容或在不同的语境中使用同一结构而表示不同的语用意义。在仿制的过程中，有些模因保留了形式，内容被替换，而另外一些模因则保留了内容，但以不同形式出现。仿制提高了同化和记忆的比值。《英话注解》的读本内容在模仿复制的过程中，在教材内容上和形式上使用模仿法，复制传播当时民间自发英语教材的一些特征，同时在教材的使用方法或是隐含的教学方法上也显而易见地使用了模仿法。《英话注解》读本主要是商务英语口语的内容，学习内容通过学习者表达出来后，通过他们之间的相互交流，又可以起到仿造复制的作用，使更多个体获得接受、同化、记忆、表达和传播的机会。这个过程既能强化模因的长久性、多产性，提高保真度，又能促进模因的分化，产生新的模因复合体。模仿法是教材编写中的一种强势模因。

《英话注解》的这些自发教材模因特点经过变异、复制和传播的过程，在 19 世纪末 20 世纪初的英语教材中广泛体现，开启了我国英语学习的最初阶段，也逐步引导着我国英语教材编写的成熟与规范化。

三、《英话注解》教材模因的发展与变化

早期的《英话注解》读本教材体现了当时英语教材编写过程中的一些原始、自发的编写模因，值得我们借鉴；同时，我们可以领会模因理论的精髓，根据成功模因的特点和模因在实践教学中生成、发展、传播的特点和规律，来更好地进行英语教材的编写和编排。以下先就《英话注解》教材模因的发展变化加以概述。

首先，《英话注解》部分教材模因在现代社会已经成为消极模因或消亡模因。《英话注解》的词汇、语音和句法等语言要素所体现的省简模因和汉语结构模因在正规的英语教材中已成为必须避免的语言问题。

尽管此类模因尚存，但是总体表现为消极模因。《英话注解》读本的编纂法，主要为义类编纂法和散点式编纂法，在现今的英语教材编写中不复使用，已成为消亡模因。

其次，《英话注解》的内容呈现方式主要表现为商贸英语的实用性、方言标注英语发音的亲和性以及文本呈现的固定性。这种呈现方式上表达出来的实用性、亲和性和固定性模因在现今的英语教材编写中得到了更为广泛的复制和传播，并且存在着各种变异方式。一百多年来，英语教材在理论和实践探索的基础上，在教材内容、编排体例、习题和活动设计等方面以更具亲和性和针对性的方式通过各种载体（书籍、音像资料和网络等）加以呈现。

再者，背诵法的继续使用。在素质教育兴起的今天，中国教育界几千年来所提倡的背诵式教学模式（或是死记硬背法）往往被贴上"死读书"的标签而不被提倡。但是在学习过程中背诵法还是占有很大的席位，它与别的教学模式一起，在英语教材编写过程中被融合在一起。经验证明，在外语学习过程中，背诵法可以很好地展现基因型模因和表现型模因的特点，可以使学习者掌握很多只靠分析而无法获得的语言技巧。运用背诵教学法可以很明显地提高上文提到的同化和记忆量，起到事半功倍的教学效果。背诵法符合成功模因的三个特点，在现今的英语教材编写中也是一种优势和积极的教学法模因和教材编写模因。《英话注解》在编写过程中融合的教学方法即为背诵法，其模仿复制了中国古代的教材编写和教学方法，将其融合在了英语读本和学习中。

最后，模仿法的继续使用。《英话注解》模因中最具特色的教学模因是模仿法。《英话注解》读本中，模仿法主要体现在模仿英语的语音、汉语的句法结构等。尽管关于语言模因的模仿有值得商榷的地方，但是在现今的英语教材编写过程中，随着音像资料和网络资源的丰富，在教学中引入模仿，让学习者直接根据英美国家母语者的语音和句式结构进行模仿学习，从而因势利导，复制和传播优良模因，可以促进语言学习。《英话注解》读本，由于当时社会环境和教育条件的限制，其模仿的角度有一定的粗浅性，但是模仿法模因在现代社会广为流传，是积极的和强势的教材编写和教学模因。

《英话注解》的教材编写模因经过一百五十余年的历史沉浮和时间检验，部分强势模因继续广泛传播，部分成为消极模因或是弱势模因，部分则成为了消亡模因。同时在现当代的教材编写过程中，也涌现出很多的英语教材编写强势模因。结合时代特色及其对英语学习的要求，我们可以在模因论的引导下，开展英语教材编写。成功的英语教材可以更好地引导学习者有目的地模仿、复制、传播语言模因。以模因论为基础的教材编写要在原有学科基本理论和教学实践经验的基础上，吸纳模因理论的长处，使教材内容、编排体例、习题和活动设计等更利于语言模因的生成、复制和传播。

四、对英语教材编写的启示

区别于晚清时期的英语教材，现代社会的教材包含纸质教材和电子音像类教材，主要指教学中使用的教科书以及与之配套使用的各类辅助材料、教学实物、音像资料和软件等。道金斯提出的模因生命周期的四阶段即同化、记忆、表达和传播以及成功模因的三个特点即保真性（copying fidelity）、多产性（fecundity）和长久性（longevity）对教材编写具有很强的指导意义。学习者要学习的语言模因主要源于教材。高保真的英语教材，可以提供以英语为母语的本族语者日常生活中最实用的言语素材，如词汇表达、习惯用语等，并能融合文化背景，展示目的语的真实运用情境，为学习者输入原汁原味的语言模因。模因的复制传播速度与教材设计的合理性有关。在英语教材的编写过程中，应探索出以模因论为基础的英语教材编写方式和教学模式，总结语言模因在实践教学中生成、发展、传播的特点和规律，遵循模因同化、记忆、表达和传播的特点设计教材内容以及设置适合语言模因的教学情景和活动任务，立足于英语的语言特点，在实践的基础上形成有典型意义的、稳定的教材和教学范式。

（1）明确英语课程的关键模因和基础模因。不同于《英话注解》自发式的模因遴选，英语教材在编写过程中，可先依据不同英语课程的特点和要求，确定相关英语课程的关键模因和基础模因。这样可以更加明确课程的重点和教学目的。通过课程设计，强化基础模因和关键模因的同化、记忆和表达。教学过程中，让学生首先掌握基础模因，会起到事半功倍的效果。如教材编写过程中，将英语的构词法模因在各章节中充分同化，学习者可以举一反三地对比理解不同的构词法模因，锻炼英语语言构词思维，克服母语的干扰，更轻松地学习词汇。

（2）教材内容的编写和呈现方式要便于模因同化和传播。教材编写可以模因论为指导，有意识地采取两条途径帮助学习者同化记忆。首先，可以提高关键语言模因的复现率。在同一教材中，可在课文、用法示例、练习等不同板块复现语言模因；在同一组教材中，可在分册教材中复现模因。其次，提供凝练有趣、篇幅适当的语料来供学生背诵记忆。教材中的模因呈现方式要简明清晰。一方面，教材能恰到好处地运用照片、图表、影像等，借助图文声像生动地展现语言模因，全方位刺激学习者的各种感官，增强记忆效率；另一方面，教材内容可根据课程的具体要求，或短小，或精悍，易于背诵、模仿、联想和对比，让学习者产生良好体验和感悟。良好的教材内容编写和呈现方式有助于学习者同化理解和记忆表达，有利于课程基础模因和关键模因的复制传播。教材内容的编排要符合模因和模因复合体的生成和发展规律。在教材编写过程中，语言模因的编排顺序应由易到难、由简到繁，这与现行的英语教学大纲相符。但是，从本节的角度来看，我们在英语教材编写过程中，要更突出模因，以模因的发展为主线，把模因理论所揭示的语言习得规律与英语自身的特点以及相应的教学方法结合起来，有重点、有次序地编排教学内容。

（3）各类练习和活动任务要利于模仿、复制和传播。教材应尽量真实自然，贴近生活，有意义，有趣味，有足够的信息量；词汇短语的用法示例要既能体现意思和用法，又利于在现实生活中进行复制和应用；语法练习应具有典型性和示范性，以便相关模因的同化和传播。在特定情境中设置练习和活动任务，加强语言模因的复现和记忆，巩固语言模因的复制和传播能力，着力打造强势模因。语言模因的不同传播方式会对练习的多样性提出要求，不同情景和不同方式的练习，便于教师有针对性地采取不同的教学方法。语言模因的传播复制方式分为"内容相同"的基因型传播和"形式相同"的表现型传播两种，如对于表现型语言模因，要求学生以相同的形式表达不同的内容，既要激发模因的多产性，又要维护模因的保真性。在编写过程中要精心设计、反复实验，设置情境和激发联想，为打造成功的语言模因创造条件，形成适应力、生成能力和传播能力更强的模因。模因论对教学形式、学习策略、语言教学情境设置有很好的启示。

（4）探讨教学方法和教学模式。教学方法方面，李捷、何自然曾提及模仿教学法、背诵教学法和语境教学法最能体现语言模因复制、记忆、表达和传播的特征。[1] 首先，背诵教学法。第二语言教师一般都认为背诵教学法是一种非常高效的语言学习方法。背诵对应着模因的记忆环节，模因在宿主意识中停留的时间越长，感化受体的机会就越多，就越能和宿主融为一体，从而实现模因的同化、复制和传播。但背诵教学法在运用过程中要采取灵活多样的方式，避免学习者产生倦怠情绪。其次，模仿教学法。模仿教学法主要指模仿英语字词句的语音声调和语调语气，模仿段落和篇章的口头表达和写作，等等。模仿表达的过程就是复制的过程，就是生成模因的过程。再者，语境教学法。根据模因理论，精心设计语境，可帮助学习者在具体交际中，为交流需要而不断地复制和传播语言模因，从而促成强势语言模因，提高语言的综合运用能力。最后，联想教学法。联想教学法可在教学中引导学习者以已有的知识点为原点，采用发散思维，主动把其他相关或相似的语言知识点联系起来，从而形成多视角的辐射状语言网。这种教学法可以加深学生对所学知识的理解和记忆，提高学生的语用能力，开发学生的创造性思维，有触类旁通和温故知新的作用，帮助模因成功复制和传播。

同时，语言学习过程和学习内容要符合克拉申（Krashen）的"i＋1"输入理论："i"表示学习者当前的语言水平，"i＋1"表示语言发展紧邻的下一阶段。略高于学习者当前水平的可理解性输入，能促进语言习得；最佳的语言输入必须是可理解的、有趣的、关联的和足够的。语言学习过程、模因复制传播过程和教学模式的关系，可参考表 5-4。

----

［1］李捷，何自然. 汉语教学的模因论探讨［J］. 语言教学与研究，2010（5）：21-27.

表 5-4　语言学习过程、模因传播过程与教学模式的关系

语言学习过程	模因复制传播过程	语言教学模式
语言输入	同化	语言知识的接触、背诵（背诵教学法）
可理解输入的内化	记忆	语言知识的记忆（语境教学法）
语言知识的强化	表达	语言知识的模仿（模仿教学法）
语言表达	传播	语言知识的表达和创造（联想教学法）

五、小结

布莱克摩尔提出："模因的形成必须借助大脑，只有具有模仿能力的大脑形成之后，模因才能形成；而且大脑的性质肯定影响到什么样的模因才能被大脑掌握，什么样的不能。"[1] 那些竞争力强的模因能够不断地被模仿、使用而成为强势模因，那些生存能力、复制能力差的就成为了弱势模因。在教材编写和语言教学中，如何辨识和打造强势语言模因是至关重要的问题。我们可从模因的复制传播方式中考察教学内容，找出它们在结构和内容上的特征，整理集结成一个模因链，串起来教学；可以采用上文提到的教学方法促进模因的同化、记忆、表达和传播，然后推进它们向具有长久性、多产性和保真性的成功模因发展。教材的编排要帮助学习者认识到语言模因，通过设置复现、背诵、情景表演、练习等方法促进模因的生成、存储、模仿和应用。教师可结合语言学习过程中的可理解性输入、最近发展区输入和交互性输入等语言学习理论以及模因理论，找出关键语言模因，对语言模因进行梳理和贯通，确保模因被注意和同化，采取背诵法、模仿法和情境法等教学方法促进模因的记忆和表达，最后打造成功的语言模因。

---

〔1〕　BLACKMORE S. The Meme Machine〔M〕. Oxford：OUP，1999.

第六章 《英话注解》版本比较

《英话注解》由宁波商人编纂,首版于 1860 年,主要使用时间段为 19 世纪中期至 20 世纪初期。目前,据笔者资料收集的情况来看,《英话注解》共有八版,分别是 1860 年、1865 年、1881 年、1886 年、1894 年、1901 年、1920 年和 1921 年的版本(可参考引论第一部分)。不同年代重版的《英话注解》也有着一些差异。本章中笔者将以手头现有的 1865 年版和 1901 年版《英话注解》为例,对两个版本进行比较分析,以期感受该文本在不同年代,在形式、内容、语言上的一些差别,以更好地感受时代的变化带给《英话注解》的改变,同时也更好地理解《英话注解》在语言文化不断接触的过程中产生的变化。

第一节 《英话注解》两个版本的差异比较

1865 年版和 1901 年版《英话注解》时间间隔四十年左右,1865 年版为咸丰庚申年所刻版本的重刻版,经比较,内容和 1860 年版基本一致。1901 年版为光绪辛丑年所刻版本。两个版本在排版、格式、词条数量、具体词条等方面大部分一致,但还是具有一定的差异。本节将对两个版本在各方面的差异进行细化比较,主要为词汇比较。

一、排版及格式

1865 年版和 1901 年版《英话注解》正文均采用中文、英文横排的方式。根据《英话注解》凡例的说明，读汉字从右至左读，英字从左至右读。其中每词分三部分：第一行为中文，第二行为英文，第三行为用宁波话标注的英文发音。1865 年版为手写版，1901 年版为铅印版。具体可见图 6-1、图 6-2。

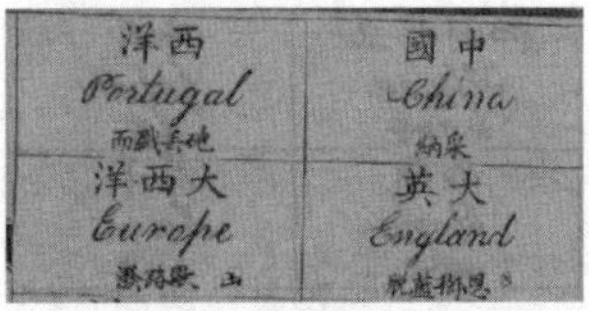

图 6-1　1865 年版排版

图 6-2　1901 年版排版

二、段落内容增减变化

1865 年版和 1901 年版《英话注解》在分块内容和内容结构安排上基本一致。具体可参考引论部分。然而，1901 年版《英话注解》比1865 年版多出一段文字，具体如下：

> 《英话注解》一书，久已脍炙人口，厥后续出《英字指南》《英语集全》《英字入门》等书，八纮四夷，于语言文字可谓搜罗大备，抉尽精微，诚为学者必不可少之书也。
>
> 光绪二十七年岁在辛丑春莫（暮）之吉
> 上海北市棋盘街文渊山房书庄发兑
> 沪城周月记书局代影照印

这一小段文字说明了《英话注解》在当时非常受欢迎，在《英话注解》的影响下，《英字指南》《英语集全》和《英字入门》等书先后出版。《英话注解》所收词条范围甚广，可谓是必备工具书。这段文字相当于现代社会的书籍再版说明。另外，最后三行说明了该段文字的出版时间（光绪二十七年即 1901 年）、出版地点（文渊山房书庄），以及由周月记书局影印。

三、《英话注解》的分类目录及词条数量对比

1865 年版《英话注解》共 92 页，手写版，分 39 个门类，共有词条及句子 2291 项，其中分类词语有 1313 项，常用语句，即从一字语门至长句语门收录 978 项。笔者所用 1865 年版《英话注解》为日本早稻田大学所藏版本的扫描版。1901 年版《英话注解》源于浙江温岭图书馆，该版本《英话注解》收藏至该图书馆时，末页已缺页（据笔者推断缺页 1～2 页，缺页内容为长句语门的部分语句），共 62＋页，铅印版，总条目为 2934＋项，共 38 个门类。其中分类词条共 1944 项，常用语句，即一字语门至长句语门共 990＋项。1901 年版《英话注解》的内容基本源于最初版，相比而言，1901 年版比 1865 年版的《英话注解》在总词条数上多了 595＋项；同时，少了一个门类，原因是 1901 年版把 1865 年版的银数目门和洋数目门合并成了银洋数目门。具体可见表 6-1。

表 6-1　两版《英话注解》的门类及词条量对比

序号	门类	词条数量		序号	门类	词条数量	
		1865年版	1901年版			1865年版	1901年版
1	各国镇头门	32	48	21	人身门	42	48
2	天文门	34	48	22	禽兽门	36	48
3	地理门	63	96	23	花草竹木门	20	48
4	时令门	54	96	24	数目门	36	48
5	君臣门	72	96	25	银数目门	10	48（银洋数目门）
6	人伦门	47	96	26	洋数目门	11	
7	师友门	17	48	27	五金门	25	48
8	工匠门	32	48	28	颜色门	26	48
9	宫署门	89	96	29	蛇虫门	22	48

续　表

序号	门类	词条数量		序号	门类	词条数量	
		1865年版	1901年版			1865年版	1901年版
10	屋宇门	31	48	30	秤尺什件门	44	48
11	账房门	24	48	31	税捐门	25	48
12	船车门	38	48	32	进口货门	139	144
13	军器门	27	48	33	出口货门	71	72
14	器皿门	57	96	34	一字语门	286	288
15	床铺门	12	48	35	二字语门	272	288
16	筵席门	19	48	36	三字语门	128	144
17	衣服门	26	48	37	四字语门	143	144
18	五谷门	21	48	38	五字语门	85	90
19	食用门	71	96	39	长句语门	64	36＋
20	医道门	40	48	共计		2291	2934＋

四、各门类词条数量的变化及部分内容的修正

《英话注解》在再版过程中各门类的词条数均有变化，都呈增长趋势（可参见表 6-1），1865 年版共 39 个门类，1901 年版共 38 个门类。前一版本中的部分错误在后一版本中得到了不同程度的纠正。以下就各门类词条数量和内容的变化做一简述。

（1）各国镇头门：词条数量由 1865 年版的 32 条增加到 1901 年版的 48 条。

首先，两个版本共有的内容错误："印度"译为"Indian"，而"小西洋"译为"India"；"America"译成"花旗"，而"United States"被译成"合众"。其实"Indian"和"India"指的都是印度，只是其中一个是形容词，一个是名词；"America"和"United states"则都指美国。

其次，1901 年版对 1865 年版的内容修正：1865 年版的"大丹"翻译为"Danish"，1901 年版中"大丹"的翻译修正为"Denmark"；1865

年版中的"黄旗"译成"Denmark"，1901 年版中这一词条被删去；
1865 年版中的"回回（Turkey）"在 1901 年版中修正为"土耳其
（Turkey）"。

再者，1901 年版中加入了更多的国家：德国（Germany）、意大利
国（Italy）、奥国（Austria）、普国（Prussia）、白头国（Porsia）、暹罗
国（Siam）等等。

最后，1901 年版"各国镇头门"部分城市被删去：广东（Canton）、
香港（Hong Kang）、澳门（Macao，Amoy）等。

总体而言，限于当时人们对世界地理的认识，1901 年版"各国镇
头门"词条中还存有一些地理概念的错误认识和错误翻译，但随着中西
交流的增多和语言接触的加强，1901 年版比 1865 年版还是有很多的改
进和修正。同时，在后期的版本中，如笔者在孔夫子旧书网所见的
1920 年版的《英话注解》"各国镇头门"样页中就无这些问题。可见，
在《英话注解》重版和再版过程中，随着中西交流的频繁化和日常化，
随着中国对外面世界的了解，原版本中的一些错误表达也逐步得到了
修正。

（2）天文门：词条数量由 1865 年版的 34 条增加到 1901 年版的
48 条。

1901 年版对天气的描述更为细致，如从 1865 年版的"雨（rain）"
扩充到"大雨（heavy rain）""微雨（little rain）""急雨（shower）""雨
霁（rain ceased）"。同时，增加了"吉星（lucky star）""启明星（morning
star）""火焰星（spark）"等词条。但 1901 年版新增词条"水"，译文
为"ice"，笔者认为应是铅字版印刷错误，把"冰"误写成"水"。总
体而言，1901 年版《英话注解》的内容更为细化、充实。

（3）地理门：词条数量由 1865 年版的 63 条增加至 96 条。

1901 年版与"路"相关的词条更为细化和丰富，补充了"路口
（entrance road）""两岔路（branching road）""三岔路（diverging
road）""平路（plain road）""直路（straight road）""曲路（crooked
road）""僻路（bye-road）""熟路（frequented road）""生路（unfre-
quented road）""御路（imperial road）""官路（government road）""路
旁（road side）""火车路（rail road）""马车路（carriage road）""吊桥

(draw bridge)""石桥（stone bridge）""木桥（wooden bridge）""浮码头（pontoon）""十字街（cross street）""边路（foot path）""巷（lane）""村（village）""庄（farm）""市（market）""墟（fair）""溪（stream）""塘（pond）"等词条。

（4）时令门：词条数量由 1865 年版的 54 条增加至 1901 年版的96 条。

1901 年版词条内容充实了中国传统"节气"词汇——"春分（vernal oquinox）""秋分（autumnal oquinox）""夏至（summer solstice）""冬至（winter solstice）"和中国传统节日词汇——"清明（tomb festival）""端午（dragon boat festival）""中元（ghost festival）""佳节（festival day）"及其他表示时间、频率和时间段的词汇——"每礼拜（weekly）""日日（every day）""半日（half a day）""每日（daily）""前数日（few days ago）""迟几日（after a few days）""日间（day time）""生日（birthday）""放假日（holiday）""晨（morning）""今晨（this morning）""昨晨（yesterday morning）""明晨（tomorrow morning）""正午（noon）""晚（evening）""昨晚（last evening）""今晚（tonight）""夜间（night time）""昨夜（last night）""今夜（tonight）""明夜（tomorrow night）""夜半（midnight）""日出（sunrise）""日落（sunset）"等。

（5）君臣门：词条数量由 1865 年版的 72 条增加至 1901 年版的96 条。

1901 年版词条内容除了 1865 年版所罗列的一些常见官位外，还增加了"尚书（chancellor）""侍郎（president）""京堂（vice president）""吏部（board of civil office）""户部（board of revoune）""礼部（board of rites）""兵部（board of war）""刑部（board of punishment）""郎中（gentleman usher）""王叔（king's uncle）""王亲（king's relation）""侍卫（imperial body-guard）""太监（eunuch）""校尉（master controller）""学院（literary chancellor）""臬司（criminal judge）""工部（board of works）""钦天监（astronomor）""都察院（censorate）""御吏（censor）""给谏（councellor）""主事（keeper of records）""正主考（chief examiner）""副主考（assistant examiner）"等词汇。

（6）人伦门：词条数量 1865 年版为 47 条，1901 年版为 48 条，基本无大变化，增加了"家人（inmate）"一词。

（7）师友门：词条数量由1865年版的17条增加至1901年版的48条。

除了两个版本中都有的"丝客（silk merchant）""茶客（tea merchant）""伙计（assistant）""捐客（broker，dealer）"等词汇外，1901年版新增了"借债人（borrower）""放债人（lender）""欠债人（debtor）""债主（creditor）""寄信人（sender）""收信人（receiver）""送信人（bearer）""地主（land lord）""租户（tenant）""房主（lesser）""房客（lessee）""水夫（water carrier）""车夫（carriage driver）"等30余条与生意往来相关的词条。

（8）工匠门：词条数量由1865年版的32条增加至1901年版的48条。

在1865年版原有词汇如"漆匠（painter）""裁缝（tailor）""鞋匠（shoes maker）"等的基础上，1901年版增加了"箍桶匠（cooper）""马车匠（cartwright）""绞缆匠（pope maker）""砖匠（brick maker）""烧灰匠（lime burner）""烧料匠（ornament-worker）""帽作（hatter）""女兜作（milliner）""梳匠作（comb maker）""袜工（stocking maker）""伞工（umbrella maker）""扇工（fan maker）""新衣作（clothier）""织布作（weaver）""纺纱作（spinner）""染坊（dyer）"等词汇。

（9）宫署门：词条数量由1865年版的89条增加至1901年版的96条。

1901年版充实了"死罪（sentenced to death）""斩（beheaded）""凌迟（cut in pieces）""绞（strangled）""问吊（to be hung）""流（transported）""徒（banished）""枷（put in the cangue）""杖（beat with bamboo）""藤鞭（flogged）""坐监（to be imprisoned）""笞（to slap the face）""动刑（put to the tortures）""夹棍（squeezing the ankles）""拶子（squeezing the fingers）""杖腿（beating the posteriors）""手肘（to put hand off）""脚镣（to fetter）""罚（to pay a fine）""谋反（high treason）""充公（confiscate）""偿命（to forfeit his life）""罚俸（to forfeit pay）"等词汇。

（10）屋宇门：词条数量由1865年版的31条增加至1901年版的

48条。

在1865年版"天井（courtyard）""厨房（kitchen）""卧房（sleeping room）"等词汇的基础上，1901年版增加了"妆楼（dressing room）""新婚房（bride chamber）""密室（private room）""大餐房（dining room）""会客间（sitting room）""衡门（hermitage）""侧房（side apartment）""闺房（female apartment）""打弹房（billiard room）""伙食房（pantry）""柴间（wood house）""茅屋（thatched cottage）""两层楼屋（two storied house）""四层楼屋（four storied house）"等词汇。

（11）账房门：词条数量由1865年版的24条增加至1901年版的48条。

在1865年版"账房（counting room）""账簿（account book）""银票（order for money）"等词汇的基础上，1901年版充实了"字典（dictionary）""文法（grammar）""拼法（spelling book）""尺牍（letter writer）""名媛尺牍（ladies letter writer）""传（memoirs）""诗律（porsody）""诗法（poesy）""诗韵（ode）""地舆图（map）""河海图（chart）""符（charm）""缙绅录（court calendar）""族谱（family register）""通书（almanack）""行名薄（desk hong list）""月份牌（calendar）""行名牌（hong list）""文章（essay）""诗（poem）""抄本（manuscript）""小序（short preface）""目录（content）""序文（preface）"等词汇。

（12）船车门：词条数量由1865年版的38条增加至1901年版的48条。

在1865年版"轮（wheel）""舵（rudder）""索（rope）""宁波钓船（Ningpo junk）""大蓬（large sail）"等词汇的基础上，1901年版充实了和骑马或马车有关的一些词汇，如"轮毂（nave）""轴（axletree）""轵（brace）""辖（linch pin）""辕（thills）""马鞍（saddle）""女马鞍（lady's saddle）""女鞍褥（pillion）""马镫（stirrup）""马铠（saddle pad）"等词汇。

（13）军器门：词条数量由1865年版的27条增加至1901年版的48条。

在1865年版"箭（arrow）""炮（cannon）""刀（knife）""弓

（bow）""炮弹（fire ball）"等词汇的基础上，1901 年版增加了"火药角（powder horn）""火药插（ram rod）""火药桶（gunpowder cask）""火药箱（caisson）""火药包（stink pot）""弹模（bullet mould）""火箭（rocket）""火枝（flambeau）""火把（torch）""鸾剑（cimeter）""剑头（hilt）""剑壳（sheath）""短剑（dagger）""镖手（dart）""铁棍（iron rod）""飞铊（sling）""弓絃（bowstring）""刀背（back of the sword）""刀口（blade）""矛（pike）""三叉（three-pointed pike）"等词汇。

（14）器皿门：词条数量由 1865 年版的 57 条增加至 1901 年版的 96 条。

内容有一定的增删和修正，如 1865 年版的"灯台（lantern）"被删去，"灯笼（lamp）"的翻译被修正成了"灯笼（lantern）"。同时 1901 年版在 1865 年版"桌（table）""椅（chair）""抽斗（drawer）""面盆（wash basin）""衣架（clothes-stand）"等基本词汇的基础上增加了"鼎（tripod）""花瓶（vase）""花盆（flower pot）""香炉（incense pot）""烟筒（tobacco pipe）""水烟筒（smoking water pipe）""烟斗（pipe stem）""烟枪（opium pipe）""自来火（matches）""火镰（tinder）""火石（flint）""扫帚（broom）""鸡毛帚（feather brush）""抹地布（mop）""炉灶（cooking stove）""锅（pan）""铜锅（copper kettle）""汤杓（soup ladle）""墙火炉（fire place）""铁火炉（grate）""风炉（portable furnace）""风箱（bellows）""火盆（iron basin）""马槽（manger）"等词汇。

（15）床铺门：词条数量由 1865 年版的 12 条增加至 1901 年版的 48 条。

在 1865 年版"眠床（sleeping bed，couch）""大床（large bed）""帐子（mosquito curtain）""账竿（curtain's rod）""枕头（pillow）""席（mat）""便壶（urinal）"等基本词汇的基础上充实了"孩车（perambulator）""竹帘（bamboo blind）""窗帘（window curtain）""疏纱帘（lace curtain）""帘圈（curtain ring）""帘钩（curtain holder）""风扇（punkah）""屏风（screen）""火炉屏（fire screen）""空气枕（air pillow）""枕套（pillow case）""行李（luggage）""小褥（pallet）""单被（sheet）""被套（scarf）""被胎（cotton quilt）""藤席（rattan mat）"

"地席（matting）""下地毡（drugget）""上地毡（carpet）""吊床（hammock）""手巾架（towel rack）""床顶（tester）""床柱（bet post）""衣架（clothe's horse）""帽架（hat stand）"等词汇。

（16）筵席门：词条数量由 1865 年版的 19 条增加至 1901 年版的48 条。

在 1865 年版"早点（breakfast）""中饭（tiffin）（tiffin 为印度语午餐的意思）""夜饭（dinner）""大餐（large meal）""碟子（plate）""茶杯（tea cup）""酒杯（wine cup）""叉（fork）""筷子（chopstick）"等基本词汇的基础上，增加了"乳饼刀（cheese scoop）""切肉刀（meat slice）""果刀（desert knife）""大刀叉（large carvers）""小刀叉（small carvers）""酒漏（tundish）""酸果叉（pickle fork）""碟（saucer）""玻璃杯（glass cup）""大杯（tumbler）""银瓶塞（champagne tap）""瓶塞（cork）""起塞器（cork screw）""胡桃夹（nutcrackers）""沙漏（filter）""白瓶（decanter）""大白瓶（quart decanter）""皮酒瓶（bear jug）""无耳罐（water goblet）""乳瓶（milk ewer）""洗手瓶（finger bowl）""盐碟（salt cellar）""香水瓶（scent bottle）""茶布（napkin）""抹手布（desert napkin）""浴盆（bath tub）"等词汇。

（17）衣服门：词条数量由 1865 年版的 26 条增加至 1901 年版的48 条。

1865 年版"衣服门"中的"大衣（out garment，great coat）""小衣（inner garment，small coat）"在 1901 年版中被删去，在 1865 年版"小帽（cap）""手帕（handkerchief）""手套（gloves）""裤（trousers）""眼镜（spectacle）""鞋（shoes）""袜（stockings）"等词汇的基础上，1901 年版增加了"棉衣（wadded）""单衫（shirt）""牛头裤（breeches）""紧身（tied waist coat）""马甲（vest）""长衫（long coat）""皮袄（fur jacket）""皮袍（fur long gown）""袍（robe）""卦（over robe）""马褂（riding jacket）""寿衣（shroud）""围裙（apron）""肚兜（stomacher）""袖（sleeves）""缝（seam）""边（edge）""袋（pocket）""套裤（leggins）""丝带（silk ribbon）""兜（temple bandage）"等词汇。

（18）五谷门：词条数量由 1865 年版的 21 条增加至 1901 年版的48 条。

在1865年版"稻（paddy）""谷（grain corn）""米（rice）""黄豆（yellow beans）""绿豆（green beans）""芝麻（sesamum）""荞麦（buck wheat）"等词汇的基础上，1901年版增加了"禾（corn）""苗（young paddy）""杜米（common rice）""苡米（pearl barle）""粱（barbadoes millet）""珍珠米（Indian corn）""西谷米（sago）""白豆（soy beans）""赤小豆（small read beans）""扁豆（broad beans）""刀豆（ensiform beans）""蒜（garlic）""葱（onions）""茴芹（thyme）""生姜（ginger）""茨菇（caladium）""菱（water caltrops）""笋（bamboo shoot）""番芋（potatoes）""芋芳（taro）""大芋（yam）""葫芦（bottle gourd）""黄豆芽（bean sprout）""绿豆芽（pea sprout）""番茄（tomatum）""红萝卜（carrot）"等词汇。

（19）食用门：词条数量由1865年版的71条增加至1901年版的96条。

在1865年版"牛肉（beef）""羊肉（mutton）""牛奶（cow milk）""虾（shrimp）""蟹（crab）""菜心（cabbage bud）""桃子（peach）""苹果（apple）""橘子（orange）"等词汇的基础上，1901年版增加了"柠檬（lemon）""卢橘（loquat）""福橘（foochow orange）""金橘（kumkwat orange）""广橘（Canton orange）""菠萝（pine-apple）""椰子（cocoa nut）""甜橙（sweet orange）""朱砂橘（mandarin orange）""冬瓜（pumpkin）""西瓜（water melon）""黄瓜（cucumber）""菜瓜（long crooked squash）""香瓜（musk melon）""苦瓜（egg plant）""丝瓜（snake gourd）""芥菜（mustard plant）""白菜（white greens）""韭（scallions）""香菜（caraway）""木瓜（papaw）""桑子（mulberry seeds）"等词汇。

食用门中，1865年版有部分词条和门类不符合，1901年版中仍维持编入了这几个词条："蜡烛（candle）""灯草（lamp wick）""烟（smoke tobacco）""纸吹（fine paper）""柴（fine-wood）""炭（charcoal）""煤（coal）""肥皂（soap）""瓦片（tiler）""砖头（brick）""石灰（lime）""石板（flat stone）""螺丝钻（screw）"。另外，其中也存在着部分翻译错误，如"冬瓜"翻译成了"pumpkin"（应为"wax gourd"），"苦瓜"翻译成了"egg plant"（应为"bitter gourd"）。

（20）医道门：词条数量由 1865 年版的 40 条增加至 1901 年版的 48 条。

在 1865 年版"内科医生（surgeon）""外科医生（physician）""头痛（headache）""肚痛（belly-ache）""打喷（sneeze）""发热（fever）"等词汇的基础上，1901 年版增加了"膏药（ointment）""松香膏（resin ointment）""儿茶膏（cutch ointment）""硫磺膏（sulphur ointment）""丸（pills）""泻丸（purging pills）""补血膏（strengthening pills）""利小便丸（diuretie pills）"等词汇。

（21）人身门：词条数量由 1865 年版的 42 条增加至 1901 年版的 48 条。

在 1865 年版"头（head）""面（face）""耳（ears）""目（eyes）""心（heart）""胸（breast）"等词汇的基础上，1901 年版增加了"无名指（ring finger）""小指（little finger）""指甲（finger nails）""指骨（finger bones）""指节（knuckles）""指尖（tip of finger）""乳头（teat）"等词汇。

（22）禽兽门：词条数量由 1865 年版的 36 条增加至 1901 年版的 48 条。

在 1865 年版"龙（dragon）""虎（tiger）""狮（lion）""鸟（bird）""燕子（swallow）""鸭（duck）""狗（dog）""水牛（buffalo）"等词汇的基础上，1901 年版增加了"猩猩（crange-outang）""猿（ape）""乌猿（gibbon）""江猪（porpoise）""家兔（rabbit）""野兔（hare）""穿山甲（manaia）""阉牛（ox）""牯牛（bull）""牝猪（saw）""牡猪（roar）""牝犬（bitch）"等词汇。

（23）花草竹木门：词条数量由 1865 年版的 20 条增加至 1901 年版的 48 条。

在 1865 年版"茉莉花（jasamine）""菊花（chrysanthemum）""红花（red flower）""杉木（pine-wood）""稻草（straw）"等词汇的基础上，1901 年版增加了"槟榔（areca palm）""槐（ash tree）""榕（banian fig）""黄杨（box wood）""樟（camphor）""桂树（cassia tree）""玉桂（cinnamon）""丁香（clove tree）""棉树（cotton plant）""木棉（cotton tree）""利市钱（cycas）""柏（cypress）""梧桐（drysandra）"

"酸枝（ebony like wood）""羊角树（echitee）""榆（elm）""古抱（erythrina）""白饭子（engernia）""山介（fagara）""松树（fir tree）""铁梨树（iron pear tree）""桐油树（jatropha）""枫（maple tree）""皂荚树（mimosa）""鳞甲（mountain ebony）""桑（mulberry tree）""棕榈（palm）""青苔（mosses）"。

（24）数目门：词条数量由 1865 年版的 36 条增加至 1901 年版的 48 条。

在 1865 年版的整数，如"一（one）""十（ten）""一百（one hundred）""一百万（one million）"等的基础上，1901 年版增加了"九十万（nine hundred thousand）""一百五十（one hundred fifty）""五万（fifty thousand）""廿万（two hundred thousand）""五千（five thousand）""二千五百（two thousand five hundred）""二百廿五（two hundred twenty-five）""七千五百（seven thousand five hundred）"等数字。

（25）银数目门和洋数目门：1865 年版的银数目门（10 个词条）和洋数目门（11 个词条）合并成了 1901 年版的银洋数目门（48 个词条），增加了 27 个词条。

在 1865 年版银数目门的词汇"银一厘（one cash）""一分（one candareen）""一分一厘（one candareen & one cash）""一钱（one mace）""一两（one tael）"等和洋数目门词汇"洋一分（one cent）""一角（ten cents）""二角五分（one quarter）""五角（half dollar）"等的基础上，1901 年版增加了"洋五分（five cents）""三角（thirty cents）"至"九角（ninety cents）""五元（five dollar）""十五元（fifteen dollars）""五十元（fifty dollars）""五百元（five hundred dollars）""一千元（one thousand dollars）""十万（ten thousand dollars）""六十五元（sixty five dollars）""本洋（Spanish dollar）""英洋（Mexican dollar）""净光洋（clean dollar）""四工洋（shanghai dollar）""四开洋（quarter dollar）""十开洋（ten cent piece）""五开洋（twenty cent piece）""廿开洋（five cent piece）"等词汇。最后两个词条的英文翻译有错误，可能是排版错误所致。

（26）五金门：词条数量由 1865 年版的 25 条增加至 1901 年版的 48 条。

在 1865 年版五金门词汇"金（gold）""银（silver）""洋钿（dollar）"
"铜（copper, brass）""生铁（cast iron）""熟铁（wrought iron）"等的
基础上，1901 年版增加了"铜条（copper rods）""铁砖（iron brick）"
"铁箍（iron, hoops）""铅片（lead sheets）""铅条（lead bars）""日本
铜（Japanese copper）""白铅（spelter）""黄铜钉（copper nails）""黄皮
铜（copper sheathing）""压载铁（iron kontlodge）""金条（gold bar）"
"金叶（gold leaf）""金钱（gold coin）""旧金山金砖（California gold
bar）""大英金钱（English sovereign）""澳国金钱（Australian sover-
eign）""纹银（sycee）""一锭银（an ingot of sovereign）""碎银（bro-
ken pieces of money）""磅银（sterling money）""关平银（haikwan
taels）""上海规银（Shanghai taels）""假银（counterfeit coin）""修银
（the salary of teachers）"等词汇。

（27）颜色门：词条数量由 1865 年版的 26 条增加至 1901 年版的
48 条。

在 1865 年版基本词汇"颜色（color）""大红（deep red）""桃红
（peach red）""漂白（bleached）""藏青（dark blue）""浅蓝（light
blue）"等的基础上，1901 年版增加了"青莲（brick red）""蛋黄（yolk
yellow）""粉黄（lemon yellow）""牙黄（ivory white）""花红（scar-
let）""金鱼红（carmine）""粉红（light red）""银红（rose red）""雪白
（snow white）""二蓝（light gentian）""玉蓝（sky blue）""藕灰（lav-
endor）""碧色（amber yellow）""檬绿（blackish green）""墨绿（sap
green）""新绿（new green）""荳绿（pea green）""深黄（orange）""浅
黄（straw）""呀瞒色（crimson）""葱绿（leek green）""古铜色（cop-
per red）"等词汇。

（28）蛇虫门：词条数量由 1865 年版的 22 条增加至 1901 年版的
48 条。

在 1865 年版基本词汇"蛇（snake）""虫（insects）""蜈蚣（cente-
pede）""蜘蛛（spider）"等的基础上增加了"马蜂（horse fly）""鸟蝇
（house fly）""蚋（gnat）""蟣（nit）""疆蚕（silk worm pupa）""木虱
（bugs）""跳蚤（flea）""山龙虱（water beetle）""虱母（louse）""狗毛
虫（hairy caterpiller）""蛆（maggots）""米虫（weevil）""萤蛆（glow

worm)""黄蛢（leech）""蝼蛄（mole cricket）""蜗牛（snail）""螟蛉（caterpillar）""蝉（cicada）""萤（firefly）"等词汇。

（29）秤尺什件门：词条数量由1865年版的44条增加至1901年版的48条。

在1865年版的"一两（one tael）""半觔（half catty）""一寸（one inch）""一丈（ten feet）"等的基础上，1901年版增加了"勺（cheuk）（该英语词条受广东英语影响）""升（pint）""斗（bucket）""石（picul）"4个词条。

（30）税捐门：词条数量由1865年版的25条增加至1901年版的48条。

在1865年版"银号（bank）""饷银（revonues）""厘捐（to subscribe money）""捐票（taxes receipt）""船牌（ship list）""执照（certificate）""挂号（signature）""验单（examine bill）"等词汇基础上，1901年版增加了"税（duty）""正税（full duty）""半税（half duty）""会防捐（tax）""码头捐（wharfage dues）""内地分运（to be sent inland）""验货（to examine cargo）""报进口（enter）""结关（clear）""米保单（rice bond）""麦保单（wheat bond）""钱保单（copper cash bond）""收税单（duty receipt）""收税清单（we-hold）""船头纸（shipping list）""关照（customhouse permit）""准单（release order）""注销（cancelled）""放行单（duty paid order）""存票（drawback）""长江照（river pass）"等词汇。

（31）进口货门：词条数量由1865年版的139条增加至1901年版的144条。

在1865年版"竹布（linen）""椒地（spotted shirting）""白提花（white brocades）""蓝饭单（blue-handkerchief）""洋纱（muslins）""皮酒（beer wine）""麻油（linseed oil）""紫貂皮（marten skin）""檀香（sandal wood）"等词汇的基础上，1901年版增加了"姜叶（seree leaf）""糟（sediment of liquor）""酒饼（ferment）""碱（lye）""咸蛋（salted egg）"等词汇。

（32）出口货门：词条数量由1865年版的71条增加至1901年版的72条。在"湖丝（silk）""蚕子（silk worms）""红茶（black tea）""绿茶（green tea）"等的基础上增加"锡箔（tin foil）"一词。

（33）一字语门：词条数量由 1865 年版的 286 条增加至 1901 年版的 288 条。

1865 年版一字语门中，有一字多义现象，很多字如"硬""住""减""坏""偷""醉""定""烧""如""混""查""许"等都出现了两次，表示不同的释义。1901 年版中，对出现两次的字均进行了合并，即一个字并列 2～3 个英文意思，如"许（promise, to grant）""做（to do, to make）"。同时，在 1865 年版的一些基本词汇如"前（before）""后（behind）""左（left）""右（right）""大（large, great）""小（small, little）"等的基础上，1901 年版增加了"仁（benevolent）""义（rectitude）""礼（politeness）""智（wisdom）""信（faith）""孝（pious）""贞（maidenly）""节（modest）""贤（worthy）""德（virtue）""恩（favour）""爱（love）""恋（amorous）""慕（yearning）""敬（honour）""恭（respect）""恪（respectful）""温（mild）""谨（careful）""慎（cautious）""勤（diligent）""敏（clever）""慧（wisely）""巧（skillful）""谦（humble）""辞（refuse）""赐（bestow）""怜（compassion）""蒙（oblige）"等词汇。

（34）二字语门：词条数量由 1865 年版的 272 条增加至 1901 年版的 288 条。

在 1865 年版二字语门基本词汇"生意（trade）""财主（rich man）""验货（examine cargo）""定货（contract cargo）""出货（take cargo）"等的基础上，1901 年版充实了"虽则（though）""不止（than）""况且（moreover）""另外（beside）""果然（indeed）""不过（only）""虽然（notwithstanding）""不若（if not）""因为（on account of）""故此（consequently）""论及（as for）""俨然（as if）""失于（out of）""除了（besides）""既然（whereas）""不拘（any）"等词汇。

（35）三字语门：词条数量由 1865 年版的 128 条增加至 1901 年版的 144 条。

词条内容有替换和删补，如 1865 年版的"茶走火（tea lose fire）""二分息（twenty percent ins）""无面孔（no face, lose face）"等词汇在 1901 年版中被删去；1901 年版新增"茶价贵（tea price dear）""无奈何

(irremediable)""押衣服（to pledge clothes）""恭喜你（wish you joy）""天气好（a pleasant weather）""你好否（are you well）"等词条。

（36）四字语门：词条数量由 1865 年版的 143 条增加至 1901 年版的 144 条。

词条内容没有大的变化，基本维持 1865 年版的词条，内容只有部分增删和替换，如删除了 1865 年版"说一是一（talk one is one）""先行打开（first open them）""也有水渍（have damage）"等词条，增加了"说得有理（you speak sensible）""他未曾付（he has not yet paid）""难得会的（I seldom see you）"等词条。

（37）五字语门：词条数量由 1865 年版的 85 条增加至 1901 年版的 90 条。

"五字语门"词条的数量和内容基本变化不大，词条内容有微小的差别，也基本维持 1865 年版的内容，在原版"长久不见你（long time no see you）""总要讲情理（must talk reason）""为何说虚话（why do yo speak liar）""失信的朋友（dishonest friend）"等的基础上，1901 年版新增了"花旗国国王（the president of the United States）""你是何国人（of what nation are you）""今日皆无事（we have nothing to do to-day）""我日日不空（everyday I have no time）""此从何处来（where does this come from）"等词条。

（38）长句语门：长句语门为《英话注解》最后一个门类。1865 年版中该门类有长句 64 句。1901 年版的长句从 60 页开始至 61 页结束，现有的共 36 句，有缺页现象。笔者推断，因 1901 年版长句语门的排版为每页 24 句，根据 1901 年版三至五字语门词条增加的情况看，长句语门的内容基于 1865 年版，可能缺页 1～2 页。1901 年版已有的 36 句长句和 1865 年版一致。长句语门的例句有"你近来好运气（you just now very good fortune）""你现在要什么货（you just now want what cargo）""我这样丝最多（very much this silk）""这个货你肯何价（this cargo you can what price）"等句子。

第二节　《英话注解》两个版本的差异小结

鉴于笔者手头资料有限，本节主要对《英话注解》1865 年版和 1901 年版两个版本的词条内容和差异进行比较分析，将从内容的增减、排版的修正、新增词条和语句内容的特点等方面对两个版本加以解析，由此探究经济、社会、文化的进步带给语言的一些变化。

一、1901 年版充实、修正的内容

首先，各门类中新增的词条进一步充实了该门类的词汇量。1901 年版师友门中新增词汇"借债人（borrower）""放债人（lender）""欠债人（debtor）""债主（creditor）""寄信人（sender）""收信人（receiver）""送信人（bearer）"等，把和"债务""书信"有关的词汇进行了细化。银洋数目门中增加了"洋五分（five cents）""三角（thirty cents）"至"九角（ninety cents）""五元（five dollar）""十五元（fifteen dollars）""五十元（fifty dollars）""五百元（five hundred dollars）""一千元（one thousand dollars）""十万（ten thousand dollars）""六十五元（sixty five dollars）"等常用的表述金钱数额的词汇。常用词汇的补充可以使《英话注解》的后续版本更好地适应社会发展的需要，更好地服务中西经济文化交流，同时可以更好地发挥《英话注解》在语言交流中的作用。

其次，1901 年版《英话注解》增加了中国传统文化和中华传统美德相关词汇。1901 年版《英话注解》中除了常用词汇的补充和占主要比重的商业贸易和生意词汇外，同时增加了不少中国传统文化和中华传统美德相关词汇。一字语门中，增加了"仁（benevolent）""义（rectitude）""礼（politeness）""智（wisdom）""信（faith）""孝（pious）""贞（maidenly）""节（modest）""贤（worthy）""德（virtue）""恩（favour）""爱（love）"等一些反映中华美德的词汇。时令门中增加了"春分（vernal oquinox）""秋分（autumnal oquinox）""夏至（summer solstice）"

"冬至（winter solstice）""清明（tomb festival）""端午（dragon boat festival）""中元（ghost festival）"等一些反映中国传统节气、节日和文化的词汇。可见，在 20 世纪初的中西日常交流中，中国的传统文化也在逐步地显示其重要性和重要地位，也在潜移默化地渗透到西方文化中去。

再次，1901 年版《英话注解》对 1865 年版的内容和排版进行了修正。1901 年版各国镇头门对 1865 年版的翻译内容进行了修正：1865 年版的"大丹"翻译为"Danish"，1901 年版中的"大丹"的翻译修正为"Denmark"；1865 年版中的"回回（Turkey）"在 1901 年版中修正为"土耳其（Turkey）"。再者，1901 年版中加入了更多的国家：德国（Germany）、意大利国（Italy）、奥国（Austria）、普国（Prussia）、白头国（Porsia）、暹罗国（Siam）等。

最后，1865 年版一字语门中，有一字多义现象，很多字如"硬""住""减""坏""偷""醉""定""烧""如""混""查""许"等都出现了两次，表示不同的释义。1901 年版中，对出现两次的字均进行了合并，即一个字并列 2～3 个英文意思，如"许（promise, to grant）""做（to do, to make）"，对词条的归类和释义更为系统化。

二、1901 年版新增语句趋向标准英语表达

1901 年版一字语门至长句语门的新增语句以标准英语表达为主，以三字语门至五字语门的句子为例：五字语门，"花旗国国王（The president of the United States）""你是何国人（Of what nation are you）""今日皆无事（We have nothing to do today）""我日日不空（Everyday I have no time）""此从何处来（Where does this come from）"；四字语门，"说得有理（You speak sensible）""他未曾付（He has not yet paid）""难得会的（I seldom see you）"；三字语门，"茶价贵（Tea price dear）""无奈何（Irremediable）""押衣服（To pledge clothes）""恭喜你（Wish you joy）""天气好（A pleasant weather）""你好否（Are you well）"。

以上 1901 年版新增例句中，除五字语门中的"你是何国人（Of

what nation are you)"和三字语门中的"茶价贵（Tea price dear）"和"你好否（Are you well）"这三句为洋泾浜英语外，其他句子均为标准英语表达。可见，20世纪初，中国民间的洋泾浜英语学习也正处于向标准英语学习过渡的阶段。甲午战争后，中国已经出现英语学习热潮，官方英语学习也在不断的普及，但是民间的洋泾浜英语以其方便、实用、简单、应急的特色仍旧流行于民间和商界。两个版本的《英话注解》英语表达以洋泾浜英语为主，但同时也有标准英语共存。英语表达的标准化和正规化趋势明显。

三、1901年版仍有问题和错误存在

首先，两版《英话注解》中相关词汇基本与所属门类相符，但仍有部分词汇和门类不符的现象。1901年版《英话注解》账房门新增词汇中出现了部分与诗词和谱录有关的词条，如"诗律（porsody）""诗法（poesy）""诗韵（ode）""地舆图（map）""河海图（chart）""符（charm）""缙绅录（court calendar）""族谱（family register）"等（具体可见本章第一节第四部分"账房门"）。而食用门的1865年版和1901年版均有"蜡烛（candle）""肥皂（soap）""瓦片（tiler）""砖头（brick）""石灰（lime）""螺丝钻（screw）"等与食用门无关的词（具体可见本章第一节第四部分"食用门"）。据笔者推断，原因可能是这部分词汇单独归类，数量过少，所以并入了这些门类中。

其次，两个版本均存在少量单词翻译错误。除各国镇头门中两版共有的问题和错误外，1901年版食用门新增词条"冬瓜"被翻译成了"pumpkin"（应为"wax gourd"），"苦瓜"翻译成了"egg plant"（应为"bitter gourd"）；1901年版新增词汇存在一定的排版（或是印刷）错误，如"五开洋"被翻译成了"twenty cent piece"，而"廿开洋"被翻译成了"five cent piece"，两个翻译刚好颠倒了过来，应为排版错误。此外，两个版本中，部分词汇有重复出现的现象，如"梨头（pear）"同时出现在食用门和五谷门中。可见，19世纪初，尽管民间自编英语读本已使用半个世纪左右，在后续版本中也有不少改进和修正，但各版本中各种问题和错误仍存。

四、《英话注解》中零星体现的广东英语词汇

　　《英话注解》是上海洋泾浜英语诞生的标志，也是广东英语向上海洋泾浜英语转变的一个转折点，《英话注解》中的词汇也零星地体现着广东英语的一些特征。如秤尺什件门中的新增词条"勺"被翻译成了"cheuk"，该英语单词有着明显的广东话发音特点；器皿门中1865年版的"㗅啡磨（coffee-mill）"变成了1901年版的"考非磨（coffee-mill）"，1865年版中的"㗅啡"是粤语用字。《英话注解》的词条中零星透露着广东英语的影子。

　　总之，从1865年版和1901年版《英话注解》的比较可见，《英话注解》的后续版本在充实了之前版本词条和内容的同时，也部分延续了其中的错误，部分修正了其中的错误，新增词句中大部分为标准英语表达。尽管有着这样和那样的问题，新版的《英话注解》还是在向标准英语表达趋近。《英话注解》还是一版再版，在19世纪中期至20世纪初期为中西文化交流做出了不可磨灭的重要贡献。我们可以想象在当时的中国，江浙沪地区的一些商人通过洋泾浜英语和外商做生意，出口湖丝、绿茶等商品，进口洋灯、酒类等商品，做成了一桩桩中外贸易。洋泾浜英语成就了晚清时期的不少富商。同时，在中西商贸文化交流不断增强的时代背景下，在中西语言接触的频度、强度不断加强的情况下，洋泾浜英语也在不断自我充实和修正。洋泾浜英语文本内容在不同文本版本中的变化和完善就是最为直观的反映。

第七章 结 论

　　《英话注解》作为见证宁波经济贸易发展和语言文化发展的重要文本，对宁波本地社会经济和语言文化的发展研究有重要的意义和作用；同时，《英话注解》作为晚清时期中西方语言文化交流的一项生动例子，作为留存不多的洋泾浜英语文本，对于中西文化交流、洋泾浜英语和中式英语的研究也有十分重要的意义。本书主体内容第二至第五章中，笔者主要以模因论为基础，以《英话注解》文本中的词条和短语为语料，从语言和文化的角度以及晚清英语教科书的角度对《英话注解》进行了分析。以模因论为基础，对《英话注解》进行剖析，可以更好地厘清文本所涵盖的语言文化特点的发展规律和轨迹。除语言学理论外，本书所用的研究方法主要为文献法、语料分析法和比较分析法等。

第一节 研究总结

　　首先，对《英话注解》语言特色进行了研究。第一，总结出洋泾浜英语最为基础的语言模因为汉语结构模因和省简模因，而洋泾浜英语的汉语结构模因和省简模因在《英话注解》的词汇、句法和语音中则细化为合成词模因、汉语句式模因、词义扩展模因、语法省略模因、语法共生模因、极简发音模因和方言注音模因等。第二，总结出《英话注解》类洋泾浜英语文本最为精华和特征性的语言模因是标音模因。标音模因是指用地方方言标注英语发音的标音特点，在洋泾浜英语的传承和发展中起了关键的作用。第三，以《英话注解》为切入点，对宁波话外来语的萌芽、变异和发展进行了分析，将宁波话外来语模因分为谐音模仿语言模因和类属名式的外来语模因等；并把宁波话外来语模因归类为基因型模因和表现型模因两类；对宁波话外来语模因以及未来的发展趋势进行了阐述和预测，认为《英话注解》式的语音模因至今仍为强势模因，只是其为了适应时代的变化，变化了形式。第四，从语言因素的角度和社会因素的角度入手，解读《英话注解》文本中体现的语言接触现象，并将语言接触置于语言文化模因作用场中进行综合分析，得出《英话注解》的语言文化模因接触现象是在语言模因宿主选择、外部因素（社会、经济、教育等）以及语言模因接触的时间和强度等综合因素的影响下所产生。

其次，以《英话注解》各门类以及一字语门至长句语门的短句为语料，对《英话注解》的文化特色进行阐述。一是标音文化特色。《英话注解》的语言特色之一为标音模因。语言和文化密切相关，标音模因历经百年，至今仍在流行，已是一种标音文化特色。二是宁波海洋文化特色。《英话注解》中的很多词汇和句子都和海上贸易活动有关，经过语料分析，可探究到晚清时期宁波海上贸易的船只类型和船部件构成等；同时可以动态地了解当时与贸易有关的车船用语以及车船的一些用途和重要性。学习者在学习这些词汇短句的同时，潜移默化地学习承传传统海洋文化。三是宁波商帮文化特色。从《英话注解》的出版年份、序言、作者、分类以及文本中的词汇和句子可以推知，该文本与宁波商帮有着密切的联系，宁波帮创造了洋泾浜英语，而洋泾浜英语又成就了宁波帮。同时，总结发现《英话注解》的内容涉及财务结算、进出口贸易、贸易运输、贸易商品、商贸职业等。各门类又包含了大量涉及产品名称、交易方式、产品属性、运输、价格、支付等与商贸内容和日常交流内容紧密相关的词汇和短语；另外，宁波帮精神在相关短语中已有体现，如"我肯吃亏""彼此相让""也要省检"等。19世纪中期宁波的商贸状态和商帮文化通过《英话注解》表达得栩栩如生，同时也得到了学习使用者的传承。四是跨文化交际特色。《英话注解》是因跨文化交际的需求而产生。以《英话注解》为代表的洋泾浜英语的出现是中西跨文化交际中直面语言交流问题的一种解决途径。这种解决方式是在不了解西方语言文化的基础上，为了交流的进行而"生硬"地形成的一种解决方式，但却在一定程度上体现了早期跨文化交际意识的萌芽。五是通过《英话注解》，回看中国洋泾浜英语对近代中外贸易的作用，体会民间自发形成的语言交流方式在近代社会发展中举足轻重的作用，为21世纪海上丝绸之路建设提供借鉴。六是文化模因复合体的复制与传播。《英话注解》文化模因包含了标音文化模因、海洋文化模因、商帮文化模因和跨文化交际模因等，这些文化模因遗传、变异、选择着洋泾浜英语文本的文化模因，传播至今。有部分文化模因或者文化模因的部分已成为弱势或者消亡模因，而部分则仍为强势文化模因。这些文化模因复合体在社会的大环境中，纵横交叉传播，为中国文化的丰富和传承贡献着力量。

再者，本书讨论了《英话注解》与中国英语学习的渊源与关系。一是晚清英语学习概况。主要介绍晚清英语学习的三个阶段（《英话注解》出现在晚清英语学习的第二阶段），以及晚清时期的三种英语学习方式：官办学校的英语学习、教会学校的英语学习和民间自发英语学习。二是《英话注解》与中国早期英语教材。总结出编写《英话注解》的实践依据，即对英语（商贸英语）重要性的认识；《英话注解》以商贸为主的内容及自学式英语教材等内容特点和教材内容缺乏科学合理的逻辑思路，内容散乱，很少涉及跨文化交际内容等不足之处；《英话注解》体现的义类编纂法和散点式编纂法，以及文本中隐含的背诵法和功能派语言教学原则。另外，总结发现《英话注解》处于由洋泾浜英语向标准英语过渡的这样一个特殊时期，对中国英语学习的发端和发展起了重要作用。三是《英话注解》与英语学习的中国化。总结了洋泾浜英语与中国英语、中式英语和后洋泾浜英语的区别与联系，认为英语在中国的发展是一个连续体，即洋泾浜英语—中式英语—中国英语—标准英语这样一个发展趋势；同时对中国早期英语学习状况，特别是《英话注解》式的中式英语进行追根溯源，还原中国英语学习的初始状态。四是《英话注解》文本教材模因研究。根据模因复制传播的四阶段和成功模因的三个特点，从晚清英语教材的角度进行剖析，总结《英话注解》的语言和教材编写特色模因，如背诵法和模仿法模因以及教材内容中表现出来的实用性、方言标注英语发音的亲和性以及文本呈现的固定性模因等。

最后，对《英话注解》1865 年版和 1901 年版进行了对比研究。一是两个版本的差异比较。比较 1865 年版和 1901 年版《英话注解》的格式、排版、段落和词条数量的变化，并列出了新增词条和句子。二是两个版本的差异总结。总结发现 1901 年版充实、修正了 1865 年版《英话注解》的内容；两个版本的《英话注解》仍有问题和错误存在；1901 年版《英话注解》新增语句趋向标准英语表达；《英话注解》两个版本中的词条还零星地体现着广东英语的影响等。

第二节　研究展望

由于研究资料的局限以及本人语言学理论素养和文化、史料研究的知识所限，本研究尚存在诸多不足。如用模因论对《英话注解》的文化特色和教科书特色的阐析尚缺深度，权当引玉之砖，希望会有更多的学者在此方面进行深挖。另一方面，由于文本材料的有限性，笔者仅能根据手头所有的 1865 年版和 1901 年版《英话注解》为语料进行分析。若读者拥有其他版本的《英话注解》，望能不吝分享，可作为深入研究的版本基础。

语言文化在发展过程中，会受到多方面因素的影响，既有外部诱因，如社会发展、语言接触、语言交际和语用心理因素等，也有内部诱因，如语言结构要素相互作用规律以及语言类推机制的作用等。《英话注解》是语言的变异、历史和文化教育的发展合力作用的结果。本研究主要是针对《英话注解》文本的研究。笔者认为洋泾浜英语和洋泾浜文本的相关研究还可从以下几方面进行拓展和深化：

第一，洋泾浜英语的研究。关于洋泾浜英语研究，国外始于 18 世纪中期，而国内的相关研究则起步较晚，相对较少（具体可参考导论的研究综述部分）。相关研究成果主要为研究史学的教授和学者所关注和撰写。洋泾浜英语在语言学领域的研究，如洋泾浜英语的语言特色、语音特征、句法特征等的研究内容相对缺乏，还可进一步拓展，也可结合历史学、文化学、社会学、教育学等领域进行跨学科的联动研究。

第二，晚清洋泾浜英语文本的收集与研究。洋泾浜英语文本作为洋泾浜英语的一个载体，主要在中国晚清时期出现，洋泾浜文本版本众多，种类丰富，相关研究也亟须拓展，有待深挖。本研究仅基于《英话注解》1865 年版和 1901 年版的文本进行了分析，而《英话注解》还有其他版本存在，所以在版本对比研究上还可进一步拓宽；对晚清洋泾浜文本的收集和研究范围还可以更加广泛，对文本的论述与提炼还可进一步加强，可尝试进行不同洋泾浜英语文本的共性和异性方面的研究，由此发现不同时代和不同地域反映在语言、英语学习和教材上的特点和异同。洋泾浜英语文本的收集也可用于语料研究，同时还可作为进一步充实洋泾浜英语语言特征和语言模因的语料。另，笔者在研究过程中，也看到部分学者将洋泾浜英语文本表述为"英语词典"。不同的研究视角会有不同的研究发现。洋泾浜英语文本"英语词典"的研究视角也有待探究。

第三，空缺理论的应用。可参考俄罗斯心理语言学空缺理论流派的代表 Jurij Sorokin 和 Irina Markovina 关于空缺理论的研究成果，从语言文化空缺、交际文化空缺、语篇结构空缺等角度来理解洋泾浜英语或其文本的形成。洋泾浜英语的形成是在特定的历史背景下，在特殊的教育文化背景中，外来语言与本族语言互相弥补、互相影响、互相妥协形成的一种特殊语言，是由于"一种文化中有，但在另一种文化中没有"的文化空缺现象所造成。在跨文化交际中，外来者为了使当地人理解自己的意思，会在语言上做出让步，简化自己的语言，夹入一些当地语言的成分。另一方面，当地人在掌握这种语言的时候，会受到当地语言的语音、语法规则和表达习惯的影响，发生语言改变，而这些改变又被外来者接受，双方互相影响、妥协、顺从本族文化与外来文化的较量，从而出现语言的变种或是洋泾浜英语。空缺理论在洋泾浜英语及其文本的研究应用也是研究洋泾浜英语的一个很好的切入点。

第四，语言接触理论在中国洋泾浜英语中的应用研究可进一步深化。语言接触主要指使用不同语言或方言的人之间的相互直接接触或间接接触。语言接触又可以说是文化的接触。[1] 任何一种语言在演变、发展的过程中都会在不同程度上跟其他语言发生接触。因为"没有任

---

〔1〕 张兴权. 接触语言学 [M]. 北京：商务印书馆，2012：2-3.

何证据可以表明某个语言是在完全孤立于其他语言的情形下发展起来的"[1]。哈德逊（Hudson）认为：皮钦语（Pidgin English）是一种接触语（contact language）。[2] 拙作第三章引用了美国密歇根大学语言学系的教授托马森关于语言接触的理论，从语言因素的角度和社会因素的角度入手，对《英话注解》中体现的洋泾浜英语语言接触现象进行了解读。由于笔者学力浅陋，相关内容的理解和阐析不一定到位。笔者在研究过程中，深感中国洋泾浜英语在语言接触领域的研究很是缺乏，还有很大的研究拓展空间，可进一步深入研究洋泾浜英语在语言接触过程中产生的借用和转用引发的干扰两种语言接触的不同结果；同时，语言接触理论也可用于现今网络社会中的后洋泾浜英语的研究。不同时代的语言接触会带来不同的语言接触结果，而部分又共享着同样的本质。这些语言的形式与本质研究有待我们共同开拓。

〔1〕 Thomason，Sarah. Language Contact：An Introduction ［M］. Edinburgh：Edinburgh University Press，2001：8.

〔2〕 盛跃东，张昀. 论中国网络皮钦语的区别性特征 ［J］. 浙江大学学报（人文社会科学版），2005（4）：145-152.

参考文献

［1］BLACKMORE S. The Meme Machine［M］. Oxford：OUP，1999.

［2］BRENZINGER M. Language Contact & Language Displacement［C］// COULMAS F. The Handbook of Sociolinguistic. Oxford：Blackwell Publisher Ltd. ，1997：273-284.

［3］DAWKINS R. The Selfish Gene［M］. New York：OUP，1976/1989.

［4］DISTIN K. The Selfish Meme［M］. Cambridge：Cambridge University Press，2005.

［5］Hall R A. Chinese Pidgin English［J］. Journal of American Oriental Society，1944(64)：95.

［6］HANVEY R G. Cross-Cultural Awareness ［M］//SMITH E C，LUCE L F. Toward Internationalism Reading in Cross-Cultural Communications. Mass. ：Newbury House，1979.

［7］HEYLIGHEN F. What Makes a Meme Successful？［C］// Proceedings of the 15th International Congress on Cybernetics (Association Internat. de Cybernétique，Namur)，1998：423-418.

［8］HOLM J. Pidgins and Creoles［M］. Cambridge：Cambridge University Press，1988.

［9］No Zuo No Die：Giving Chinglish a Try［EB/OL］.［2015-09-29］. http：//www. guideinchina. com/culture/detail/id/103. html.

［10］PAUL J. Meme Maps：A Tool for Configuring Memes in Time and Space［J］. European Journal of Scientific Research，2009，31(1)：

11-18.

[11] RICHARDS J C，PLATT J，PLATT H. Longman Dictionary of Language Teaching & Applied Linguistics[M]. London：Longman Group Ltd. , 1992.

[12] SANKOFF. Linguistic Outcomes of Language Contact[M]// TRUDG-ILL P, CHAMBERS J, SCHILLING-ESTES N. Handbook of Socialinguistics. Oxford：Basil Blackwell，2001.

[13] SEARLE J. Speech Acts[M]. Cambridge：Cambridge University Press，1969.

[14] THOM R. Chinese and English Vocabulary，Part First[M]. 1843.

[15] THOMASON S G，KAUFMAN T. Language Contact，Creolization and Genetic Linguistics[M]. Berkeley and Los Angeles：University of California Press，1988.

[16] THOMASON S. Contact as a Source of Language Change[M]// JOSEPH B，JANDA R. The Handbook of Historical Linguistics. Oxford：Blackwell Publishing，2003.

[17] THOMASON S. Language Contact：An Introduction[M]. Edinburgh：Edinburgh University Press，2001.

[18] WARDHAUGH R. An Introduction to Sociolinguistics[M]. Beijing：Foreign Language Teaching and Research Press & Blackwell Publishers Ltd. , 2000.

[19] WINFORD D. Review Article[J]. Language，2007，83(2)：401.

[20] 陈琳霞,何自然.语言模因现象探析[J].外语教学与研究,2006(2)：108-114.

[21] 陈琳霞.广告语言中的模因[J].外语教学,2006(2):43-46.

[22] 陈琳霞.模因论与大学英语写作教学[J].外语学刊,2008(1):88-91.

[23] 陈宁萍.宁波方言的变调现象[J].方言,1985(1):15-27.

[24] 陈琦.跨文化语境下的德语外来模因[J].上海理工大学学报(社会科学版),2012(2):119-123.

[25] 陈守义.宁波帮研究[M].北京:中国文史出版社,2004.

[26] 陈学询.中国教育史研究(近代分卷)[M].上海:华东师范大学出版

社,2009.

[27] 陈训正,马瀛.民国定海县志·方俗[G]//中国地方志集成(38).上海:上海书店出版社,1993.

[28] 陈训正,马瀛.民国鄞县通志·食货志丁编[G]//中国地方志集成(17).上海:上海书店出版社,1993.

[29] 陈忠敏.鄞县方言同音字汇[J].方言,1990(1):10.

[30] 程丽霞.语言接触、类推与形态化[J].外语与外语教学,2004(8):53-56.

[31] 戴光中.宁波帮与海洋文化[J].宁波大学学报(人文科学版),2007(5):31-34.

[32] 戴红霞.镇海方言塞擦音-擦音音位系列的调查研究:现状及演变[D].广州:广东外语外贸大学,2006.

[33] 戴骅.冯泽夫与《英话注解》[EB/OL].(2014-09-13).

[34] 戴年.商务英语的起源与发展史简述[J].理论月刊,2010(6):88-91.

[35] 邓云华,易佳.基于模因论的大学英语写作教学模式[J].外语与外语教学,2016(6):3-8.

[36] 丁锡民.基于模因论的异化理据的诠释与翻译策略的选择[J].社会科学论坛,2014(10):77-82.

[37] 杜鹃.模因论:唤醒传统的外语教学模式[J].黑龙江高教研究,2006(4):171-172.

[38] 冯泽夫,等.英话注解[M].守拙轩藏版,1865.

[39] 傅福英,张小璐.跨文化交流与传播中的文化模因探析[J].江西社会科学,2012(11):242-245.

[40] 高晓芳.晚清洋务学堂的外语教育研究[M].北京:商务印书馆,2007.

[41] 葛传椝.漫谈由汉译英问题[J].翻译通讯,1980(2).

[42] 顾海兵,余翔,嵇俊杰.宁波帮的发展及宁波人文特点研究[J].宁波职业技术学院学报,2008(1):43.

[43] 顾卫星.晚清英语教学研究[M].苏州:苏州大学出版社,2004.

[44] 官濛,杨舒.马礼逊《英国文语凡例传》考析[J].兰台世界,2015(1):146-147.

[45] 郭绪印.老上海的同乡团体[M].上海:文汇出版社,2002.

[46] 韩江洪.切斯特曼翻译规范论介绍[J].外语研究,2004(2):44-56.

[47] 何自然,陈新仁,等.语言模因理论及应用[M].广州:暨南大学出版社,2014.

[48] 何自然,何雪林.模因论与社会语用[J].现代外语,2003(2):200-209.

[49] 何自然,冉永平.新编语用学概论[M].北京:北京大学出版社,2009.

[50] 何自然.语言模因及其修辞效应[J].外语学刊,2008(1):68-73.

[51] 何自然.语言中的模因[J].语言科学,2005(6):54-64.

[52] 亨特.旧中国杂记[M].沈正帮,译.广州:广东人民出版社,1992.

[53] 亨特.广州番鬼录[M].冯树铁,等译校.广州:广东人民出版社,1993.

[54] 胡晓丽.中国英语变体的功能研究[M].北京:中国社会科学出版社,2012.

[55] 季压西,陈伟民.中国近代通事[M].北京:学苑出版社,2007.

[56] 贾冠杰,向明发.为中国英语一辩[J].外语与外语教学,1997(5).

[57] 姜亚军,杜瑞清.有关"中国英语"的问题[J].外语教学,2003(1).

[58] 蒋颖,赵燕珍,等.论语言接触与语言和谐[J].云南师范大学学报(哲学社会科学版),2008(5):56-63.

[59] 李捷,何自然,霍永寿.语用学十二讲[M].上海:华东师范大学出版社,2011.

[60] 李良佑,张日升,刘犁.中国英语教学史[M].上海:上海外语教育出版社,1988.

[61] 李萍,赵凤玉.关于中国新现洋泾浜语定性与定位问题的研究[J].语文学刊(外语教育教学),2015(12):14-16.

[62] 李清源,魏晓红.模因论视角下的美国文化渊源[J].西安外国语大学学报,2008(1):92-94.

[63] 李文中.中国英语和中式英语[J].外语教学与研究,1993(4):18.

[64] 李雪阳.海商文化、海商精神与宁波城市发展[J].浙江海洋学院学报(人文科学版),2015(4):26-27.

[65] 李执桃.熟语模因:广告文化的守望者[J].北京第二外国语学院学报(外语版),2007(2):73-77.

[66] 李宗侠.国内外模因研究综述[J].重庆第二师范学院学报,2016(6):46-50.

[67] 刘和林.模因论下的文化进化与杂合[J].大连海事大学学报(社会科学版),2007(5):117-120.

[68] 刘华.2014年十大流行语的模因论解读[J].语文学刊,2015(18):3-4.

[69] 刘家沂,肖献献.中西方海洋文化比较[J].浙江海洋学院学报(人文科学版),2012(5):1-6.

[70] 刘静.中国传统文化模因在西方传播的适应与变异:一个模因论的视角[J].西北师大学报(社会科学版),2010(5):110-114.

[71] 罗伯聃.华英通用杂话[M].1843.

[72] 罗运芝.中国英语前景观[J].外语与外语教学,1998(5).

[73] 马萧,陈顺意.基于模因论的翻译规范思考[J].解放军外国语学院学报,2014(6):1-7.

[74] 莫再树,肖云南.我国早期商务英语的产生及语言属性[J].湖南大学学报(社会科学版),2012(2):86-89.

[75] 莫再树.晚清商务英语教学源流考镜[D].长沙:湖南大学,2012.

[76] 宁波金融志编纂委员会.宁波金融志[M].北京:中华书局,1996.

[77] 钱乃荣.宁波方言新派音系分析[J].语言研究,1990(1):118-125.

[78] 秦润卿.五十年来上海钱庄业之回顾[G]//中国通商银行.五十年来之中国经济(1896-1947).上海:六联印刷股份有限公司,1947:71.

[79] 邵萍,仲红实.模因理论视角下的跨文化意识培养研究[J].山东社会科学,2012(6):160-162.

[80] 石定栩.洋泾浜语及克里奥语研究的历史和现状[J].国外语言学,1995(4):1-8.

[81] 矢放昭文.《华英通语》反映的一百五十年前粤语面貌[C]//张洪年.第十届国际粤方言研究讨论会论文集.北京:中国社会科学出版社,2007.

[82] 宋洪英.从模因论看民族文化定型[J].外语学刊,2012(1):68-73.

[83] 孙广平.晚清英语教科书发展考述[D].杭州:浙江大学,2013.

[84] 汪榕培.中国英语是客观存在[J].解放军外语学院学报,1991(1).

[85] 汪仲贤.上海俗语图说[M].上海:上海书店出版社,1999.

[86] 王斌.密母与翻译[J].外语研究,2004(3):38-44.

[87] 王宏军.论析模因论与语言学的交叉研究[J].北京第二外国语学院学报(外语版),2007(4):72-76.

[88] 王天华,杨宏.模因论对社会文化进化的解释力[J].哈尔滨工业大学学报(社会科学版),2006(6):128-130.

[89] 王阳明.王阳明全集[M].上海:上海古籍出版社,1992.

[90] 王耀成.石库门的主人:一个商帮的文化背影[M].宁波:宁波出版社,2008.

[91] 卫礼贤.中国心灵[M].王宇洁,等译.北京:国际文化出版公司,1998.

[92] 吴驰.从《英话注解》到《帝国英文读本》:清末自编英语教科书之兴起[J].湖南师范大学教育科学学报,2013(3):35.

[93] 吴福祥.关于语言接触引发的演变[J].民族语文,2007(2):3-23.

[94] 吴义雄."广州英语"与19世纪中叶以前的中西交往[J].近代史研究,2001(3):191.

[95] 夏红卫.跨文化传播视野下的晚清同文馆[J].北京大学学报(哲学社会科学版),2007(6):135-142.

[96] 谢朝群,何自然.模因与交际[J].暨南大学华文学院学报,2007(2):46-52.

[97] 谢朝群,何自然.语言模因说略[J].现代外语,2007(1):30-39.

[98] 谢俊美.西方开埠宁波的历史回顾和宁波帮的形成[J].华东师范大学学报(哲学社会科学版),2005(1):11.

[99] 谢蓉蓉.模因论视角下宁波方言外来语研究:以《英话注解》为切入点[J].浙江万里学院学报,2016(3):67-73.

[100] 谢蓉蓉.模因论视域下广告发展策略研究[J].宁波大学学报(人文版),2013(5):128-132.

[101] 谢蓉蓉.晚清洋泾浜英语的语言模因观:以《英话注解》文本为例[J].山东外语教学,2017(5):19-27.

[102] 谢蓉蓉.洋泾浜文本《英话注解》的文化特色研究[J].宁波大学学报(人文科学版),2017(1):25-30.

[103] 谢之君.中国英语:跨文化语言交际中的干扰性变体[J].现代外语1995(4):7-11.

[104] 熊月之.上海租界与文化融合[J].学术月刊,2002(5):56-59.

[105] 徐盛桓.幂姆与文学作品互文性研究[J].暨南大学华文学院学报,2005(1):59-67.

[106] 薛理勇.意外获得的海内孤本:清代咸丰年间初刻本《英话注解》[M]//杭侃.收藏上海.上海:学林出版社,2005.

[107] 薛理勇.老轨和老鬼[N/OL].新民晚报,[2015-10-22].http://zj.people.com.cn/n/2015/1022/c186936-26883293.html.

[108] 闫峰.日本明治时期商用汉语教科书研究[D].长春:吉林大学,2007.

[109] 杨婕.新闻标题语中流行语的模因研究[J].外语学刊,2008(1):79-82.

[110] 杨泰亨,冯可镛.光绪慈溪县志·风俗[G]//中国地方志集成(36).上海:上海书店出版社,1993.

[111] 姚晶.模因论视域中的大学外语教学与多媒体资源整合研究[J].外语学刊,2013(3).

[112] 尹丕安.模因论与翻译的归化和异化[J].西安外国语学院学报,2006(1):39-42.

[113] 游汝杰.语言接触与新语言的诞生[J].华东师范大学学报(哲学社会科学版),2016(1):88-95.

[114] 宇璐,潘海英.基于语言模因论的语言接触过程与结果探析[J].东北师大学报(哲学社会科学版),2015(5):181-186.

[115] 曾晓渝.语言接触的类型差距及语言质变现象的理论探讨:以中国境内几种特殊语言为例[J].语言科学,2012(1):1-8.

[116] 战菊,李菲,等.中国英语的本质、根源及发展:基于语言变异理论的解读[J].吉林大学社会科学学报,2015(3):166.

[117] 张德富.外语经济学形成背景及研究意义[J].理论界,2010(5):151.

[118] 张培成.使用目的与国别变体:也谈中国英语[J].现代外语,1995(3):16-21.

[119] 张守广.宁波商帮史[M].宁波:宁波出版社,2012.

[120] 张兴权.接触语言学[M].北京:商务印书馆,2012.

[121] 张旭红.语言模因观初探[J].外语与外语教学,2008(3):31-34.

[122] 张振江.中国洋泾浜英语研究述评与探索[J].广西民族学院学报(哲学社会科学版),2006(2):28-38.

[123] 赵湘.新洋泾浜英语探析[J].疯狂英语(教师版),2007(2).

[124] 钟玲俐.模因视角下网络交际中的语言变异[J].中南林业科技大

学学报(社会科学版),2008(2):101-103.

[125] 周毅. 近代广东通事及其角色特征之分析[J].四川大学学报(哲学社会科学版),2005(3):134.

[126] 周毅.洋泾浜英语在近代中国产生的历史渊源之探讨[J].中国文化研究,2005(1):110-122.

[127] 周振鹤. 鬼话·华英通语及其他[J].读书,1996(3):134.

[128] 周振鹤. 随无涯之旅[M].北京:生活·读书·新知三联书店,1996.

[129] 周振鹤. 如何认定 Pidgin English[J]. 或问(Wakumon),2005(10):169-170.

[130] 周振鹤.晚清营业书目[M].上海:上海书店出版社,2005.

[131] 周振鹤.知者不言[M].北京:生活·读书·新知三联书店,2008.

[132] 周振鹤.中国洋泾浜英语的形成[J].复旦学报(社会科学版),2013(5):1-9.

[133] 周振鹤.中国洋泾浜英语最早的语词集[J].广东社会科学,2003(1):77.

[134] 周志锋,胡方.北仑方言[M].北京:中国文史出版社,2007.

[135] 周志锋.周志锋解说宁波话[M].北京:语文出版社,2012.

[136] 朱彰年,周志锋. 阿拉宁波话[M].上海:华东师范大学出版社,1991.

[137] 朱彰年. 宁波方言词典[M].上海:汉语大词典出版社,1996.

[138] 子卿. 华英通语[M].约 1855.

[139] 邹振环. 浙籍买办与《英话注解》[M]//张伟.浙江海洋文化与经济(第 2 辑).北京:海洋出版社,2008.

[140] 邹振环.19 世纪早期广州版商贸英语读本的编刊及其影响[J].学术研究,2006(8).

[141] 作者未知. 红毛通用番话[M].省城壁经堂梓.

后　记

　　五年前一个偶然的机会，在周志锋教授的《周志锋解说宁波话》中第一次得知《英话注解》——一本用宁波话来标注英语发音的洋泾浜英语文本。语言学专业的敏感性以及对地方文化的热衷和喜欢，让我有了了解该文本的想法和愿望。在同部门王艳平教授和温岭图书馆工作人员的热心帮助下，我顺利得到了《英话注解》守拙轩藏版重刻本（1865年）和沪城周月记书局代影照印重刻本（1901年）两个版本的 PDF版。2014年，以"宁波史上《英话注解》的语言文化接触研究"为题，我成功申报了浙江省哲学社会科学规划课题。课题的立项给了我研究《英话注解》很大的鼓励。同时，《英话注解》"抽丝剥茧"式的漫漫研究之路也开始了。

　　翻看《英话注解》中那一页页的洋泾浜英语，时间好像倒退到了一百五十余年前，我仿佛亲临了宁波商人们学习《英话注解》，与外商贸易往来、讨价还价的现场；目睹了宁波商人们说着洋泾浜英语和西方诸国商人做生意，出口湖丝和茶叶，富甲一方的盛况。《英话注解》像是一架时光机，带着我穿越时空隧道，体会晚清时期的英语和宁波话，当时的文化、教育乃至经济和社会状况，让我在枯燥的研究中感受到了历史的生动和语言文化的魅力。而这种"生动和魅力"，也伴着我，鼓励着我，经过五年的研究和积累，慢慢写成了这本专著。

　　鉴于《英话注解》很强的地方性、小众性，以及洋泾浜英语研究的非热门性，洋泾浜英语文本研究的几近空白性，相关资料，除了对《英话注解》文本的作者、序言、历史背景的简介外，一无所有。这种"一无所有"让我感到自己可能接触到了相关研究领域的一块处女地,有了一探究竟的愿望,同时也意识到整个研究过程可能会困难重重。2014年至2018年,通过对温岭图书馆(1901年版藏书地)、南京图书馆(1865年版初刻版藏书地)等所收藏的史料进行追踪和研读,我从语言(词汇、句法、语音和宁波话外来语等)、文化(宁波商帮文化和海洋文化特色等)、语言文化接触以及晚清英语教科书的角度对90余页的《英话注解》进行了全方位的深入探析(概述可参考本书引论或结论部分),申报了多项课题,撰写了多篇论文。课题主要有:2014年浙江省哲学社会科学规划课题——宁波史上《英话注解》的语言文化接触研究(项目编号:14NDJC066YB),2015年宁波市哲学社会科学规划课题——模因论视角下《英话注解》与宁波方言研究(项目编号:G15-ZX47),2017年浙江省教育科学规划课题——晚清英语教材视阈下的《英话注解》研究(项目编号:2017SCG107),2017年度宁波市与中国社科院战略合作研究重点课题——宁波晚清洋泾浜文本《英话注解》语言文化研究(项目编号:NZKT201716),2019年浙江省哲学社会科学规划课题——宁波晚清洋泾浜文本《英话注解》语言文化研究(项目编号:19NDJC391YBM,结题形式:专著)。论文则有:《晚清洋泾浜英语的语言模因观——以〈英话注解〉文本为例》(发表于《山东外语教学》2017年第5期),《洋泾浜文本〈英话注解〉的文化特色研究》(发表于《宁波大学学报》(人文科学版)2017年第1期),《模因论视角下宁波方言外来语研究——以〈英话注解〉为切入点》(发表于《浙江万里学院学报》2016年第3期),《晚清英语教材视阈下洋泾浜英语文本〈英话注解〉研究》(将发表于《宁波大学学报》(人文科学版)2019年第2期)等。

五年的课题研究和论文撰写,使我对《英话注解》的各个研究点和方向逐步明晰;同时,随着研究成果的慢慢成形,论著的章节也有了相应的构架。五年前遥不可及的专著梦想,随着时间的推移和成果的积累,慢慢得以实现。在项目的申报过程中,研究框架图的制作使我进一步意识到论著系统性以及逻辑性的重要性,因此,在专著的撰写过程中,我以语言学理论"模因论"为理论基础对各章节的研究点进行阐释和串联,以《英话注解》文本为语料和研究对象,从语言、文化和教科书等角度进行研究，使整本书著更具系统性、整体性和创新性。然而，在专著出版之际，我也意识到，由于研究资料的局限以及本人语言学理论素养和文化、史料研究的知识所限，书著内容肯定还有诸多不足，希望各位读者不吝指正。同时，也希望相关研究成果能帮助各位读者了解洋泾浜英语和洋泾浜英语文本《英话注解》，为各位读者带来一些研究上的启发，或是对那个时代的一些怀旧和感触。

本书从思路形成到书稿撰写，得到了许多专家学者的热情帮助，在此向他们表示由衷的谢忱。特别感谢宁波大学外语学院的杨成虎教授。杨教授治学严谨，在语言学和书法等各方面都有很深造诣。寒暑假期间，我经常就《英话注解》的相关问题向休假中的杨教授叨扰讨教，大至论文的框架和观点，小至《英话注解》文本中的一些草体字体的辨认，杨教授总能耐心指点，给我很多研究上的启发和点拨。杨教授还帮助审阅本书著的初稿，给予中肯而宝贵的意见，并答应作序。可以说，杨教授一路引领和见证着最近几年我在学术上的成长。浙江万里学院外语学院莫莉莉教授，作为本人的研究生导师和学术研究的引路人，在繁忙的行政院长职务之余，一直以来关心和支持我的学术研究，并多次就课题和论文的相关内容给予提点。导师的点拨与指导，常使我有豁然开朗、柳暗花明的感觉。在美访学期间（2014—2015年），美国佛罗里达海湾海岸大学教育学院王小雪教授经常带我参加各类学术会议和学术活动，让我接触学术前沿，感受学术研究的魅力，使我更加坚定了自己的研究方向。

感谢本人所在单位宁波广播电视大学的翁雪莲校长、黎群书记、丁振华副校长、陈曙副校长、郑禄红副校长等校领导长期以来对本人学术研究的支持和鼓励；感谢部门领导王艳平教授一直以来对本人研究工作的支持，王教授帮忙寻得的《英话注解》1865年版使我的研究有了最初的起点。感谢宁波电大梁旭东教授、李枫副教授，宁波大学张如安教授、周志锋教授对本研究的点评和建议；感谢复旦大学周振鹤教授对本人邮件的回复以及在邮件中的提醒和点拨；感谢四川大学历史文化学院周毅教授对本人课题申报和研究的鼓励与支持；还有温岭图书馆的丁老师，热心地给予我《英话注解》1901年版电子版，以供研究所用。同时，感谢那些给过我帮助和鼓励的其他老师、领导、同事、同学们，是你们的支持、鼓励和帮助，才让我有了出版此书的想法和行动。

更要感谢我的父母亲，感谢他们给予我的无私的爱，感谢他们对我的培育。没有他们的教诲，就不可能有我今天的成长。特别是我的父亲谢盛卿先生，一直教育我要认真对待学术和教学，珍惜各种难得的学习机会。

最后，感谢浙江大学出版社的编辑们，感谢你们宝贵的修改意见，使得本专著的各方面都有了进一步的提高。

"积沙成塔，集腋成裘"，学术研究，其路漫漫，其修远兮，吾将继续"上下而求索"。以此作为结束语勉励自己和一起求索之人。

谢蓉蓉

2018 年 9 月于宁波鄞州